顾　问	徐晓雪　李远蓉
主　编	黄　梅　李如密　刘　瑞
副主编	巴哈尔古丽·别克吐尔逊　龙武安
	赵　静　肖　磊　黄　炜　杨亚华
委　员	（以姓氏笔画为序）
	石　庄　吕耀佳　刘　琴　刘丹丹
	李　敏　李其霞　杨　迪　张译之
	张雨婷　周玉浓　郑　怡　郑佳丽
	郑莎莎　宗国庆　郝魏媛　饶　文
	姚　敏　钱　锟　高　源　高　澜
	黄诗婷　黄艳萍　曹馨予　董钰垚
	蒋　洁　廖芮琦　谭　璇　谭晓桐
	谭慧君　蹇凌云

图书在版编目(CIP)数据

艺术点亮化学/黄梅等主编. -- 重庆：西南大学出版社, 2024.5
ISBN 978-7-5697-1572-9

Ⅰ.①艺… Ⅱ.①黄… Ⅲ.①中学化学课—高中—教学参考资料 Ⅳ.①G634.83

中国国家版本馆CIP数据核字(2024)第100892号

艺术点亮化学
YISHU DIANLIANG HUAXUE

主　编　黄　梅　李如密　刘　瑞

责任编辑：杨光明	
责任校对：胡君梅	
装帧设计：汤　立	
排　　版：吕书田	
出版发行：西南大学出版社（原西南师范大学出版社）	
地址：重庆市北碚区天生路2号	
邮编：400715	
电话：023-68868624	
经　　销：全国新华书店	
印　　刷：重庆天旭印务有限责任公司	
成品尺寸：185 mm×260 mm	
印　　张：16.75	
字　　数：370千字	
版　　次：2024年5月　第1版	
印　　次：2024年5月　第1次印刷	
书　　号：ISBN 978-7-5697-1572-9	
定　　价：58.00元	

前　言

从近代科学产生以来，人们普遍地认同科学属于理性思维，艺术属于感性思维。科学的发展为艺术创造提供方法和工具，艺术为科学的进步提供启发和灵感，它们共同指向人类的创造性。化学从属于科学，但它有自身的学科特点，虽然科学和艺术的关系并不能完全概括化学和艺术的关系，但从培养感性与理性相统一的完整人格的教育目标来说，它们是统一的。

本书探讨化学中蕴含着哪些艺术元素，而各种艺术形式之中又暗藏着怎样的化学知识，能否将化学和艺术的关联渗透到化学教育教学中，通过艺术的鲜活性促进化学教学的多样性、趣味性和高效性，能否利用艺术形式(如音乐、戏剧……)促进化学教育的思想性，这是编者作为化学教育工作者尝试通过本书给出的解决方案。

本书按照艺术的六大形式——文学、美术、音乐、戏剧、电影、建筑来设置书中的六大板块。编者试图努力在内容呈现、逻辑思路及框架结构等方面增加本书的可读性，因而将每节内容分为三个板块：传道、授业和解惑。"传道"板块主要呈现该节内容适用于化学教学的知识要点；"授业"板块将六大艺术形式和内容作为情境素材，通过案例分析帮助一线化学教师更好地理解艺术与化学相互交融、渗透的教学，增加化学教学的艺术性；"解惑"板块针对"授业"板块中涉及的情境内容进行化学知识的理性分析与解惑，尝试更深刻地建立科学与艺术之间的关系。

感谢全体编委对书稿编写的辛苦付出，以及汤朝扬、管欣、李雪、李燕、刘芳、付成茵、彭莹、王艾、宋佳蔚、刘济斐、陈佩林、黎莉、黎昂、卢镭丹、陈泽慧、马镜等学生在书稿编写及校订工作中做出的贡献。在本书的编写过程中伊犁师范大学提供了有力的支持，对此我们表示衷心的感谢！由于编者水平有限，本书内容难免有不妥之处，诚挚地欢迎广大读者提出宝贵的意见和建议，以便对本书进行修改和完善。

编者

2024年5月于西南大学

目录 CONTENTS

第一章　文学中的化学　/1

第一节　古色古香的化学——金属、非金属和药物化学　/6
金银玉石——酒香"化"红楼　/6
毒王争霸　/10
碳家族的诞生　/14

第二节　炸药与金属的邂逅　/19
诺贝尔的炸药情缘　/19
拿破仑的锡纽扣　/23

第三节　无机物和有机物的文学梦　/28
典雅的银金属　/28
化学中的诗词歌赋　/32
化学"三巨头"：无机、有机与结构化学　/36
氧化物与金属的碰撞　/41
"烯"暖花开　/45
金属的"独家记忆"　/49

第二章　美术中的化学　/55

第一节　"化"笔绘缤纷——颜料、胶体与硅　/58
油画中的有机颜料　/58
水墨丹青　/62
光的形状——丁达尔效应　/67
"水中花园"的秘密　/71

第二节　给你点颜色瞧瞧——氧、金属和酸碱性　/75
绿色的化学世界　/75

	焰色反应	/80
	金属彩虹	/85
	五彩缤纷的秘密——酸碱指示剂	/89
第三节	元素的变化艺术	/94
	合金的馈赠	/94
	投我以"陶",报之以"理"	/98
	神奇的"巫术"——燃烧、氧化还原与络合反应	/102

第三章　音乐中的化学　　　　　　　　　　　/107

第一节	藏在音乐中的化学	/110
	音乐的催化剂——化学材料	/110
	化之声	/114
	听见乙醛的声音	/118
	化学仪器的音乐盛宴	/123
第二节	"律"动的化学	/127
	从八音律到元素周期律	/127
	化学家的音乐情怀	/132
	卤素一家亲	/137

第四章　戏剧中的化学　　　　　　　　　　　/143

第一节	独幕剧——钠、天然有机物、碳酸钙	/145
	"钠"一家人	/145
	森林之王——紫杉	/150
	炼不化的石头——SiO_2、Al_2O_3、CaO	/155
第二节	多幕剧——卤素、二氧化硫	/159
	卤素一家之拯救四弟I_2	/159
	二氧化硫的"悲喜人生"	/163
	葡萄酒的骑士——SO_2	/166
	谁是真凶——有趣的物质检验手段	/170
	高分子材料的秘密	/174

第五章　电影中的化学　　　　　　　　　　　　　　/179

第一节　科学与幻想——合金、氰化物、镁　　　/182
　　"复仇者联盟"之钢铁侠　　　　　　　　　　　/182
　　大破天幕之氰化物　　　　　　　　　　　　　/187
　　地心历险之镁的燃烧　　　　　　　　　　　　/191

第二节　主角必备化学技能——铝热剂、复分解、氯气　/195
　　开锁特技之巧用铝热剂　　　　　　　　　　　/195
　　复分解反应之磷酸变身　　　　　　　　　　　/198
　　氯气之探秘解毒秘方　　　　　　　　　　　　/202

第三节　"化"论正义——重金属、酸、油脂　　　/206
　　福尔摩斯探秘之重金属中毒　　　　　　　　　/206
　　黄金大劫案之王水溶金　　　　　　　　　　　/210
　　法证先锋之烧碱去污　　　　　　　　　　　　/214

第六章　建筑中的化学　　　　　　　　　　　　　　/219

第一节　化学"奇材"做建筑——水泥、二氧化硅　/221
　　变身大师——水泥　　　　　　　　　　　　　/221
　　建筑大亨——SiO_2　　　　　　　　　　　　/225

第二节　淘气化学者搞装修——毒物与点缀　　　/230
　　装修中的"隐秘杀手"——挥发性物质　　　　/230
　　建筑的精美点缀——合金　　　　　　　　　　/234

第三节　跑到巴黎"画"铁塔——氧化还原、化学键与硫、
　　　　　氮氧化物　　　　　　　　　　　　　　/240
　　踩在氧化还原的塔尖　　　　　　　　　　　　/240
　　中轴"奇缘"——共价键与同分异构体　　　　/243
　　你可不是极性的　　　　　　　　　　　　　　/248
　　表演档——硫氮氧一台戏　　　　　　　　　　/252

第一章
文学中的化学

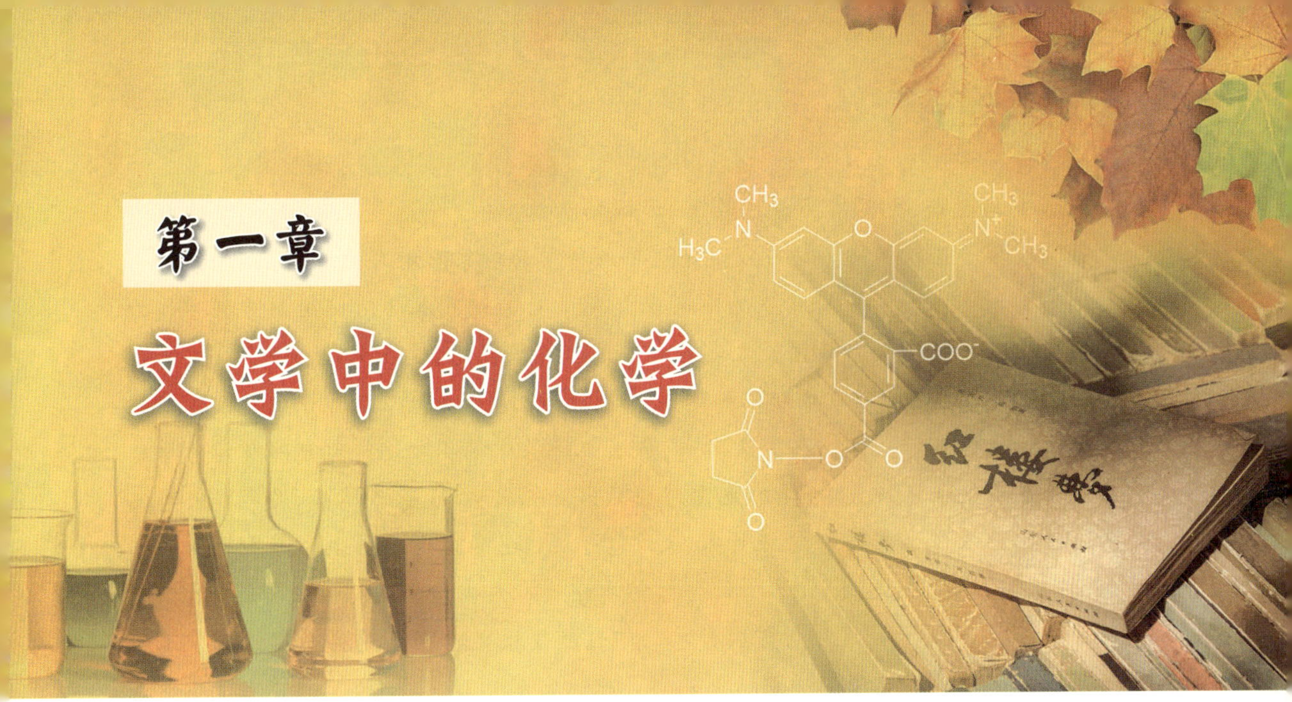

(一)化学与文学

《论语》中可以看到"君子博学于文"和"行有余力,则以学文"。这里的"学"是学习,"文"是《诗》《书》《礼》《易》等经典。在《论语》中"文学"以单独的词语的形式存在:"德行:颜渊、闵子骞、冉伯牛、仲弓;言语:宰我、子贡;政事:冉有、子路;文学:子游、子夏。"这里的"文学"即"学文",是指子游、子夏很有学问,会写文章,熟悉古代名篇佳作。文学既是一种人文现象,也是一种精神活动。正是有了这些特点,它才区别于其他的人类活动,又区别于其他艺术形式。

化学是一门以实验为基础的学科,化学的研究学习讲求一丝不苟、严谨扎实;文学作品是自由的、浪漫的,是反映社会现实和生活的。这二者看似风马牛不相及,事实上并非如此。语言文学既是表达的工具,又是情感的纽带。自然哲学的原理无不是通过语言文字的形式流传下来的。自古以来,人们就试图用文学的形式将对自然的探索与思考记录下来。虽然体裁不断改变,但不变的是文学的载体,这是人类语言的结晶。

图1-0-1 《论语》

古希腊时期是一个有着灿烂文明的时期,当时的诗人已经开始把各种对自然思考与探索的知识写入了诗歌。在那个时代,哲学就是几乎所有自然知识与思辨的代名词。在古罗马时期,更是有卢克莱修写出了《物性论》——一篇最系统、最完整地叙述古希腊时代原子论的长诗。这可以说是最早以科学为对象而谱写的诗歌。

图沃曾说:无论如何,那种认为十六世纪或十七世纪的人会对使用自然科学作为意象感到是不和谐的或者是冒险之类的看法是值得推敲的,这在现代批评家那里很常见,他们基于往诗歌单元中堆积不和谐材料方面有相类似的焦虑,而寻找玄学派诗歌和现代派诗歌的相似之处。在图沃看来,中世纪诗歌中就不乏这样以自然哲学为意象的例子。在编辑多恩诗集时,格瑞厄森也曾提出类似的观点:就我所知,没有任何其他的十七世纪诗人像多恩那样对旅行家、天文学家、生理学家以及医生的新发现所带来的影响如此敏感。在文艺复兴时期,自然科学还处在启蒙阶段,当时人们把与自然相关的所有现象、原理都称作是"自然哲学",即自然变化之学问。这样听起来似乎是哲学的分支,而实际上,其中的一些活动其实是出于宗教的目的,是为了探寻上帝所创造的世界的规律,以歌颂上帝创造的完美世界。比如科学史上有名的哥白尼和伽利略均是如此。即使这一时期的科学活动虽然是人们真正开始使用理性来探寻我们生存的现实世界,但从动机上看,却是为宗教信仰服务的。从这个角度来看会让人觉得当时的"自然哲学"与宗教有着千丝万缕的联系。但是,从文学史和文明史来说,在当时的时代只有宗教才有文化和文明,整个欧洲中世纪都笼罩在教皇的统治之下,因此由宗教产生科学文学的萌芽既是历史所趋,又是历史的必然。

与欧洲不同的是,自古中国的文学并未受到宗教或统治阶级的垄断,贫寒书生通过科举之路即可"加官晋爵"。中国古代有灿烂的文化,历代文人墨客都留下了华美的篇章。然而,中国古代并未曾有描写"科学"的诗词歌赋,分析其中原因,并不是因为不存在,而是因为没有意识到。我国的民间哲学一直流行阴阳五行之说,而现代科学所说的"自然科学",已经是清末民初西方的自然科学被引入之后的事了。但中国许多文学中的成语和俗语无意之中就蕴含着许多化学原理。比如"水滴石穿",其化学原理是水和二氧化碳可以与石头中的大理石或石灰石反应,产生碳酸氢钙,而碳酸氢钙可以溶于水,进而石头慢慢被溶解,最后被水滴穿。"沙里淘金",其原理在于黄金和沙子的密度不同。"沙里淘金"虽属于物理变化,但是也可以说明黄金以单质的形式存在,其化学性质比较稳定。"点石成金",是说石头经过"点化"可以得到金子,我们可以用元素守恒、质量守恒原理来分析。如果石头中并没有金元素,在通常条件下,仅仅用化学反应"点化"是绝不可能得到金的,在化学变化过程中元素的种类通常不会发生变化。假如这里所说的"金"并不是指狭义上的"黄金",而是泛指各种金属,那么有些含有金属的矿石是能够经化学变化冶炼成金属的,比如冶金工业中,从磁铁矿和赤铁矿中炼得金属铁。

文学属于人文科学,具有选题丰富、表现形式多样、渗透着人类情感生活体验与人文思想性等特点,是人类生活中人与经验故事的提炼,文学之"神"就是文章的思想性,即文学中总是抒发一种情感,表达一种思想。而化学属于自然科学,具有科学性、方法性和应用性的特点,化学体现了人类对大自然奥秘与规律的认识与应用,生活中的各个方面都渗透着化学原理,人类根据化学原理不断地合成新物质,最终促进了社会发展。世界是一个有机整体,文学是人类认识世界的情感与灵魂,化学是人类改造世界创造世界的方法与工具,它们从理性与感性的角度共同构成了我们认识世界的视角。

(二)文学与化学教学

1. 诗歌

诗歌的起源,可以向上追溯到原始社会,如人们为在劳动中协调劳动动作、在生活中交流感情而发出的劳动号子。《淮南子·道应训》道:"今夫举大木者,前呼'邪许',后亦应之,此举重劝力之歌也"。《淮南子》是西汉淮南王刘安及其门客编写的一部著作,由此可见,"歌"常常在生产中作为劳动的号子。严格地说,这种简单的号子还不能算作"诗",但是实际上这些号子已经包含了诗的一些特点,即它具有韵律性,亦具有抒情性。随着人类社会的不断发展,出现了一些含有

图1-0-2 《诗经》

一定内容,同时又具节律的歌谣。和号子一样,这些歌谣大都存在于劳动过程中,但同时也存在于劳动前后的祝祷仪式活动中,同时伴随着音乐和舞蹈。可是这些劳动的号子和歌谣中很少出现具体的意象,只是用作劳动时的呼号和仪式之用,因此流传下来的号子和歌谣,与化学相关联的屈指可数。虽然这些号子和歌谣对学生很有吸引力,尤其是本地流传下来的号子,让学生极易产生共鸣感,激发他们情感上的体验,但是在化学的课堂教学中依然难以作为教学材料。

由此开始,在一段相当长的历史时期内,诗歌只是以号子和歌谣的形式存在于劳动人民的劳动之中,并靠人们口耳相传进行传播。直到后来才出现了文人墨客所创作的诗词。

我国古代的诗歌,有的不合乐,称"徒歌";但大多数都是合乐的,如《诗经》中大家熟知的"风""雅""颂",都是就乐曲而言的,所以合称为"诗歌"。诗歌的范围,狭义上仅指古体诗和近体诗,广义上把楚辞、词、曲都涵括在内。它们都有一些共同的特点,比如具有抒情性,又具有一定的韵律。如今,随着文学的发展,除了传统的格律诗外,还

出现了自由诗和散文诗。

唐朝是古体诗艺术辉煌灿烂的一段时期,在这个时期内就出现了大量描写人们生产生活的著名诗句,其中不少包含有化学原理可以用在实际的化学教学之中。例如,唐朝诗人刘禹锡就在诗歌《浪淘沙》中留下了脍炙人口的诗句:"千淘万漉虽辛苦,吹尽狂沙始到金"。从化学教学的角度来看,这首诗体现了以下原理:一是体现了金的化学性质稳定,很难同其他元素化合,因此它以游离态存在于自然界;二是根据沙和金的密度不同,把含有金颗粒的沙子在水中荡洗,由于沙子较轻,就随水流而去,而金子较重,留在底部,经过千淘万漉终于淘到了金;三是从含有金粒的沙子中分离出金粒,实质上就是从混合物中得到纯净物,这个过程只是物质的简单分离,没有新物质生成,因此淘金的过程属于物理变化。可见,《浪淘沙》这首诗可以被引用在人教版初中化学(上)"物理变化和化学变化的区别"的教学中。

再如,于谦的《石灰吟》中描写了一幅煅烧石灰石以制得生石灰的场面:"千锤万凿出深山,烈火焚烧若等闲。粉骨碎身浑不怕,要留清白在人间。"从化学教学的角度,可给学生解释其中的化学原理(图1-0-3)为:"烈火焚烧若等闲",即在高温的条件下煅烧石灰石;"粉骨碎身浑不怕",即将固体氧化钙溶于水里,产生氢氧化钙;"要留清白在人间",即煅烧石灰石,生成"清白"的氧化钙。通过将诗歌与化学教学相结合,学生会加深对知识的记忆,对于文学和化学的学习都十分有益。

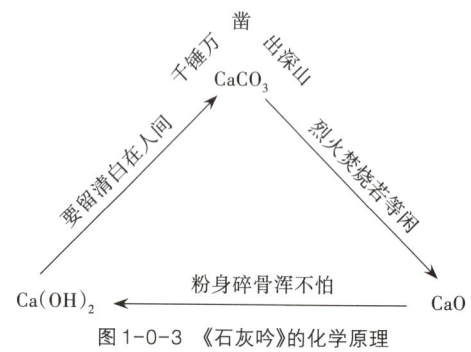

图1-0-3 《石灰吟》的化学原理

2. 小说

小说是最重要的叙事文体之一,是人们日常生活中喜闻乐见的一种文学艺术形式。它使用语言艺术的各种表现手法,通过描写完整而曲折的故事情节以及细致入微的环境氛围,塑造出多种鲜明的人物形象,并通过人物和故事反映社会生活。

中国古典小说中有很多故事包含着化学知识。例如,《三国演义》中,诸葛亮率领的蜀军为了擒拿孟获,在西洱河遇到四口毒泉,其中有一口名为"哑泉",若误饮了哑泉之水便会中毒。从化学的角度来看,哑泉水中含有较多的硫酸铜,当人们误食了含有铜盐的水时,就会产生口齿不

图1-0-4 《三国演义》

清、呕吐、腹泻等中毒症状。化学教学中将"哑泉之水"作为离子反应一课的情境引入材料,学生都特别想知道:硫酸铜以何种形式存在于哑泉水中?哑泉之水与我们日常生活用水又有何区别?诸葛亮率领的蜀军如何破解哑泉之毒?老师利用学生对小说中故事的好奇心,开展离子和离子反应的教学,让学生理解哑泉之水的奥秘,使原本抽象的知识变得不再那么枯燥和难于理解,由此可大大提高学生的学习兴趣。

3. 戏剧

戏剧是以演员为中心,在观众面前演出的综合性艺术。所谓"综合性",是指它包括了各种艺术成分:文学艺术、美术艺术、音乐艺术、雕塑艺术、舞蹈艺术——当各种艺术成分一进入戏剧艺术,就丧失了自己的独立性,而成了以演员为中心、以演出为目的的新的艺术形式。戏剧文学是提供戏剧演出用的剧本,剧本有其独立的文学性,可以供人阅读欣赏。像关汉卿的《窦娥冤》、王实甫的《西厢记》、曹禺的《雷雨》《日出》等,不仅被人搬上舞台一演再演,而且作为文学名著流传下来,供人阅读、欣赏。

图 1-0-5 《西厢记》

戏剧文学与化学的关系,类似于诗歌、小说、散文与化学的关系,都是文学艺术作为语言文字载体的体现。但又有所不同的是,化学原理既埋藏于生活细节中而被戏剧所反映,需要化学教师用化学的视角进行解读,又可以把化学作为戏剧的角色和主体,成为一种生动又新颖的艺术形式。具体的案例我们将在接下来的章节中一一讲述。

第一节　古色古香的化学——金属、非金属和药物化学

金银玉石——酒香"化"红楼

本小节适用于乙醇、银、铜、二氧化硅的教学。

传道

知识要点

1. 乙醇

化学式为 CH₃CH₂OH，常温常压下是一种易燃、易挥发的无色透明液体，具有特殊香味，并略带刺激性。沸点 78.5 ℃，熔点 −117.3 ℃，能与水以任意比例互溶，且能与乙醚、氯仿、甲醇等多种有机溶剂混溶。乙醇的用途很广，体积分数为 70%～75% 的乙醇在医疗上常用作消毒剂。

$$2CH_3CH_2OH+O_2 \xrightarrow[\text{加热}]{\text{催化剂}} 2CH_3CHO+2H_2O$$

2. 银

元素符号为 Ag，原子序数是 47，属于过渡金属。银是一种白色金属，质软，延展性好，在室温下具有良好的导电性和导热性。银在自然界中少量以单质形式存在，绝大部分是以化合态的形式存在于银矿石中。

3. 铜

元素符号为 Cu，是人类发现最早的金属之一，也是人类广泛使用的一种金属，属于重金属。在化合物中主要以一价和二价的形式存在，有延展性，是热和电的最佳导体之一。

4. 二氧化硅

化学式为 SiO₂，是一种酸性氧化物，化学性质比较稳定，不溶于水，也不与水反应，氢氟酸是唯一可以与之发生反应的酸。二氧化硅的用途广泛，主要用于制造玻璃、光学仪器、光导纤维、陶瓷等，与碳酸钠、碳酸钙反应制造玻璃的原理为：

$$Na_2CO_3+SiO_2 \xrightarrow{\text{高温}} Na_2SiO_3+CO_2\uparrow$$

$$CaCO_3+SiO_2 \xrightarrow{\text{高温}} CaSiO_3+CO_2\uparrow$$

第一章　文学中的化学

授 业

情 境

张老师

张老师:《红楼梦》是由清代作家曹雪芹创作的一部长篇小说,被誉为中国古代文学中最杰出、最具影响力的作品之一。它深入探讨了人性的复杂性、命运的无常和社会的阶级观念,揭示了封建社会的虚伪与荒谬,探讨了人们对权力、财富、爱情和友情的不同追求和取舍。小说中的角色生动鲜明,他们的命运交织在一起,呈现出一幅波澜壮阔的宏伟画卷。由于卓越的艺术成就和深刻的思想内涵。

图1-1-1　《红楼梦》

　　《红楼梦》中蕴含了许多与化学有关的元素和思想,这些素材对于教学实践具有丰富的应用潜力。作为中国古代文学的瑰宝,若能将《红楼梦》中所涉及的传统文化与化学知识相结合,不仅能够激发学生的学习兴趣,优化教学内容,还能促进学生对化学科学的深度理解和实际应用。这种跨学科的教学方法不仅能提升学生的学习动力,还有助于培养学生的综合能力和文化素养。

　　在教学过程中如何丰富情境,且与化学知识进行有机结合是化学教师常常思考的问题。在上述案例中,张老师将《红楼梦》等名著中的故事情节融入教学情境进行人文性加工,丰富了教学情境的思想性、价值性、艺术性等。通过深入教学情境,学生能够更好地理解知识的价值与意义,同时激发他们的学习兴趣。此外,学生还能够清楚地认识到知识的使用场合与条件,从而便于后续对知识的提取和应用,也能让学生体会到古人的智慧,增强他们的民族自信与文化自信。

 课堂快闪

　　在讲解乙醇是一种很好的溶剂,能溶解许多无机物和有机物的知识时,张老师利用红楼梦中的描写来设计教学情境。在第三十八回中,黛玉作菊花诗时说道:"我吃了一点子螃蟹,觉得心口微微的疼,须得热热的喝口烧酒。"宝玉连忙命人将用合欢花浸泡的药酒烫了一壶来,这是因为乙醇可溶解植物中的药用成分。第六十八回中,凤姐弄脏了平儿的新衣裳,宝玉道:"何不换了下来,拿些烧酒喷了熨一熨。"这是利用油污在乙醇中的溶解度较大且易挥发的特性,将乙醇喷在衣服上,再用熨斗加热,便很容易去除污渍。

7

《红楼梦》中的酒不仅仅是一种饮品,更是一种文化符号和情感的表达方式。通过对酒的描写和运用,小说展现了封建社会中人物的情感、性格以及社交关系的复杂性,在上述情境中张老师利用这一点设计了更具人文性的教学情境。同样的,这一名著中关于银钱的描述也是数不胜数,不少人在阅读时好奇"一吊钱""一两银子"按照现在的购买力计算具体是多少钱,那么不妨在课上结合化学知识谈一谈《红楼梦》中的银钱。

 课堂快闪

张老师在讲到合金材料时,化用《红楼梦》第六回中刘姥姥一进荣国府的故事——刘姥姥临走时,凤姐命平儿拿来一包银子和一吊钱,说道:"这是二十两银子,暂且给这孩子做件冬衣罢。"此处可问学生:一吊钱、二十两银子折合多少元的人民币呢?铜钱和银的材质又是什么?我们知道,银子和铜钱是当时最常见的货币。古时人们一般使用的是散碎银子,材质是金属银,使用时用专门的秤称量,必要时可进行剪凿,这主要是因为银质地较软、延展性好。铜钱则是铜、锌、锡、铅的合金,古代民间又将铜钱分为黄钱、青钱两种,青钱的原料中铜的含量较低,增加了锌、锡、铅的比重。

图1-1-2 铜钱

在上述案例中,教师将该故事作为合金材料教学的导入,能够为学生提供一个引人入胜的场景,且在适当时机提出疑问,引发学生思考,进而导出将要讲授的新课,起到提高学生学习兴趣的作用。教师在教学中所讲述的故事不拘泥于特定类型,可以是与新课相关的科学家故事或者化学史料,也可以是教师或学生的亲身经历,等等。故事中融入的情节和内容要与所需学习的知识息息相关,才能帮助学生更好地理解和记忆新的知识,培养主动探究精神。

若没有化学知识作支撑,学生在阅读名著时很少引发相关的思考,因此,教师可以在课堂上结合故事情节提出问题,引导学生从化学角度出发对名著细节进行探究,通过提出问题、观察、查阅资料、实验、讨论等活动开展学习。例如,教师在讲解二氧化硅之前,以《红楼梦》第二十五回中对镜子的描写为引——宝玉被蜡油烫伤脸,拿镜子照时发现十分难看,于是不愿黛玉看到自己的脸。此处教师可以抛出问题:宝玉手里的镜子是哪种镜子?有的同学认为是铜镜,也有的同学认为是玻璃镜,故可让学生分成小队查阅有关镜子及其成分的资料,了解镜子的发展史,对二氧化硅的性质与用途形成基本的认识,为学生后续的学习做好铺垫。

资料库

无机硅化物

无机硅化物是指由硅元素和其他元素(如氧、碳、氢、金属等)组成的化合物。它们在自然界中广泛存在于地壳中,硅是地壳中第二丰富的元素,除了人们熟知的泥土、石头和沙子,还有石英、硅灰石等。这些物质在工业生产中具有重要作用,应用范围非常广泛,用于制造玻璃、陶瓷、建筑材料、电子器件等领域。硅酸盐类材料也被用于制造水泥、陶瓷和搪瓷等产品。在科学研究领域,他们还被广泛应用于实验室合成、催化剂、纳米材料制备等方面。

解 惑

【问题讨论一】凤姐弄脏平儿的新衣裳时,宝玉提议用烧酒喷了再熨一熨。为什么宝玉会提议用烧酒来清理污渍呢?

【答疑】这种方法利用了乙醇中油污的溶解度较大且易挥发的特性,使其成为去除衣物污渍的有效工具。当衣服上有顽固的油渍时,可以先取适量的乙醇喷洒在污渍处,待其浸透片刻,这样能够有效地溶解油渍,使其分散开来。然后将已经喷洒了乙醇的衣物轻轻放在平整的表面上,将熨斗预热至适当温度。待熨斗温度达到合适时,将其轻轻地放在衣物上,用熨斗的热力帮助乙醇挥发及进一步溶解和清除污渍。熨烫时,适当调整熨斗的温度和压力,以避免对衣物造成损坏。

【问题讨论二】《红楼梦》里有许多经典画面,如黛玉葬花、宝钗扑蝶、晴雯撕扇以及湘云醉睡等。史湘云由于生性豪迈,在饮酒这一事上从不含糊,在第六十二回中,史湘云在宝玉的生日宴上大量饮酒,最终醉倒在花园石凳上。如果想要知道湘云到底饮了多少酒,可以采用什么办法进行检测呢?

图 1-1-3 湘云醉卧

【答疑】通常想要精确检测人的饮酒量所采用的方法是呼气测试与血液测试。呼气测试是指使用酒精检测仪器,被测试者吹气进入仪器中,通过测量呼出气中的酒精含量来判断饮酒量是否超过法定限制或安全饮酒程度。血液测试是指通过提取被测试者的血液样本,经专业实验室分析检测血液中的酒精浓度。

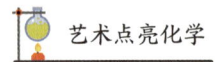

资料库

呼气酒精检测仪

1954年罗伯特·伯根斯坦（Robert Borkenstein）博士发明了呼气酒精检测仪。受测者被要求对着检测仪吹嘴呼气，气体加热后会导入到含有重铬酸钾、硫酸和硝酸银溶液的反应容器内，如果呼气中有酒精存在则发生如下化学反应：

$$3CH_3CH_2OH+2K_2Cr_2O_7+8H_2SO_4 = 2Cr_2(SO_4)_3+2K_2SO_4+3CH_3COOH+11H_2O$$

橙红色的重铬酸钾溶液能够吸收 420 nm 波长的可见光，若受测者呼出的气体中存在酒精，那么酒精将被重铬酸钾氧化成醋酸，而重铬酸钾也会变成绿色的硫酸铬，那么通过测定最终溶液的光谱波长就能确定铬离子的转化程度。分析结果将转化为电子信号并换算成BAC值显示在标度盘上，方便读出检测结果。

——曹玉民.酒后驾车人员体内酒精含量的检测[J].化学教育(中英文),2011(9):1-2,22.

毒王争霸

本小节适用于氰化物、蛇毒、蜂毒、蜘蛛毒相关药物化学的教学。

传道　　　　　　　　　　　　　　知识要点

1. 氰化物中毒

氰化物分为有机氰化物和无机氰化物，常见的氰化物有氰化钾、氰化钠和氢氰酸，三者均为剧毒，其中氰化钾可以与酸反应生成氢氰酸。桃、杏、李子、杨梅、枇杷、樱桃的果核中含有氰糖苷，食用过多可导致氰化物中毒。氰化物进入人体后迅速释放的氰离子极易与细胞色素氧化酶中的三价铁离子结合，使酶活性受到抑制，导致细胞窒息、组织缺氧，引起中毒。亚硝酸钠作为解毒药的机理是它能使血红蛋白变成高铁血红蛋白，高铁血红蛋白可以将细胞色素氧化酶置换出来，使其恢复活性。解毒时，常用高铁血红蛋白形成剂和供硫剂联合治疗。氰化钾还可以与盐酸反应生成氢氰酸：

$$KCN+HCl = HCN+KCl$$

2. 木薯中毒

木薯味美，但其食用方法十分重要，火烤或水煮都不能去除毒性。木薯的块根含有一定量的亚麻配糖体及亚麻配糖体酶，经过其本身的亚麻配糖体酶的作用，可以析出游离的氢氰酸而导致人体中毒。中毒者症状为面色苍白、皮肤冰凉、呼吸急促、四肢抽搐。

解毒可用亚硝酸戊酯、亚硝酸钠和硫代硫酸钠三种药物联合治疗。

3. 蛇毒

毒蛇分泌物的成分复杂,含有神经毒素、心脏毒素、血液毒素、肌肉毒素、肌坏死毒素和酶类。其中毒后局部应急处理方法:采用结扎、切口、吸吮的方法,以阻止毒液进入人体血液循环,可使用特效药抗蛇毒血清来解毒。

4. 蜂毒

蜂毒的化学成分主要为多肽和酶。被蜇后的应急处理:拔出蜇针,然后用70%的乙醇、1∶1000的高锰酸钾、氨水擦洗蜇伤处。南通蛇药片不仅可解蛇毒,也可敷于蜇伤处消肿止痛。

5. 蜘蛛毒

蜘蛛毒的成分有神经毒素、肌坏死毒素和酶类等。中毒后的应急处理:可用肥皂水清洗伤口,冰敷,并用阿司匹林或对乙酰氨基酚缓解症状。被蜘蛛咬伤后,要注射哌替啶、异丙嗪和地塞米松三联针剂,也可以用抗蜘蛛毒血清治疗。

授业

情境

张老师

小化

张老师:相信有不少同学都阅读过推理小说,这类小说中毒物的演员表就有长长的一串:砷、碘、铅、汞、磷、硼酸、吗啡、蓖麻籽、曼陀罗、溴化物、氰化物……其中有些物质单独看来还是生活的常用物品,披着无害的面纱,其中最闪亮的"毒药明星"还数氰化物。国外曾发生过一男子吃下48粒高温烘烤后的杏仁而致死的案例,看似无害的杏仁类食品,也会在一定条件下产生致命的氰化物。大家阅读的作品中有没有类似的案例呢?

图1-1-4 杏仁

小化:在东野圭吾的《白夜行》第十二章中,凶手将氰化钾和硫酸倒进被害者家的马桶中,马桶盖打开的时候,被害者因吸入大量氰化氢而死亡。《名医别录》中提到"杏核仁,五月采之。其两仁者杀人,可以毒狗"。认为杏仁存在一定毒性。

小艺:听完张老师和小化的分享,我觉得氰化物有些可怕,是一种很神秘的物质。

张老师:同学们无须"谈氰色变",接下来我们便一同学习氰化物的毒性、中毒急救方法以及其他用途,揭开氰化物神秘的面纱。

小艺

在上述教学情境中,张老师和两位同学谈到了药学名著和推理小说中的化学知识,相信大多数人对于氰化物的了解多来源于与推理或犯罪有关的小说或影视剧作品,除了小化提到的两部作品外,推理小说界的化学大咖阿加莎·克里斯蒂曾将氰化物作为主角写出了《闪光的氰化物》,用毒之准确、频繁是她作品的一大特点,甚至有些人将其作品奉为"投毒指南",而这种说法也是片面的。从化学的角度出发,教师带领学生正确看待此类推理小说,认识到化学原理在案件侦破中的重要作用。在化学课堂上,教师采用直观的教学方法辅助学生理解化学基础知识、掌握基本技能,除了使用多媒体对物质外观进行展示外,结合推理文学作品片段创设教学情境,不仅可以激发学生的认知困惑,从而促使他们主动思考和寻找答案,还可以将抽象的化学知识与具体的情节、场景相结合,在学生想象力的帮助下可以更有效地对知识进行加工。

在上述教学过程中,由于参与反应的物质具有毒性不便向学生展示,制约了教师直观性教学情境的构建,张老师结合推理小说《白夜行》构建课堂情境,让学生化身侦探投入案件的分析中来,既能产生浓厚的兴趣,又可以尝试运用所学知识解决情境问题,从而诊断学生知识掌握的水平。这种教学方法通过将化学知识与具体的推理小说情境结合起来,可以有效激发学生对化学学习的动力和探索的欲望,从而主动参与学习,自主探索和发现化学在案件侦破中的应用。

 课堂快闪

在讲授氰化钾与硫酸反应时,张老师二次加工《白夜行》中第十二章中的案件而创设情境,使用故事性的语气讲述今枝之死,适当补充细节:现场的苦杏仁味、打开的排风扇等,当学生的好奇心到达顶峰时提出问题"今枝真正的死因是什么呢?",让学生化身小小侦探去揭秘今枝之死,最终得出氰化钾与硫酸的化学反应方程式。

除了利用文学作品创设情境外,教师也可以在文学作品辅助下引入情景剧这一互动式的学习形式,能够有效激发学生的学习兴趣,提升他们对学习任务的积极性和投入度。在课堂教学过程中,学生通过角色扮演投入学习中,既能产生浓厚的兴趣,又可以尝试运用所学知识解决情境问题,从而诊断学生知识掌握的水平。

 课堂快闪

在本节课的最后,张老师结合情景剧的形式组织学生补充生活中常见的毒素:木薯毒、蛇毒、蜂毒、蜘蛛毒等。由学生课前调查生活中常见的毒及解毒方法,接下来由教师仿照小说故事情节,带领学生编写"解毒急诊室"情景剧并进行表演;让有的同学扮演医生,有的同学扮演中不同毒的人,医生针对中木薯毒、蛇毒、蜂毒、蜘蛛毒的患者进行分析并开出药方。

第一章　文学中的化学

在教学中注重联系生活实际是指将化学知识与学生的日常生活、现实问题相融合，以强化学习的实用性和吸引学生的兴趣。课堂与生活的结合不仅可以谈化学知识在生活中的应用，还可以通过情景剧把生活中的真实场景、问题搬到课堂上来，通过将抽象的概念和知识转化为具体的情境和角色。学生们能够将学习内容融入生活中，在情景剧中加深对相关药物化学知识的理解，并学习如何应用这些化学物质来解毒。

解　惑

【问题讨论一】《名医别录》中提到"杏核仁，五月采之。其两仁者杀人，可以毒狗"。认为杏仁存在一定毒性。小化也因为服食了过多苦杏仁导致氰化物中毒，若要立即对小化采取解毒措施，应该选用何种特效解毒药呢？

【答疑】氰化物中毒的特效解毒药有以下几种：①硫代硫酸钠。利用其中的硫与CN^-结合成无毒的硫氰化物，从肾脏排出。②亚硝酸盐类。使血红蛋白转变为高铁血红蛋白，从而夺取CN^-形成氰化高铁血红蛋白，减少CN^-与细胞色素氧化酶的结合，恢复细胞呼吸，起到缓解中毒的作用。由于氰化高铁血红蛋白仍将解离释放

出CN^-，若中毒不重，陆续解离出的CN^-可被机体自身转变为无毒的硫氰化物。

【问题讨论二】《淮北蜂毒》中写道"淮北蜂毒，尾能杀人"，蜜蜂用尾部蜇人会使人中蜂毒，那么蜂毒的主要成分是什么呢？如果在日常生活中遇到了中蜂毒的人，我们要如何救治他们呢？

【答疑】蜂毒的主要成分为多肽和酶，被不同的蜂蜇伤有不同的处理方法，最常见的蜂是蜜蜂和黄蜂。蜜蜂的毒液显酸性，拔出毒刺后，伤口可用苏打水、氨水、肥皂水及碱水等冲洗，以中和毒液。黄蜂的毒液显碱性，伤口可用酸性物质，如食醋、3%的硼酸、1%的乙酸等冲洗。若发生过敏，则应立即就医，采用药物辅助治疗。

 资料库

防止氰化物中毒

2008年，香港食品安全中心曾测定了香港常见食用植物中氰化物含量，检测结果发现，苦杏仁（北杏）、竹笋、木薯及亚麻籽样本的氰化物含量范围为9.3～330 mg/kg，苦木薯的氰化物含量较甜木薯高，氰化物含量在新鲜竹笋中分布不同，笋尖的氰化物含量最高，竹笋和木薯制品中氰化物的含量较低。

避免氰化物中毒，应该注意三点：(1)吃可能含有氰苷的食物时，如竹笋、木薯等，尽量切成小块，并用水煮沸后再吃。(2)不要生吃或咀嚼苹果、李、杏、樱桃等水果的种子和果核。(3)做果汁的时候，最好去除果核。

——如何防止氰化物中毒[J].家庭医学，2016(6)：5.

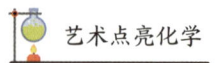

碳家族的诞生

本小节适用于碳族元素的教学。

传 道

知识要点

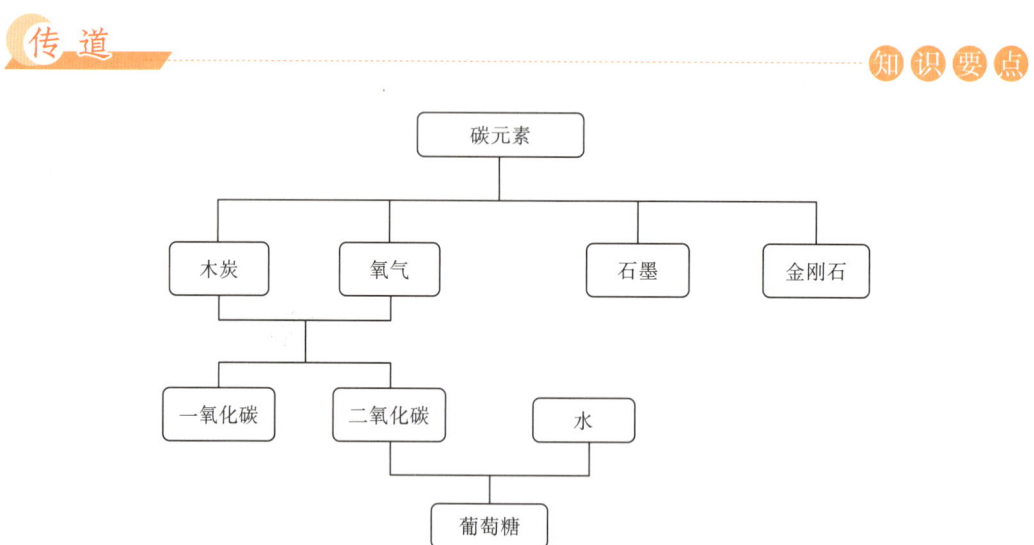

1. 木炭

木炭的主要成分是碳。在木炭制作过程中，木材通过高温炭化处理，其中的水分、挥发性有机物和灰分等成分被去除，留下的是高纯度的碳物质。通常情况下，木炭的纯度可以达到80%以上的碳含量，有些高质量的木炭甚至可以达到90%以上。除了碳之外，木炭的成分还可能包括少量的灰分和残留有机物。灰分是木材在高温炭化过程中无法炭化的无机物质，如矿物质和金属元素；而残留有机物可能是一些炭化过程中无法完全除去的有机化合物，如木质素的部分降解产物。

图 1-1-5 木炭

2. 二氧化碳

二氧化碳是一种无色、无味的气体，它是地球大气中最重要的温室气体之一。二氧化碳在自然界中由多种过程产生，包括呼吸作用、动植物的代谢活动、燃烧和地壳活动等。二氧化碳在地球的生态系统中扮演着重要的角色，它是光合作用的原料之一，也是动物呼吸作用中产生的废气，它的浓度对生态系统的平衡和生物多样性具有重要影响。

3. 一氧化碳

一氧化碳（CO）是一种无色、无味、无臭的气体。它在自然界中由多种过程产生，包括不完全燃烧（如燃烧化石燃料或木材时）、汽车尾气排放以及工业生产过程中的燃烧等。一氧化碳是一种有毒气体，它与人体的血红蛋白结合，形成一氧化碳血红蛋白，导致血红蛋白无法有效携带氧气。这给人体细胞和组织的正常功能造成严重影响，尤其是对于心脏和大脑等重要器官。高浓度的一氧化碳暴露可以引起一氧化碳中毒，症状包括头痛、恶心、呕吐、意识丧失，严重时甚至可导致死亡。

4. 金刚石

金刚石是一种非常珍贵的宝石和硬质材料，其化学成分是纯碳，具有坚硬、透明和高热导性的特点。它的晶体结构是由碳原子紧密排列形成的，使其成为自然界中最硬的物质之一。金刚石的硬度是由它的结构决定的，它在莫氏硬度等级表中排名第一，硬度评级为10。因为其硬度极高，金刚石在很多领域都有广泛应用。在工业领域，金刚石常被用作磨料和切削工具，如磨石、刀具和钻头等。由于金刚石具有优异的热导性，它还被应用于热管理系统和高功率电子器件等领域。

图 1-1-6 金刚石

5. 石墨

石墨是一种天然形成的矿物，由碳原子组成。它具有层状结构，每层由平行排列的碳原子构成，形成了类似于蜂窝状的结构。这种结构使石墨具有润滑性、导电性、耐高温性和化学稳定性等特点，有着广泛的应用，包括用于制作电极、电池、导线、热传导材料等。除了自然形成的石墨外，人工合成的石墨也被广泛应用。通过加热和处理纯碳原料，可以制备出人造石墨，其中，高纯度的人造石墨电极，常用于电池、铝电解和其他高温高压应用场景。

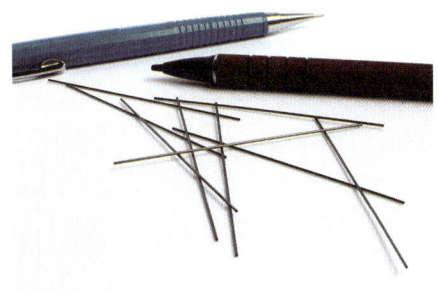

图 1-1-7 石墨

艺术点亮化学

授业

情境

碳元素所形成的物质经常出现在古人的诗词中，同学们知道有哪些呢？

我知道，唐朝诗人白居易的《卖炭翁》中写道："伐薪烧炭南山中，满面尘灰烟火色，两鬓苍苍十指黑。"

小化

张老师

同学们列举的诗词中都含有"炭"，大家知道它是碳元素形成的哪一种物质吗？例如唐朝诗人白居易的《和自劝二首》中写道："日暮半炉麸炭火，夜深一盏纱笼烛。"此处的麸炭就是桴炭，是轻而易燃的木炭，其基本成分就是碳单质。再如葛洪《抱朴子》云："扶南出金刚，生水底石上，如钟乳状，体似紫石英，可以刻玉，人没水取之，虽铁椎击之亦不能伤。"这里的金刚指的就是碳单质的一种——金刚石。大家可以思考一下：自己想到的诗词中的炭是哪一种物质呢？

还有南宋诗人范成大有一首《大雪送炭与芥隐》诗中写道："不是雪中须送炭，聊装风景要诗来。"

小艺

中国古诗词中对景物、事物的描述不仅间接表达了诗人的心里情境，也蕴含了丰富的化学知识。正如上述情境中张老师以及小艺、小化所提到的《卖炭翁》《大雪送炭与芥隐》《和自劝二首》以及《抱朴子》，诗词中涵盖了碳元素能构成的两种物质——木炭以及金刚石，要能够描述出该物质的外观以及体现出的性质。在日常学习化学这门学科时，教师可以将文学与化学结合，做到跨学科融合，达到更好的教学效果。

课堂快闪

在一次关于"碳元素相关物质"的化学课堂，张老师使用两首诗词创设问题情境以开启教学。课堂伊始，引出两首诗歌：诗人白居易的《和自劝二首》以及葛洪的《抱朴子》，两者分别提及麸炭以及金刚，以此为切入点，同时分别展现诗词中出现的麸炭以及金刚的图片，并提出两种物质都是碳元素形成的，麸炭就是木炭，其基本成分是碳单质,金刚也是碳单质的一种,称为金刚石。以此引导学生提出问题:为什么两者都是碳,外观却完全不一样呢?

根据现代教学理论的观点,学习的根本原因并不是感知,而是问题的存在。没有问题的产生,学生很难产生求知的欲望。如果没有问题或者没有察觉到问题的存在,学生就不会深入思考,学习也只会停留在表面和形式上。探究学习始于问题,而问题的发现和提出通常需要通过营造问题情境来实现。学生带着问题进行学习,更加集中精力于课堂,对老师所讲的内容更有兴趣,是一次高效课堂的顺利开端。

 课堂快闪

在条件充分的情况下,张老师首先在课堂上展示木炭、金刚石实物,学生亲眼观察两者的外观,金刚石呈现纯净无色透明、正八面体形状的晶体状,正如常见的钻石,木炭的外观为黑色无规则形状。其次,亲手感触两者的质感,金刚石坚硬且棱角分明,木炭正如《卖炭翁》中提到的"两鬓苍苍十指黑",手指会沾染黑色物质。再次,张老师让学生通过查阅资料,并结合课堂上的所观所感了解两者的性质并进行比较、归纳。

因此,课堂中,教师通过多感官协同教学,让学生亲眼看到木炭及金刚石的表观形状,双手感触两者的实际质感,通过查阅资料以及积极思考两者不同点产生的原因,充分调动脑、手、眼、口多重感官,激活记忆通路,实现对知识的强化记忆,使得学生对两者相关物理性质更加熟悉,对知识掌握更加牢靠。

一堂课教学的精髓并不仅仅存在于短暂的课堂教学时间内,课下的训练对学生知识的掌握与迁移更具紧密关系。因此,在对知识点进行学习后,教师可以提出碳单质的另一种呈现形式——石墨,以探究式学习的模式展开,同学们自行搜索资料,根据所学知识举一反三,并建立学习小组,对各自搜集到的资料进行探讨,整理归纳说明石墨与金刚石、木炭之间的关系,以及它的相关性质。通过对石墨的探究式学习,可以加强学生的自主学习能力,提高学生对知识进行探究的积极性,增强学习的趣味性,体现学生的主人翁意识。学生通过对所学知识的应用、查找资料,会提高解决问题的能力,加强对于知识的巩固练习以及灵活运用。此外,学习小组分享搜集到的资料,发表自己的意见以及合作探讨,能够加强学生间的联系以及团结合作的意识。

资料库

石墨烯

2004年Geim采用机械剥离法制备了石墨烯(Graphene)。石墨烯是一种以sp^2杂化连接的碳原子紧密堆积成单层二维蜂窝状晶格结构的新材料。它具有优异的导电性能、导热性能、力学性能及优异的电子迁移率。近年来，随着对石墨烯材料的不断研究，人们也在不断探索将石墨烯材料应用到纺织品中。研究发现，将石墨烯材料应用到纺织面料中，可赋予面料抗静电、抗菌抑菌、防紫外线、传感及防弹性能等，这些性能使得石墨烯材料成为纺织领域中的研究热点，有望在纺织品中有更深远的发展。

图1-1-8 石墨烯

——王玲.石墨烯/氧化石墨烯在纺织品中的应用研究进展[J].西部皮革,2022,44(9):41-45.

解 惑

【问题讨论一】白居易的《卖炭翁》中写道:"卖炭翁,伐薪烧炭南山中,满面尘灰烟火色,两鬓苍苍十指黑。"《卖炭翁》开头四句,描写了卖炭翁的炭来之不易。那从这几句诗词中可以得出碳的什么性质呢?

【答疑】《卖炭翁》中"伐薪烧炭"是指将砍伐的树木进行燃烧,这个过程中生成了新物质木炭;"满面尘灰烟火色"说的是树木燃烧过程中会产生烟尘,这是指木炭的不完全燃烧;"两鬓苍苍十指黑"说明了木炭是呈黑色的固体。

【问题讨论二】《卖炭翁》中"满面尘灰烟火色"表明碳不完全燃烧生成了烟尘,那么碳不完全燃烧是什么样的过程呢?碳完全燃烧与碳不完全燃烧又有什么样的区别呢?

图1-1-9 《卖炭翁》

【答疑】碳不完全燃烧生成一氧化碳气体,化学方程式为:

$$2C+O_2 \xrightarrow{\text{点燃}} 2CO$$

碳完全燃烧将生成二氧化碳气体,并产生一些灰黑色的杂质,这些杂质的主要成分为碳酸钾和碳酸镁,化学方程式为:

$$C+O_2 \xrightarrow{\text{点燃}} CO_2$$

【问题讨论三】南宋诗人范成大有一首诗《大雪送炭与芥隐》中写到"不是雪中须送

炭，聊装风景要诗来"。成语"雪中送炭"就来源于此诗，指在下雪天给人送炭取暖，比喻在别人急需时给予帮助。那么为什么送炭可以给人送去温暖呢？这涉及什么样的化学变化呢？

【答疑】木炭燃烧的过程中将会产生火焰，释放热量，生成二氧化碳或一氧化碳气体。这个过程涉及能量的转化，包括化学能转化为光能、化学能转化为热能。

图 1-1-10　木炭燃烧

第二节　炸药与金属的邂逅
诺贝尔的炸药情缘

本小节适用于甘油等有机化合物的教学。

传道　　　　　　　　　　　　　知识要点

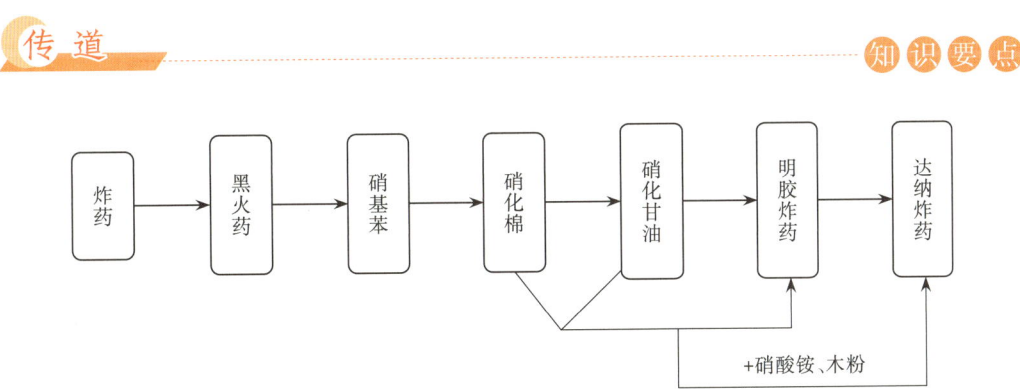

1. 硝化甘油

化学式为 $C_3H_5N_3O_9$，其结构式如图 1-2-1。硝化甘油是一种黄色的油状透明液体，可因振动而爆炸，属化学危险品。同时，硝化甘油也可用作心绞痛的缓解药物。

2. 黑火药

黑火药又称为火药（含 KNO_3、C、S），是一种早期的炸药。虽然大部分火药已经被无烟火药及三硝基甲苯等炸药取代，但还有生产，作为烟火、鞭炮、模型火箭以及仿古的前镗上弹枪支的发射药使用。

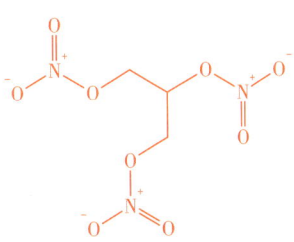

图 1-2-1　硝化甘油结构式

19

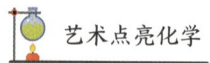

3. 达纳炸药

达纳炸药是由 50%~70% 明胶炸药、24%~45% 的硝酸铵和 2%~5% 的木粉揉捏而成的有弹性的团块。特点：抗水性能好,爆炸力强且使用非常安全。

4. 明胶炸药

明胶炸药是由 92% 的硝化甘油与 8% 的硝化纤维进行混合而制得的炸药。特点：具有硝化甘油的爆炸威力,同时危险性相对较小。

5. 硅藻土

硅藻土是一种硅质岩石,主要由古代硅藻的遗骸组成,其化学成分主要是 SiO_2,含有少量的 Al_2O_3、Fe_2O_3、CaO、MgO 等化合物和有机质。

6. 硝化纤维炸药

硝化纤维炸药又称棉火药,是由硫酸和硝酸的混合酸处理棉花纤维素制得的,有很强的爆炸力,稍微一干燥就容易发生爆炸,只能放在溶液中保存。

授 业

情境

张老师

诺贝尔

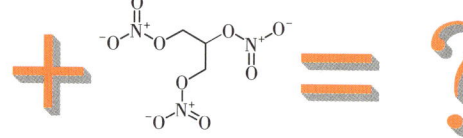
硝化甘油

图 1-2-2 诺贝尔与硝化甘油的邂逅

同学们,我们都知道诺贝尔奖是极高的学术荣誉,那大家知道诺贝尔与硝化甘油的故事吗?

炸药给我们的第一印象是高能量和危险性,而著名化学家齐宁一场关于硝化甘油的爆炸现象的表演却给诺贝尔留下了深刻的印象。兴趣是一个人探究的动力,从此诺贝尔就沉浸在硝化甘油的研究中,陪伴他的只有实验室和硝化甘油。在此期间,诺贝尔找到了引爆硝化甘油的方法——把硝化甘油与黑火药相混,之后又不断改良,经历了无数次失败,甚至因此而失去了亲人,终于找到了用 25% 的硅藻土与 75% 的硝化甘油相混合的方法,进一步解决了硝化甘油的安全保管和使用问题。不满足现状是进步的动力,在对硝化甘油的不断研究和探索过程中,诺贝尔又发明了明胶炸药、达纳炸药,被誉为"炸药大王"。

小艺

诺贝尔奖被普遍认为是世界范围内所有科技奖项中的最高荣誉之一。2015年,我国药学家屠呦呦成为第一位获得该奖的中国本土科学家。上述情境中,我们可以发现,在学习过程中,老师和学生们总会通过各种途径了解到诺贝尔奖,有的同学也同样能够了解到诺贝尔本人是一位伟大的化学家,并为炸药的发明和改良做出了巨大的贡献,与炸药结下不可分割的情缘。因此,教师可以将诺贝尔的"炸药情缘"融入化学教学当中,既能让学生们了解到有趣的化学历史故事,同时又能加深他们对相关知识的理解与记忆,联系生活、生产实例,培养学生社会责任感。

在化学课堂教学中,科学史料一直以来都是培养学生核心素养的重要教学资源。引入蕴含大量科学探究过程以及人文历史背景的化学史料能够给课堂带来更多活力,最为重要的是,这能够大大增加学生的学习兴趣、帮助学生克服认知障碍、训练学生的科学思维,学生也在历史故事中感受着科学精神的洗礼。

在对硝化甘油一类有机物进行教学时,教师可以在课堂开端提及学生所熟知的诺贝尔奖,以引起学生的兴趣,联想到诺贝尔奖和本节课的知识关联。再由著名的诺贝尔奖引起学生对诺贝尔这位科学家的注意,再给学生讲解诺贝尔利用甘油研究炸药生产的故事以引出本节课的知识重点。在此过程中,学生能够体会到科学家们在进行科学探究时,需要经历无数的困难、失败,但是科学家热爱科学、追求真理,并且努力为社会做出贡献的精神可以激励学生前行,因此,在教学中,教师应该注意与学生进行情感交流,让学生树立起良好的价值观念。

 资料库

诺贝尔奖

诺贝尔奖是全球最著名、最高荣誉的科学奖项之一,旨在表彰在物理学、化学、生理学或医学、文学和和平等领域做出杰出贡献的个人或组织。这个奖项设立于1901年,得名于瑞典的发明家、工程师阿尔弗雷德·诺贝尔,他在遗嘱中将自己财产的大部分用于设立这个奖项,以表彰那些"为人类做出了重大贡献"的人。诺贝尔奖每年颁发,至今已经有数千人次获得这一殊荣。

学生了解到诺贝尔与硝化甘油之间的碰撞而引发了炸药的诞生,由此进入对炸药的学习。此时,创设特定的教学情境对于学生的思维过程、学习过程具有重要意义,其中,较为常见的方法之一是联系生活实际。

课堂快闪

在讲解硝化甘油、三硝基甲苯等此类物质性质、用途与保存方法前,张老师以视频的形式引入某化工厂发生爆炸事故的例子。引起爆炸的直接原因是,某公司危险品仓库运抵区南侧集装箱内硝化棉由于湿润剂散失出现局部干燥,在高温(天气)等因素的作用下加速分解放热,积热自燃,引起相邻集装箱内的硝化棉和其他危险化学品长时间大面积燃烧,导致堆放于运抵区的硝酸铵等危险化学品发生爆炸。学生们观看视频后纷纷表示震惊:危险化学品爆炸引起的后果太严重了,怎样才可以避免呢?

图 1-2-3　化工厂爆炸

张老师在课堂上由现实生活化工厂发生爆炸的真实事件开启课堂,视频能够清晰地展现危化品储存不当或泄漏会造成多么严重的后果,视频的播放提高了学生对于此类化学物质的关注度,有了学习的目标。此外,以发生爆炸的原因促使学生探究如何保存此类物质的方法;以产生的严重后果让学生认识到严格遵守危化品保存规则的重要性,对化学保持敬畏,同时也能提升他们的社会责任感,进而将书本与实践相结合,引导化学知识的讲解。

在讲授硝化甘油、三硝基甲苯等有机物的性质类知识点的过程中,如果教师仅仅采用传统的讲授式教学,则可能导致学生课堂参与度下降,且学生会认为知识点较为琐碎,课后难以记忆和消化。因此,教师首先以诺贝尔与硝化甘油的故事作为导学材料能够引起学生对课堂的关注度;其次,在多媒体的协助下,以所学物质的图片展示其表观形态,通过工业生产以及其爆炸视频等体现化学性质,从学生的视觉、听觉等感官增强学生对有关内容的记忆。

解 惑

【问题讨论一】近年来人们提到化学时总会有主观偏见,比如食物中的添加剂、化学品带来的爆炸等,那正在努力学习化学的你会如何向大家传播关于化学的正确认识,又该怎样改变现在的状况呢?

【答疑】其实每样事物本身并没有好坏之分,而在于运用它的人。以诺贝尔为例,他通过富有创造性的、慷慨捐赠的方式,将他的财富更好地利用。他的研究和发明被铭记于人们心中并造福人类,炸药在工业上广泛应用于采矿、筑路、兴修水利、工程爆破、金属加工等领域,还广泛应用于地震、勘探等科学技术领域。而在军事上可用作炮弹、航空炸弹、导弹、地雷、鱼雷、手榴弹等弹药的爆炸装药,也可用于核弹的引爆装置和军事爆破。炸药在战争中可以用作摧毁人类家园、生命的武器,也可以用作开山辟路、建屋造桥的有力工具,这一切都是人类在控制。

【问题讨论二】危化品事故发生的后果是灾难性的,以三硝基甲苯为例,它虽然是相对比较安全的炸药,可一旦泄漏仍然会带来很大的危害,那么你知道三硝基甲苯泄漏事故的应急处理措施吗?

【答疑】如果出现三硝基甲苯泄漏的情况,应该立即隔离泄漏污染区,周围设警告标志,切断火源。同时应注意防止振动、撞击和摩擦,避免扬尘,可使用无火花工具小心扫起,转移到安全场所;也可以用大量水冲洗,将稀释的洗水放入废水系统。如果出现大量泄漏的情况,则先用水润湿,然后收集、转移、回收或无害处理后废弃。

一定要注意危化品的储存哦!

小艺

拿破仑的锡纽扣

本小节适用于金属及其合金材料的应用教学。

传道

知识要点

1. 锡

金属锡柔软,易弯曲,熔点231.89 ℃,沸点2260 ℃,有白锡、灰锡、脆锡三种同素异形体。早在远古时代,人们便发现并使用锡了。白锡在一定条件下能实现向灰锡或脆锡的转化,如图1-2-4所示。

图1-2-4 锡的同素异形体的转化

2. 白锡

普通形态的白锡是一种有银白色光泽的低熔点金属,四方晶系,晶胞中含4个锡原子,延展性好。

3. 灰锡

灰锡是锡在低温时崩碎成粉末的产物,灰色,粉末状固体,金刚石型立方晶系,晶胞中含8个锡原子。

4. 脆锡

正交晶系,易碎。

5. 同素异形体

同素异形体是指由同样的单一化学元素构成,但性质却不相同的单质。其性质差异主要表现在物理性质上,化学性质也有着活性的差异,例如白锡、灰锡、脆锡。

6. 白磷

分子式为P_4,几乎不溶于水,为白色固体,质软,有剧毒,致死量约为0.1 g。难溶于乙醇和甘油,较易溶于乙醚、苯、二硫化碳等。

7. 红磷

紫红色无定形粉末,无臭,具有金属光泽,暗处不发光,不溶于水,微溶于无水乙醇,不溶于二硫化碳和有机溶剂。红磷无毒,燃烧时产生白烟,即P_2O_5固体小颗粒有毒。

8. 合金

合金是指两种或两种以上的金属元素或以金属为基础添加其他非金属元素通过合金化工艺(熔炼、机械合金化、烧结、气相沉积等)而形成的具有金属特性的金属材料。

 资料库

拿破仑兵败俄国

1812年,拿破仑率领60万征服俄国的大军进入莫斯科,却面对一座空城。恼羞成怒的法军一把火点着了整个城市。随后几周,严寒的气候又给拿破仑的大军带来了毁灭性的打击。在饥寒交迫中,1812年冬天,拿破仑的大军被迫从莫斯科撤退,沿途数十万士兵被活活冻死。到了12月中旬,60万拿破仑士兵伤亡惨重。这场惨败让拿破仑的声望和法国的士气一落千丈,这场以传奇色彩浸染的拿破仑兵败俄国事件,标志着他苦心经营的法兰西帝国分崩离析。

第一章 文学中的化学

授业

情境

张老师

小化

小艺

张老师： 同学们，有一位名叫 Penny Lector 的加拿大化学家和历史学家曾经写过一本书《拿破仑的纽扣：改变世界历史的17个分子》，书中提到拿破仑在法俄战争中惨败还与士兵们衣服纽扣的材料金属锡有关。大家知道其中的原因吗？

小化： 是因为锡金属发生了什么化学变化吗？

小艺： 我看到过的解释是在寒冷的冬天士兵们的纽扣变成了粉末，使得衣服没有纽扣，士兵们被冻死了，或是生病而死。

图1-2-5 锡纽扣

张老师： 同学们说得没错，确实是发生了化学反应。金属锡有三种同素异形体：白锡、灰锡、脆锡。在温度低至13.2 ℃以下时，白锡可以转化为灰锡，温度越低，转化越快。拿破仑军队在莫斯科时，处在零下四十几摄氏度，白锡可以瞬间转化为灰锡(也称锡疫)，纽扣变成了粉末，因此衣服就没有了纽扣。

上述情境中提及的拿破仑的故事引人入胜，各种历史因素都值得人们深思。其中，锡纽扣为什么会在天气寒冷时变成粉末，发生了什么样的化学反应呢？故事中涉及的化学知识对于教师来说，是非常宝贵的教学资源。教师在讲解同素异形体、金属及其合金的应用、晶体结构及其性质等相关知识时，在教学设计中融入此故事片段，学生会积极参与思考、讨论，并在有趣的历史故事背景当中更为深刻地理解相关概念，进而增进自身对知识的应用。

学生在学习中存在"首因-近因效应"，即他们往往对最先和最后接触到的信息记忆效果最好，而对中间的内容记忆效果较差。因此，教师需要合理分配时间，并尽可能高效利用最佳学习时间，教师可以安排学生学习新的、极为重要的知识，而此时如果能够选择合适的导学材料来吸引学生的注意力，往往会事半功倍。

资料库

同素异形体

化学中存在着许多同素异形体，它们是由相同的元素组成，但是结构却有所不同，因而呈现出不同的物理和化学性质。常见的同素异形体包括石墨与金刚石、白磷与红磷、氧气与臭氧等。

碳：其中最为著名的就是石墨和金刚石。将石墨转变为金刚石的条件是高温(约2500 ℃)和高压(约1.01×10^{10} Pa)。

磷：白磷在40 ℃的空气中即可自燃，这也解释了"鬼火"现象的发生。将白磷隔绝空气并加热至260 ℃，可转化为红磷，而红磷在空气中能够稳定存在(其着火点为400 ℃)。进一步将红磷加热至416 ℃，又会升华并重新转化为白磷。

在同素异形体的教学课堂上，教师可以选择拿破仑军队兵败俄国的故事作为导学材料引入金属锡，因其故事新颖且具有历史性，会极大地引起学生的学习兴趣，激发学生的好奇心。因此，学生对金属锡的特点以及产生该现象的原因会产生显著的探究意愿，教师可快速将学生拉入课堂。此时，教师对其进行解释，金属锡具有同素异形体，在温度低时，将变成灰锡，发生"锡疫"现象而变成粉末，再列举出磷、碳都具有同素异形体以补充知识内容。这样学生就能够在轻松愉快的氛围中接受新的知识，对新知识的理解与记忆也会更加扎实。

 课堂快闪

同素异形体都由同一种元素构成，但结构不同。为使学生对该定义有深刻的记忆，张老师使用辅助多媒体进行教学，在屏幕中展示锡元素、磷元素构成的物质在不同结构下呈现出不同的表观形态以及性质。以锡为例：白锡硬度好，呈现明亮的灰色，具有金属光泽；灰锡则是蓝灰色粉末；脆锡是暗灰色薄片状，一敲即碎。

(1)白锡为四方晶系，晶胞参数：a=0.5832 nm，c=0.3181 nm，晶胞中含4个Sn原子，密度为7.28 g/cm³，硬度、延展性好。

(2)灰锡为金刚石型立方晶系，晶胞参数：a=0.6489 nm，晶胞中含8个Sn原子，密度为5.75 g/cm³。

(3)脆锡为正交晶系，密度为6.54 g/cm³。

在该教学过程中，张老师通过多媒体展示了不同结构下的锡的图片，也对其性质进行了讲解，色彩鲜明的图片能够让学生清晰地观察到三种锡的外观和性质都有较大的区别，以直观的图片吸引学生的学习兴趣以及对课堂的注意力，强化了学生对知识的记忆。同时，张老师在本节课也强调了"结构决定性质，性质反映结构"的学科思想，其不仅体现出了化学学科特色，而且对构建学生学科核心素养有着重要的价值。因此，在教学过程中，教师要不断深入学科思想，能够使学生逐步构建化学学科观念，优化思维方式，提升学习效果。

课堂快闪

在同素异形体课堂尾声,张老师根据本节课所讲的知识点布置小组合作任务。请同学们根据拿破仑的故事并结合所学的知识内容——锡纽扣在温度较低的情况下变成粉末状灰锡,思考:如何改进锡纽扣的制作方式才能避免"锡疫"的发生呢?可以查阅资料,小组同学进行讨论,写出你认为合理的解决方案。

临近课堂尾声,张老师选择拿破仑故事中的锡纽扣作为主要内容,让学生体验科学探究的过程,结合所学知识——锡的相关性质以及同素异形体相互转化的要求,并自助查询相关资料,分析如何改进纽扣的制作方式使得锡纽扣避免"锡疫"现象的发生。学生的学习不能仅仅局限于短短几十分钟的课堂上,因而教师布置有趣的任务并不会让学生产生抵触情绪,学生反而会在好奇心的驱使下与小组同学积极合作,这一过程既让学生完成了知识的课后巩固和应用,而且也增强了他们的合作意识。

解 惑

【问题讨论一】听了上述拿破仑的故事,结合课上老师所讲的关于金属及其合金的知识,可以怎么做来防止"锡疫"这一现象的发生呢?在我国古代,有将金属制成合金以此提高材料性能的例子吗?

【答疑】在锡中加入锑或铋制成合金可以防止锡的退化,促进锡的延展性。这是由于铋原子中有多余的电子使锡的晶体结构稳定化,完全消除"锡疫"的可能性。我国古代早就会运用合金了,最好的例子就是青铜器的炼制。青铜器是铜和锡的合金,纯铜和纯锡都是质地比较软的金属,但是将它们熔炼在一起,就变得十分坚硬了。

【问题讨论二】不管在古代还是现代,合金都是必不可少的,锡纽扣可以通过构造合金解决问题。在我们的现代生活当中,你所知道的常见合金有哪些?它们都有哪些特性?通常都被应用在哪些领域呢?

【答疑】①铝合金:向 Al 中加入少量合金元素(Cu、Mg、Si、Mn、Zn 及稀土元素等)制得。铝合金是工业中应用最广泛的一类有色金属结构材料,广泛用于航空、航天、汽车、机械制造、船舶等领域。

②钢铁:Fe 与 C、Si、Mn、P、S 以及少量的其他元素所组成的合金,其中除 Fe 外,C 的含量对钢铁的机械性能起着主要作用,故统称为铁碳合金。它是工程技术中最重要、用量最大的金属材料。

③铅锡合金(巴氏合金):含锑 3%~15%、铜 3%~10%,有的还含有 10% 的铅,其中锑、铜用以提高合金的强度和硬度。其摩擦系数小,有良好的韧性、导热性和耐蚀性,主要用以制造滑动轴承。

【问题讨论三】在《管子·兵法》中有这样一句话"和合故能谐",你知道它的意思是什么吗?结合大家所学习的关于合金的知识,你体会到了怎样的哲学原理?

【答疑】"和合故能谐"的意思是:有了和睦、团结,行动就能协调,进而就能达到步调一致。合金一词其实便是扬长避短、团结共进精神的代名词。例如:质弱的铝因为有其他元素的加入,变得坚强;零下48 ℃不能存在的锡因为有铋的加入而可以存在。合金让不可能转变为可能,让软弱变坚强。这体现出了当各部分以合理的结构形成整体时,整体就具有了全新功能的哲学原理。我们每一个人都像是一种元素,有自己的长处和不足,只有大家相互磨合,团结一心,才能更加准确地认识自己,找准自己的位置和作用,充分发挥自己的长处,弥补自己的短处。

"和合故能谐"意为和睦、团结方能协调。此与合金何涉?

图1-2-6 管仲

第三节 无机物和有机物的文学梦
典雅的银金属

本小节适用于金属银的教学。

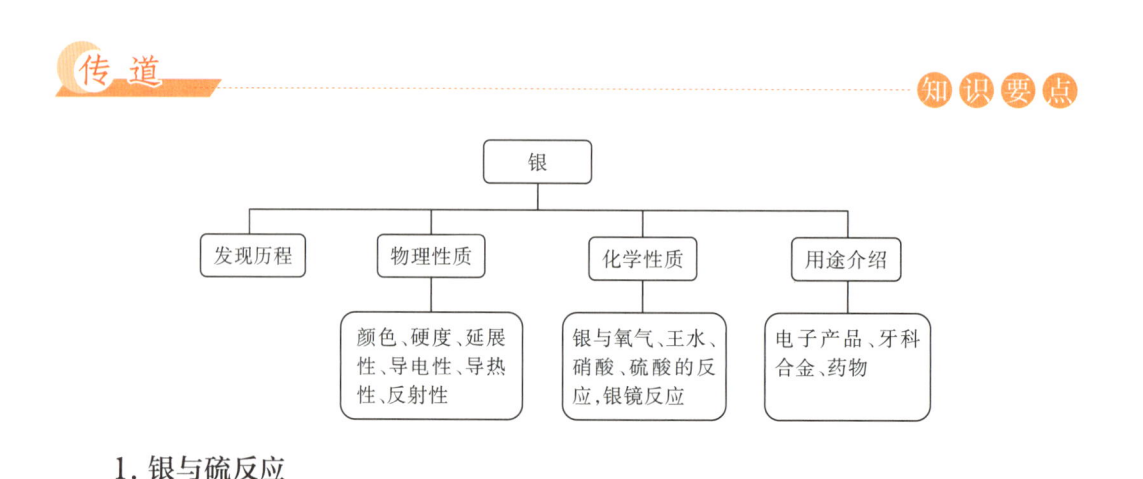

传道

知识要点

银
- 发现历程
- 物理性质:颜色、硬度、延展性、导电性、导热性、反射性
- 化学性质:银与氧气、王水、硝酸、硫酸的反应,银镜反应
- 用途介绍:电子产品、牙科合金、药物

1. 银与硫反应

$$2Ag+S == Ag_2S(灰黑色)$$

2. 银与卤素

$$2Ag+F_2 = 2AgF(暗棕色)$$

$$2Ag+Cl_2 = 2AgCl(白色)$$

$$2Ag+Br_2 = 2AgBr(淡黄色)$$

$$2Ag+I_2 = 2AgI(黄色)$$

3. 银与硝酸、硫酸的反应

$$3Ag+4HNO_3(稀) = 3AgNO_3+2H_2O+NO\uparrow$$

$$Ag+2HNO_3(浓) = AgNO_3+H_2O+NO_2\uparrow$$

$$2Ag+2H_2SO_4(浓) = Ag_2SO_4+SO_2\uparrow+2H_2O$$

4. 银镜反应

银镜反应的原理是醛基具有还原性,可以将银氨络合物中的Ag^+还原为银单质,附着在容器内壁,光亮如银,故称为银镜反应。反应方程式如下:

$$CH_3CHO+2[Ag(NH_3)_2]OH \xrightarrow{\Delta} CH_3COONH_4+2Ag\downarrow+3NH_3\uparrow+H_2O$$

授 业

情境

张老师：自从金属"银姑娘"被发现的那一刻起,世人便被她的美丽与清高折服:身穿银白纱裙,幽幽地散发着冷冽的光。人们用月亮的光辉来形容这个美丽的女子,她的元素符号来自拉丁文名称 argentum(光洁、明亮),英文名称 silver 也同样有着银色、银白的意思。我先简要介绍一下银姑娘,她比金活泼,在地壳中的含量约是金的15倍,但她很少以单质状态存在。天然银多半是和金、汞、锑、铜或铂形成合金,因而她的发现要比金晚。银不仅光泽鲜丽,而且能屈能伸,她的延展性仅次于金,在所有的金属中位居第二。纯银可以拉成头发丝般细的银丝,碾成0.025 mm厚的银箔。她比金硬但比铜软,当含有少量的砷、锑、铋时,银即变得脆而硬。

请同学们也说一说你眼里的银姑娘吧。

图 1-3-1 银饰

艺术点亮化学

小化： 卤族姐妹是银的好闺蜜,他们分别都和银抱成一团,变成卤化银。他们最喜欢美丽的光线,但是往往光照的时候他们又会松开紧握的手,发生分解。其中,溴化银对光的感知速率较好。目前,溴和银是生产感光材料不可缺少的原料。

小艺： 我知道银姑娘和她的朋友们给我们的生产生活带来了许多便利。例如银具有杀菌作用,这是因为极少量的银会以银离子的形式溶于水,从而杀灭细菌。牧民常用银碗盛放马奶等使其长期保鲜。

19世纪中叶,人们开始用硝酸银及胶态银处理伤口。现在,含银药物不断被开发,如用磺胺嘧啶银治疗烧伤和感染性的皮肤病等。汞齐合金是优质的牙科合金材料,其作为填充材料已经有很长的历史了。

在上述情境中,张老师和同学们使用了拟人手法亲切地把金属银称作"银姑娘",将各种性质融入生动的故事情节进行学习。拟人手法不仅是文学作品描写中一种重要的修辞手法,也有助于化学教学中情境的构建。化学教学中将知识拟人化可以让化学课堂更具魅力和趣味性,使一个个枯燥、抽象的知识跃然纸上,以更加生动的方式亲近学生。但是,无论是何种教学方法的使用,都不得违背科学性的原则,拟人手法与化学课堂的结合亦是如此,不得对学生造成误导。拟人手法与知识点的结合要注重适切性,可用于元素化合物、抽象性的概念原理类等知识的教学,教师在使用过程中应当充分挖掘教学素材,组织学生进行物质自述、角色扮演等教学活动,便于将信息保持在学习者长时记忆中,且易于长期储存。

课堂快闪

硫酸对银姑娘一见如故,但是不善言辞的他还不知道如何与银姑娘相处,不论是以浓硫酸的形式现身,还是以稀硫酸的状态出现(指浓度),均是碰壁而归(银与冷的稀硫酸、浓硫酸均不反应)。最后一次,他准备放手一搏,将自己满满的真诚与热情传递给典雅的银姑娘。没想到,他成功了,银姑娘与热情的硫酸同学一起体悟到了高山流水的知己情(银与热硫酸反应生成白色沉淀硫酸银)。

在银这节课的教学中,张老师还使用了生动的语言——介绍了典雅的银姑娘与氧气、王水、硝酸、硫酸不同的友情。以硫酸为例见如上叙述。在化学的学习中,尤其是在学习物质性质时,学生多采用记忆背诵的方法,但随着所学物质的增多,记忆的内容也越来越烦冗复杂,往往会产生知识点混杂的情况。如果教师使用拟人手法加工下的教学情境,可以帮助学生将比较分散的知识串联在一起,那么学生在获取知识时得到的将是一整套完整的知识网络,即使后面的学习内容不断增多,前面所学的知识也不易遗忘。

物质性质决定用途,在化学教学中应当注重知识的生活价值,学生能够将其所学习的某一知识应用在实际生活中,即使是离开学校教育以后,所学内容仍然具有价值延续。因此,作为化学教师,可以多发掘所学内容在实际生产、生活中的应用场景,并将拟人手法和诗歌融入日常学习,若能将知识点以类似的形式加工出来,那么不论是教师的教还是学生的学都将更加简单有趣。

课堂快闪

卤族姐妹是银的好闺蜜,她们分别都和银抱成一团,变成卤化银。她们最喜欢美丽的光线,但是往往光照的时候她们又会松开紧握的手,发生分解而追寻各自的一缕微光去了。其中,溴化银对光的感知速率较好。目前,溴和银是生产感光材料不可缺少的原料。银妹妹对胶卷的热爱更是常人无法企及的,一部分的银都将自己奉献在了胶卷制造上。

你的微笑有如明媚的月光,
即使见光立即分解,
我仍愿倾尽全力将你的笑脸完美呈现!

在教材"富集在海水中的元素——氯"一课中,讲解到银的卤化物及其用途时,教师可以结合拟人手法和诗歌的形式,生动地将化学性质与实际用途联系起来。在上述教学情境中,张老师使用拟人修辞简要介绍了溴化银在摄影行业中的应用,接下来通过诗歌进行总结可以寓教于乐,使得化学课堂更具艺术性和思想性。

解 惑

【问题讨论一】素雅又俏丽的银制饰品越来越受到人们的青睐,但是市面上银制饰品却真假不一。借助于金属银的相关性质,可以有哪些方法判定银饰的真假呢?

【答疑】①看色泽:外观洁白、有光泽,做工细,为成色高的银饰品(如图 1-3-2);色泽差,无光泽的多为假银饰品。②看硬度:白银硬度较铜小,较铅、锡大,用大头针稍用力划实物的表面进行测试。若针头打滑,表面很难留下痕迹,

图 1-3-2 银手镯

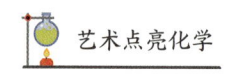

则可判定为铜质饰品;若为铅、锡质地,则痕迹很明显、突出。若实物留有痕迹而又不太明显,可初步判定为白银饰品。③硝酸鉴别法:用玻璃棒将硝酸滴于银饰品锉口处,呈糙米色、微绿色的成色较高;呈深绿、黑色的成色较低。

【问题讨论二】溴化银在我们的生活中有哪些应用呢?

【答疑】变色镜片是在普通玻璃中加入了适量的溴化银和氧化铜的微晶粒。当强光照射时,溴化银分解为Ag和Br_2。分解出的银的微小晶粒,使玻璃呈现暗棕色。当光线变暗时,Ag和Br_2在氧化铜的催化作用下,重新生成溴化银。于是,镜片的颜色又变浅。溴化银具有感光性,常用于照相底片的感光材料,相纸上涂一薄层含有细小溴化银的明胶,摄影时强弱不同的光线射到底片上时就引起底片上溴化银不同程度的分解,Br_2与明胶化合,Ag成为极细小的银核析出在底片上,哪部分感光强溴化银分解就越多,哪部分就越黑。另外,溴化银与碘化银相似,也可用于人工降雨的胶体材料。

化学中的诗词歌赋

本小节适用于化学反应的能量、电化学的教学。

传 道　　　　　知识要点

1. 原电池

原电池是将化学能转化为电能的装置。

2. 原电池的构成条件

(1)能自发进行的氧化还原反应;
(2)电极:两个活泼性不同的能导电的电极;
(3)要有电解质溶液或熔融电解质;
(4)闭合回路:用导线连接两个电极与电解质溶液共同形成闭合回路。
记忆口诀:两极一液一回路一反应。

3. 原电池的工作原理

在原电池中,电子在导线中定向移动(由负极流出,正极流入),离子在溶液中定向移动(阳离子移向正极,阴离子移向负极),即"电子不下水,离子不上岸",共同构成了一个完整的闭合回路。

4. 锌铜原电池

以 Zn 为负极、Cu 为正极、硫酸为电解质溶液,电极反应与总反应方程式如下:

$$正极(Cu):2H^++2e^-=\!\!=\!\!= H_2\uparrow$$

$$负极(Zn):Zn-2e^-=\!\!=\!\!= Zn^{2+}$$

$$总反应:Zn+2H^+=\!\!=\!\!= Zn^{2+}+H_2\uparrow$$

授业

情境

你是加入稀硫酸中的铜
我是加入稀硫酸中的锌
你看着我身上的气泡,说你也想要
我笑着牵起你的手
你高兴地看着不断冒出的气泡
你问我怎么越来越小
我说,我想融入其中
最大程度地把你拥抱

图 1-3-3 原电池原理图示

张老师将上述情境中的诗歌作为课堂引入的材料,主要描述以 Zn 为负极、Cu 为正极、硫酸为电解液的原电池反应过程,从学生能够理解的化学反应入手,提出问题:"为什么铜和铁在稀硫酸中是铜表面冒出气泡",继而引出原电池的内容并加以讲述,可以在一定程度上激活学生之前所学知识,又形成一定的认知冲突,引发其继续学习的兴趣。可见,因为诗歌语言具有精练、形象、音调和谐、节奏鲜明等特点,其融入教学为化学课堂注入了活力。

诗歌是最古老也是最具有文学特质的文学样式,来源于上古时期的劳动号子及祭祀颂词,是一种抒情言志的文学体裁,包含着丰富的情感与想象。在化学课堂上,我们可以从诗歌中汲取化学知识,犹如上文中的《抱朴子》和《卖炭翁》,也可以是教师和学生共同发挥创造能力,将化学知识加工为诗歌,弥合科学严谨与浪漫之间的鸿沟。在教育中应该突出学生主体,将更多的空间留给学生,而非一味地采取填鸭式教学、呆板地将知识灌输给学生。学生的智慧是无穷的,其创造力和想象力也是无穷的,在化学与诗歌的碰撞中、理性与感性的碰撞中可以激发学生无限的潜力。

艺术点亮化学

课堂快闪

我是气体中最特别的一个
你是一枚普普通通的酸
你说你愿意为了我
抛掉一切世俗不断挥发
于是一酸一碱的融合
幻化出如此美妙的白烟

图 1-3-4 氨气与浓盐酸反应产生白烟

在学习氨气与浓盐酸的反应时,张老师带领学生创作了这样一首美丽的诗歌,将氨气和盐酸的性质以及二者反应的现象均融入其中,为化学课堂增添了一分浪漫。化学世界千变万化,各种物质的化学性质更是千差万别,相关的化学方程式也是数不胜数。学生在学习的时候难免会觉得枯燥乏味,如果能够将诗歌与化学知识联系起来,对教学或许会有所帮助。如果将物质的化学性质类比于人与人之间的情感,让学生将情感融入化学,以诗歌的形式辅助化学学习,感性与理性融合,必然会使化学方程式的学习事半功倍。

除了浪漫和优雅的诗歌,通俗易懂、诙谐幽默的顺口溜和口诀也使化学知识的学习更为愉悦、轻松。像这种结合顺口溜、编口诀的学习方式称为精细加工策略,是指学生通过一定方法将新学的材料与头脑中已有的知识联系起来,从而促进新信息意义的深层加工。在实际的学习过程中,很多学生都或多或少用到过该策略,除了编口诀外,谐音记忆、做笔记、提问等方法都属于精细加工策略。

课堂快闪

在原电池的教学中,除了借助诗歌这一形式对知识进行加工外,张老师组织学生利用"原电池,可发电,化学能,变电能"的顺口溜理解原电池的概念,利用"两极一液一回路一反应"的顺口溜理解原电池的构成条件。

在金属活动性顺序这节课的教学中,同学们利用谐音编制顺口溜"嫁给那美女,身体细纤轻,统共一百斤"(钾钙钠镁铝,锌铁锡铅氢,铜汞银铂金)。

本节利用诗歌、口诀的形式对知识进行精细编码,便于将知识在长时记忆中长久保持,相比单一的记忆,更为容易、深刻有趣,让学生在玩耍中不知不觉地学到了知识。除了课上借助诗歌、口诀理解记忆知识外,教师还可以布置课后作业,让学生充分发挥自己

34

的想象和创造力,将知识点加工成自己擅长的文学形式,在班内进行展示。

解惑

【问题讨论一】化学是理性且严谨的,文学是随性又浪漫的,但在某些时候两者往往有着紧密的联系,比如我们曾经学习过的古诗词,其中就蕴含着诸多化学知识。你能举出例子并且分析其中的化学原理吗?

【答疑】明代著名诗人于谦所作《石灰吟》写道:千锤万凿出深山,烈火焚烧若等闲。粉身碎骨浑不怕,要留清白在人间。诗人歌颂了"粉身碎骨浑不怕,要留清白在人间"的高尚情操,诗中也蕴含着我们学习过的化学知识。石灰石的主要成为$CaCO_3$,硬度大,熔点高,在高温(825~896.6 ℃)下煅烧即可发生分解反应:$CaCO_3 \xlongequal{高温} CaO+CO_2\uparrow$,而氧化钙与水反应又可以生成白色的氢氧化钙:$CaO+H_2O == Ca(OH)_2$,当$Ca(OH)_2$与空气中的$CO_2$结合时,又会重新生成碳酸钙:$Ca(OH)_2+CO_2 == CaCO_3\downarrow +H_2O$,这就是石灰石"千锤百炼"的一生,希望我们也能如此,即使历经磨难,仍旧清清白白。

【问题讨论二】浪漫的现代诗歌往往能够传达出作者的拳拳之情,你能在化学世界中发现美好,并且用现代诗歌表达这些美好吗?尝试选取我们曾经学习过的知识,并以此写出一首浪漫的现代诗歌。

【答疑】

示例一:

在遇见你之前

即使遍布地壳

遇到过那么多的金属先生

我也丝毫没有动心

但只一眼,我便知道

我愿接受烈火焚身

只为,将你置换

哪怕只有一瞬间的火花四溅

图1-3-5 铝热反应

示例二:

你是我的催化剂,没有你

我总是感受不到生命的气息

只有当你来到我身边

我才知道

原来我也能沸腾,展翅高飞让世界因我而美

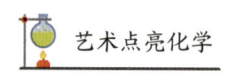

化学"三巨头":无机、有机与结构化学

本小节适用于二氧化硅、糖类、乙醇、单双三键的教学。

传道

知识要点

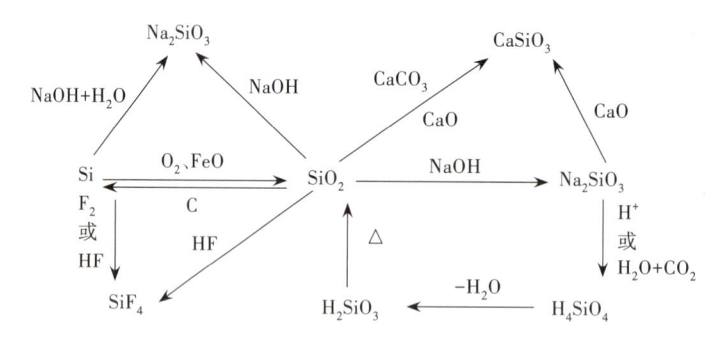

1. SiO₂的转化

$$Si \underset{C}{\overset{O_2, FeO}{\rightleftarrows}} SiO_2$$

Si + NaOH+H₂O → Na₂SiO₃
SiO₂ + NaOH → Na₂SiO₃
Si + F₂ 或 HF → SiF₄
SiO₂ + HF → SiF₄
SiO₂ + CaCO₃/CaO → CaSiO₃
Na₂SiO₃ + CaO → CaSiO₃
Na₂SiO₃ + H⁺ 或 H₂O+CO₂ → H₄SiO₄
H₄SiO₄ $\xrightarrow{-H_2O}$ H₂SiO₃
H₂SiO₃ $\xrightarrow{\Delta}$ SiO₂

2. 乙醇的转化

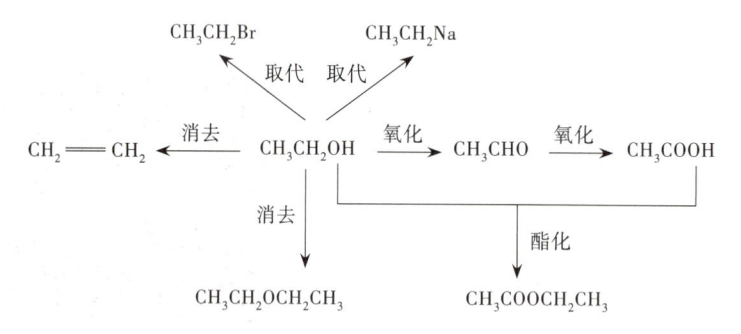

CH₃CH₂OH $\xrightarrow{取代}$ CH₃CH₂Br
CH₃CH₂OH $\xrightarrow{取代}$ CH₃CH₂Na
CH₃CH₂OH $\xrightarrow{消去}$ CH₂=CH₂
CH₃CH₂OH $\xrightarrow{氧化}$ CH₃CHO $\xrightarrow{氧化}$ CH₃COOH
CH₃CH₂OH $\xrightarrow{消去}$ CH₃CH₂OCH₂CH₃
CH₃CH₂OH + CH₃COOH $\xrightarrow{酯化}$ CH₃COOCH₂CH₃

3. 糖类

糖类是由碳、氢、氧三种元素组成的一类有机化合物,大多数糖类化合物的分子可用通式 $C_m(H_2O)_n$ 来表示。糖类根据能否水解以及水解产物的多少,可分为单糖、低聚糖(如二糖)和多糖。单糖的典型代表为葡萄糖和果糖,结构式为 $C_6H_{12}O_6$。其中葡萄糖为白色晶体,易溶于水,有甜味,一般存在于蜂蜜及带有甜味的水果中,它作为重要的营养物质,在人体组织中进行氧化反应,放出热量,以维持人体生命活动所需要的能量,能够发生银镜反应、酯化反应等经典反应。二糖的典型代表为蔗糖、麦芽糖,分子式均为 $C_{12}H_{22}O_{11}$,它们互为同分异构体。两者均可水解生成单糖,蔗糖水解生成一分子葡萄糖和一分子果糖,麦芽糖水解生成两分子葡萄糖。多糖包括淀粉与纤维素,它们不溶于水,无甜味,无还原性,分子组成用 $(C_6H_{10}O_5)_n$ 表示,因为 n 值不同,淀粉、纤维素不是同分异构体。淀粉

能够与碘单质反应呈现蓝色,且在不同条件下能够分别水解为葡萄糖和麦芽糖,纤维素则水解为麦芽糖。

4. 单键、双键、三键

单键、双键和三键是有机化学中常见的化学键类型,分别指的是分子中两个原子之间的共价键的不同数目。单键是由两个原子之间共享一个电子对形成的化学键。它是最简单、最常见的化学键类型。在单键中,两个原子通过共享一个电子对来实现化学键的形成,是一种较弱的键。典型的单键有 C—H 键和 C—C 键等。双键是由两个原子之间共享两个电子对形成的化学键。这种键的结合力比单键强,但由于存在一个 π 键,因此较不稳定。常见的双键有 C=C 键、C=O 键和 C=N 键等。三键是由两个原子之间共享三个电子对形成的化学键,这是最强、最稳定的化学键类型。在三键中,两个原子通过共享三个电子对来实现化学键的形成。典型的三键是碳与氮之间的 C≡N 键和碳与碳之间的 C≡C 键等。

授 业

情境

张老师:成语在语言和文化中扮演着重要的角色,它丰富了我们的语言表达,增强了语言能力。作为文化遗产的一部分,成语反映了中华文化中对自然和人类生活的思考和智慧。成语中蕴含的哲理和智慧与化学科学的原理和思想有时会有契合之处。你可以找到成语故事中与化学有关的元素吗?

小化:我知道!成语"女娲补天"源自中国古代的一个传说,经常被用来形容改造天地的雄伟气魄和大无畏的斗争精神,其中女娲用来修复天空的五彩石的主要成分就是 SiO_2!

小艺:我还知道成语"甘之如饴"中的"饴"是指麦芽糖,是较早得到利用的糖类化合物,通过风干的麦芽或谷物发酵酿造。由于制造工序比较复杂,后来逐步为原料易得、生产简单、质量更高的蔗糖所替代。其中麦芽糖与蔗糖都是二糖,这个成语用糖的甜味来比喻对某种事物极其喜爱。

张老师:小化和小艺说的不错!虽然我们的成语并未直接从科学角度探讨化学现象,但可以找到一些与化学有关的元素和概念,它们反映了古代人们对自然和物质的观察、理解和探索。

成语和化学之间的联系主要体现在物质的组成和变化上,虽然这些联系并非直接的科学解释,但这些故事反映了古代人们对自然和物质的观察、理解和探索,为后来科学的发展提供了一些启示。在化学教学中融入成语故事可以激发学生的兴趣和好奇心,同时帮助他们更好地理解和记忆化学概念和原理。

在科学探究中,学生当前的认知状态与探究目标之间常常存在一定的障碍,而跨过这种障碍需要学生有乐于探究的兴趣和敢于探究的勇气。因此,对于无机物、有机物以及结构化学部分的教学,我们应当充分借助所教内容的特点,旁征博引,借助成语故事设置能够激活课堂氛围的教学情境,调动学生的学习内驱力用于陈述性知识的学习。例如将常见的无机物SiO_2、有机物糖类以及不同类型共价键的知识以学生能够接受、乐于接受的方式传达给他们。

因此,对于SiO_2复杂的物化性质,教师可以成语故事"女娲补天"这一情境激发学生探索的动机,从"补天石"的主要成分为SiO_2入手,教师可以开展一系列与SiO_2相关的实验、讨论和研究任务,以引导学生深入了解SiO_2的化学性质、相关化合物的转化及其在实际生活和工业中的应用。同时,还可以将各种化学反应以拟人的手法呈现,如"补天石在氢氟酸面前,她脱下了坚硬的外壳,羽化成仙,一起变成了四氟化硅,在自由的天空中飞翔,找到了自己最终的归宿",以此展现给学生,会活跃课堂氛围,达到对陈述性知识的深刻记忆。

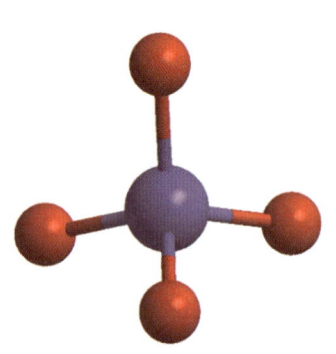

图 1-3-6 SiO_2晶体球棍模型

课堂快闪

张老师在糖类的讲解过程中,引入了"甘之如饴"的成语典故——文天祥为了坚持民族气节,哪怕是将他放到鼎镬里去烹煮,他也感觉甘之如饴,这时,张老师可以引导学生思考"饴"在这个典故中的意思,以便引出对糖的认识。接着,张老师为同学们科普了制糖的历史,从古代开始讲述人们制糖的方法和技术,还介绍了糖在烹饪、食品加工和医药等各领域中的作用。在同学们对糖类形成基本认识以后,张老师再带领同学们进一步探讨了糖的分类与性质。

图 1-3-7 饴糖

通过引入成语典故和制糖历史,学生在学习糖类知识的同时也能够了解到其背后的历史文化背景。而通过了解文天祥的故事和"甘之如饴"的意义,学生能够理解到人们坚守原则的精神,即便是面对困难和痛苦,也能够保持内心的甘美。这样的故事和概念引导,不仅让学生对"饴"一词有了更深入的理解,而且让他们从中得到生活和价值观的启示。同时,通过介绍不同文化中糖的应用,学生们能够将糖这一物质联系到日常生活和社会背景中。这种人文性加工的方式,使学生们对糖类相关概念的理解更加深入和全面,他们所建立的基础不仅是理论知识,更是扎根于历史文化和实际应用的坚实根基。这样的学习方式也能够激发学生们的学习兴趣,激发他们对知识的探究欲,从而在糖类知识的学习中取得更好的效果。

资料库

检测糖尿病人尿液中的葡萄糖

检验糖尿病人尿液中的葡萄糖是根据葡萄糖与硫酸铜、氢氧化钠和酒石酸混合溶液的反应原理进行的。这种方法通常被称为"法尤尔试验"。该方法取少量的尿液于试管中,然后加入硫酸铜、氢氧化钠和酒石酸的混合溶液,并加热,如果生成红色沉淀,说明尿液中含有较多的葡萄糖,其化学方程式为:

$$CH_2OH(CHOH)_4CHO+2Cu(OH)_2+NaOH \xrightarrow{\quad} CH_2OH(CHOH)_4COONa+Cu_2O\downarrow+3H_2O$$

——郭家俭.糖类知识问答[J].中学化学,2022(7):20-21.

所谓教学情境的人文性加工,是从人性化的角度出发,对教学情境的思想性、价值性和艺术性进行加工。具体来说,可以通过对文学故事、新闻事件、科学事实和生活现象等教学情境进行人文性反思,以及对谜语、拟人和比喻等教学情境进行艺术化加工,从而激发学生的学习动机,并更好地内化知识。

课堂快闪

在讲解单键、双键和三键时,张老师引入了两个富有意义的成语故事,即"众人拾柴火焰高"和"众志成城"。"众人拾柴火焰高"告诉我们,当大家团结协作、共同努力时所取得的成果将会更加显著。而在化学中,单键是由两个原子共享一个电子对形成的,双键是两个原子共享两个电子对,三键则代表着两个原子共享三个电子对,这些共价键的形成过程犹如众人齐心协力拾柴,共享的电子越多,"火焰"将会更加强烈,键能也会逐渐增大。成语"众志成城"原义是指大家齐心协力,就像城墙一样牢固,这与共价键的形成过程中电子的共享可以增加分子的稳定性又不谋而合,当共享电子数目增加,共价键将更加牢固稳定。

图 1-3-8 众志成城

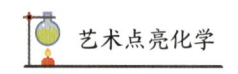

"众人拾柴火焰高"和"众志成城"的成语故事可以帮助学生理解化学知识背后的原理,随着共享电子对数目增加,键能也随之增加。通过将成语故事与化学概念结合,学生们能够更加生动地理解电子配对数目对化学键稳定性的影响,并且更深入地体会到集体合作和共同努力的重要性。这种人文性加工的方式不仅提供了具体的案例和形象化的故事,而且使学生们能够在实际生活中找到与化学相关概念的联系,从而提高他们对知识的理解和记忆。通过这样的学习方式,学生们能够更加扎实地建立起化学知识的基础,增强对化学学习的兴趣和探究能力。

解 惑

【问题讨论一】姜树茂在《渔岛怒潮》中提到:"众人拾柴火焰高,只要群众发动起来了,搬山山倒,填海海平。"我们能否从众人拾柴火焰高的角度去认识单键、双键、三键这几种共价键的形成与强度呢?

【答疑】单键由共享一个电子对形成,不如共享两个电子对形成的双键稳定,这就如同"众人拾柴火焰高"一样,当众人齐心协力时,火焰就更为旺盛。电子数的增加也使键能达到更高水平,形成的双键、三键也具有更强的结合力,如同众人团结在一起形成坚固的城墙,形成的双键、三键化学键更难被打破。

【问题讨论二】成语"酩酊大醉"是形容喝酒醉得迷迷糊糊的样子,用于表示喝酒醉得很厉害。我们知道酒的主要成分是酒精,也就是有机化合物乙醇,那么乙醇在人体中是如何发挥作用,让人饮酒后感觉头晕脸红的呢?为什么有的人醉得快、有的人醉得慢呢?

【答疑】酒精代谢的主要场所是肝脏,其在人体内的代谢过程如图1-3-10所示。酒精进入肝脏以后,代谢主要经过两个步骤:第一步,乙醇在乙醇脱氢酶的作用下,被转化为乙醛;第二步,乙醛在乙醛脱氢酶的作用下,被转化为乙酸,最后分解成二氧化碳和水排出体外或形成脂肪。如果一个人乙醇脱氢酶少,那么他的第一步代谢则无法顺利完成,大量乙醇蓄积,会作用到人的中枢神经,表现为"醉得快"。如果一个人的乙醛脱氢酶少,那么他的第二步代谢则无法顺利进行,乙醛蓄积作用于体内,导致皮肤黏膜血管扩张,表现为"脸红、脖子红"。因此,喝酒容易脸红的人并不代表其酒量不好,而是说明其体内的乙醛脱氢酶含量少。

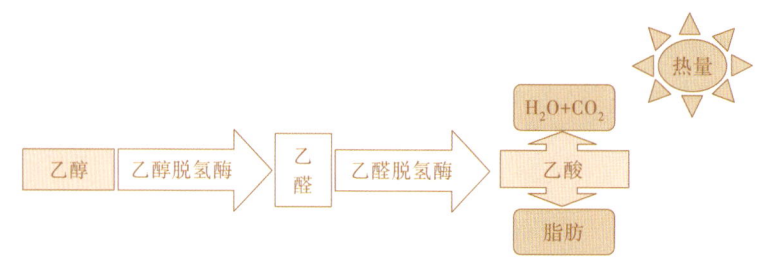

图1-3-9 乙醇在人体内的代谢示意图

氧化物与金属的碰撞

本小节适用于氧化物、铁、氧化铁的教学。

传道　　　　　　　　知识要点

1. 氧化物

由两种元素组成,且其中一种是氧元素的化合物,如 CO_2、SO_2、FeO、Al_2O_3 等。

1）酸性氧化物

能与碱反应生成盐和水的氧化物,如 SO_2、CO_2 等。

$$CO_2+2NaOH = Na_2CO_3+H_2O$$

2）碱性氧化物

能与酸反应生成盐和水的氧化物,如 MgO、CaO 等。

$$MgO+2HCl = MgCl_2+H_2O$$

3）两性氧化物

既能与酸反应生成盐和水,又能与碱反应生成盐和水的氧化物,如 Al_2O_3。

$$Al_2O_3+6HCl = 2AlCl_3+3H_2O$$

$$Al_2O_3+2NaOH+3H_2O = 2Na[Al(OH)_4]$$

2. 铁

铁是地壳中最常见的金属之一,化学符号为Fe,原子序数为26。纯铁是一种银白色的金属,具有良好的可塑性和延展性。为了增加硬度和强度,常将铁与其他元素合金化,形成各种类型的钢。钢是铁和碳的混合物,具有优良的机械性能。铁存在于赤铁矿和磁铁矿等矿石中,通过提取和冶炼得到纯铁和钢。铁广泛应用于建筑、交通、机械和电子等领域,为现代社会的发展和技术进步做出了巨大贡献。铁具有可再利用的特性,通过回收和循环利用,可以减少资源浪费和环境损害。总体而言,铁是一种重要的化学元素,为各个领域提供坚固、耐用的材料,对人类社会的进步起到重要作用。

$$Fe+2HCl = FeCl_2+H_2\uparrow$$

$$Fe+4HNO_3(稀) = Fe(NO_3)_3+NO\uparrow+2H_2O$$

3. 铁的氧化物

铁的氧化物是化合物,由铁和氧两种元素组成。它有多种形式,包括三种主要的氧化态:FeO（亚铁氧化物）、Fe_2O_3（赤铁矿）和 Fe_3O_4（磁铁矿）。赤铁矿是最常见的铁的氧化物形式之一。它是一种红色或棕红色的粉末,广泛存在于自然界中,是土壤和岩石的主要成分之一。赤铁矿在建筑、颜料、陶瓷等领域中具有重要应用,并且被广泛用于制造钢铁。

磁铁矿是另一种常见的铁的氧化物形式,它是一种黑色的矿石。磁铁矿具有很强的磁性,因此常被用于制造磁铁和电磁设备。它也在颜料、催化剂和磁性记录材料等方面有一定的应用。铁的氧化物的颜色和性质取决于其化学结构和形态。不同形态的铁的氧化物具有不同的物理和化学性质,因此在实际应用中有着各自的特点和用途。(图 1-3-11)。

图 1-3-10 赤铁矿

授 业

情境

张老师：铁作为一种常见的物质,在小说、诗词、成语各个领域都有它的身影。古代文学中将铁广泛应用于刻画角色特征、象征意义等多个方面。它通常被赋予坚强、强大、神奇或象征性的属性,用来表达人物的力量、情感。

小化：铁以其坚硬的特性,自然而然地引申出了坚强、坚定的意义。例如,将坚强有力的拳头称为"铁拳",将战斗力强大的队伍称为"铁流",将难以攻破的防线称为"铜墙铁壁"。

小艺：我还知道名著《西游记》中猪八戒的兵器九齿钉耙的原材料就是铁！古诗词《秋浦歌》中写道:"炉火照天地,红星乱紫烟。赧郎明月夜,歌曲动寒川。"所描写的正是劳动人民冶炼生铁的场景。

张老师：不错,铁及其氧化物不仅在文学中常见,在我们的生活中也得到了广泛应用。无论是在建筑、制造、电子领域,还是在颜料、磁性材料和催化剂等方面,铁都发挥着重要的作用……

铁作为人类使用最久的金属之一,在文学作品中扮演了重要而广泛的角色。古往今来的作家们常常以铁为喻,通过铁的形象来抒发他们对各类事物或人的情感和思考。无论是在诗词、散文还是小说中,铁都以其独特的形象和象征意义,丰富着作品的深度和广度,它不仅代表着坚强和刚毅,还可以象征权威和力量,以及纯真而坚定的情感。

情境是教育教学的主要场地,知识不可能从其背景中脱离出来。在教学过程中如何

第一章 文学中的化学

做到从学生已有经验和文化基础出发，丰富任务情境，让学生置身其中，具有最真实的感触，在经验和认知的冲突中激发学生的学习兴趣和主动性是教师常常要思考的问题。各类以铁为喻的诗句和散文小说、史料事迹能为铁和铁的氧化物的教学提供丰富的素材，通过融入这类情景，可以实现对化学知识的人文性加工，丰富教学情境的人文性、思想性和价值性。我们所说的项目式教学也是以学生为主体、以教师为主导共同解决一个真实情景化的任务，利用各类诗歌、散文或小说中的铁创设情境，充分调动学生运用知识对问题情境进行探究，实现知识和技能的迁移、运用、转化和重构，这对发展学生的高阶思维和实践学习有重要的价值和意义。

课堂快闪

在讲解铁被氧化成三氧化二铁的反应时，张老师引用杜牧《赤壁》中的诗句"折戟沉沙铁未销，自将磨洗认前朝"，并给学生展示折戟生锈和磨洗后的图片，通过多个感官的参与，帮助学生更好地理解铁的氧化过程。同时，图片展示了铁氧化后得到红褐色的三氧化二铁。从中，学生可以推导出铁表面被氧化成了三氧化二铁，而三氧化二铁对铁起到了一定的保护作用，所以磨洗后铁就能够恢复到原本的状态。

图1-3-11 生锈的刀

通过将诗词、化学知识和图片相结合，学生们能够充分利用多个感官通道来加深对铁的氧化过程的理解和记忆。不同的感官信息通过不同的神经通路传递到大脑皮层，如果多感官同时协调活动，大脑皮层的多条神经通路也会各自发挥作用。这种情况下，即使某一通路的记忆痕迹消失了，其他神经通路的痕迹仍然存在，从而可以保持记忆的牢固性。这种人文性加工的方式不仅在认知上提供了多种多样的刺激和联结，还能够激发学生们的情感共鸣和注意力，使他们更加投入和主动地参与学习。学生们不仅能够建立起坚实的化学知识基础，还能够培养审美情趣和多元思维能力。

资料库

水中铁含量的测定

铁是水中常见的元素，存在的形态多种多样，可以在溶液中以无机、有机络合物形式存在，也可以存在于胶体、悬浮物的颗粒中，在水中常以二价铁的形式存在。水中铁含量过多时，不仅会给生活带来不便，还会给工业生产带来许多问题。因此，在水质检

43

测中,铁含量是十分重要的检测项目。目前测定水中铁含量的方法有原子吸收分光光度法(AAS)、分光光度法、电感耦合等离子体发射光谱法(ICP-AES)、电感耦合等离子体质谱法(ICP-MS)等。

——应玉.水中铁测定方法的应用对比分析[J].陕西水利,2022(5):103-105.

模像直观是一种通过感知事物的形象来进行直观学习的方式,它能够使学生以更直观的方式接触和理解学习内容,通过对实验、图片、模型、幻灯片、教学电影以及实地参观等形式的运用,进一步加深学生对知识的认识和理解。模像直观学习丰富了教学手段和方法,为不同类型的学生提供了多种学习途径。对于视觉型、操作型或实践型学生来说,通过直观化的学习方式,他们更容易获得深入和全面的理解。而对于抽象思维型、理论型或文字型学生来说,模像直观学习可以辅助他们将抽象概念与具体形象相联系,使学习更加具象化和有趣。

课堂快闪

在学习铁的冶炼的有关知识时,张老师将《将邪神剑》剧本中对冶炼钢剑片段的描写作为教学素材,展示与之相应的电影片段,以引导学生思考铁的冶炼过程。根据剧本的描述,很多人从山上背着背篓下山,这些背篓里装的应该是含铁的矿石。炼铁过程中,有两个高高的炉子,里面燃烧着炭火。同时,有人用力拉风箱,给炉子鼓风。通过这些描写,学生可以了解铁的冶炼过程中所需的材料,被背下山的石头应是含铁的矿石原料,风箱为炉子提供氧气而促进木炭燃烧,木炭燃烧为冶炼反应提供热量。

图 1-3-12 铁的冶炼

通过以上形式的模像直观学习,学生能够以更直观的方式接触和理解化学知识,加深对学习内容的认识和理解,激发学习兴趣,同时也提高了学习的参与度和效果。这种直观化的学习方式能够丰富教学手段,促进学生全面发展,并为他们建立起坚实的学科知识基础。

解 惑

【问题讨论一】《新修本草》是我国古代中药学著作之一,记载了共844种药物。其中有关于"青矾"的描述为"其绛矾本来绿色,新出窟未见风者,正如琉璃……烧之赤色……"。那么"青矾"的主要成分应该是什么呢？

【答疑】"本来绿色"，意为"青矾"是绿色的。"烧之赤色"意为绿矾灼烧后变红。亚铁盐在空气中易被氧化，形成铁盐，在空气中灼烧升高温度，Fe^{2+}更易氧化，进而形成Fe^{3+}。再考虑到Fe^{3+}在结晶水形成的湿润气氛中会水解成$Fe(OH)_3$，而$Fe(OH)_3$受热不稳定将会最终分解成Fe_2O_3，Fe_2O_3为红色，故青矾的主要成分为$FeSO_4·7H_2O$。

图 1-3-13 青矾

【问题讨论二】在西汉刘安所著的《淮南万毕术》中记载着"白青得铁则化为铜"的胆水浸铜法，而其中的"白青"被认为是秦汉之交时的炼丹家对蓝色天然晶体胆矾的指称，因为胆矾受热易失去结晶水而变成白色的硫酸铜粉末。那"白青得铁则化为铜"的原理是什么呢？

【答疑】胆矾受热失去结晶水变成白色的硫酸铜粉末，其方程式为：

$$CuSO_4·5H_2O(蓝) = CuSO_4(白) + 5H_2O$$

白青溶于水即为蓝色的胆矾溶液，铁与之作用即可置换出铜，其方程式为：

$$Fe + CuSO_4 = FeSO_4 + Cu$$

从《淮南万毕术》的成书背景，可以推测这是秦汉之交时的炼丹家在炼丹实践中的一种偶然发现。这就是"胆水浸铜"的化学原理，而"胆水浸铜"形成规模化生产则是千余年之后的北宋了。

"烯"暖花开

本小节适用于乙烯的教学。

传 道

知识要点

1. 乙烯的物理性质

乙烯是一种无色稍有气味的气体，难溶于水，易溶于四氯化碳等有机溶剂。

2. 乙烯的氧化反应

乙烯中碳、氢含量较高，易燃烧，燃烧时放出大量的热量，火焰明亮，并产生黑烟。

3. 乙烯的活性

乙烯具有不饱和的碳碳双键，在化学反应中表现出极大的活性，既能与酸性高锰酸钾溶液等氧化剂反应而表现出还原性，又能与氢气、溴单质等物质发生加成反应而生成乙烷、1,2-二溴乙烷等饱和烃或者烃的衍生物。乙烯还可发生加聚反应，用于制备聚乙烯等高聚物。

$$CH_2=CH_2 + H_2 = C_2H_6$$

4. 乙烯的制法

工业上主要从石油炼制和化工制备产生的气体中分离乙烯。实验室是将乙醇和浓硫酸按1:3混合均匀，迅速加热到170 ℃，依据乙醇分子内脱水的原理，使乙醇发生消去反应制备乙烯。

5. 乙烯的用途

乙烯的产量是衡量一个国家工业发展水平的指标，可用于合成纤维、橡胶、塑料等基本化工原料，也用于制造乙醇、乙醛、乙酸、苯乙烯等重要的化学物质。

授 业

情境

张老师：唐朝诗人杜牧的一句"一骑红尘妃子笑，无人知是荔枝来"一千多年来引发了人们的无限遐想，但鲜荔枝的保鲜时限仅有三天，这场跨越五千余里的传奇转运之旅究竟是如何达成的，鲜荔枝又到底是如何保存下来的？作家马伯庸就此展开了一场脑洞非常大的想象，创作了小说《长安的荔枝》。

小化：鲜荔枝的催熟与保鲜都与化学物质乙烯密切相关，今天就让我们走近乙烯的性质，看看小说中的荔枝是如何从岭南运到几千公里外的长安的吧！

在小说《长安的荔枝》中，故事从长安城的一位普通小吏李善德接到一项运送新鲜荔枝到长安城的任务开始。这个任务虽然看似简单，但是充满了艰辛和挑战。主人公在运送荔枝过程中不仅需要面对艰难的山路、恶劣的天气等外在困难，还面临着如何保持荔枝新鲜的问题。荔枝作为一种易腐烂的水果，其保存时间极为有限。正如人们所说的"一日色变，两日香变，三日味变"，荔枝的品质随采摘时间变长会迅速下降。李善德清楚地知道，如果不能及时处理好荔枝的保鲜问题，他的任务将无法圆满完成。

第一章 文学中的化学

课堂快闪

张老师在讲解乙烯时,就借用了小说《长安的荔枝》作为课堂导入。小说主人公李善德为了完成运输荔枝的任务,直奔盛产荔枝的从化县,通过与当地的农民学习得知荔枝的保鲜法——分枝植瓮法。分枝植瓮法是指在双层瓮中分别培土和灌水,将挂着鲜荔枝的荔枝树分枝固定于瓮内,并使用麻藤编织的罩筐保护树冠,防止荔枝脱落的同时确保透水、透气。那为什么半青荔枝在运输过程中还是很快腐烂掉了呢?这正是由于荔枝会不断散发乙烯,乙烯能使水果里面酶的活动性增强并改变酶的活动方向,缩短水果成熟的时间,达到催熟的目的。

图1-3-14 荔枝

因此,在乙烯的教学当中可以通过故事导入法——讲述小说中与乙烯有关的故事情节来创设情境,引起学生的好奇心,再将学生的视线高效聚焦于课堂,潜移默化间形成化学紧密联系生活的概念,形成化学有用性的认知。通过创设实际的问题情境,激发学生学习动机,提示学生回忆原有知识,呈现经过精心安排和组织的新知识,引发学生认知冲突,引导学生建立新知识与已有认知结构之间的联系。

课堂快闪

张老师在乙烯部分的教学前,用菠萝开花的故事设置悬念,让学生课下通过查阅资料来寻求原因。1892年,在亚速尔群岛的一个木匠无意中将美人蕉的碎屑当作垃圾烧了起来,结果烟雾弥漫开来,温室里的菠萝一起开了花,周围的林木花草都呈现出提前成熟的状态,这片小天地呈现出异于平常的生长规律。此时张老师向学生提问:"这些植物提前春暖花开、提前果实成熟的原因是什么呢?请同学们课下查找资料,看看究竟是什么引发了它们提前成熟呢?"等到下一节课正式教学乙烯时,再揭秘假象就是乙烯作用的结果,乙烯能够有效地促进花、果实、树叶的成熟、脱落,所以其他的植物也会受到乙烯的影响,表现出异于平常的生长状态。

图1-3-15 菠萝开花

教师可以通过瓜果成熟是源于乙烯催熟的作用,从用途向性质进行过渡,继而顺推到乙烯的结构,就可以自然而然地引申到乙烯结构的讲解或探究上。有研究表明,让学

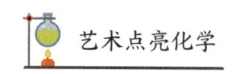

生从具体实例中进行概括性地组织知识,不仅能让相关的实例变得更加清晰,还会从具体实例中推理出能解释事实的一般性结论。乙烯分子是有机化学学习中不饱和烃的一个重要代表物质,如果能够对乙烯的微观结构有深层次的掌握和了解,就能够对分子的构型以及原子杂化和轨道重叠产生更为深入的理解。

乙烯不仅在农作物领域具有如此神奇的作用,而且还是一种重要的工业原料。乙烯的产量可以衡量一个国家的工业发展水平,因为它是许多化工产品的重要组成部分,是重要的有机化合物之一。故教师在讲解乙烯时,应该多方面渗透乙烯的不同价值,深入讲解乙烯的生产、应用以及对环境和可持续发展的影响。通过多方面的案例分析和讨论,引导学生理解乙烯在工业和日常生活中的重要性,以及它所带来的挑战和机遇,培养学生有关"科学态度与社会责任"的化学学科核心素养。

资料库

水果的催熟剂——乙烯

生活中,人们常见到高档的水果被纸、泡沫包裹着,这可不仅仅是为了提升水果的感观,还同样有"保鲜"的原理。就像人体受到外界刺激后会产生防御反应从而导致某些生理指标变化一样,水果"受伤"了也会刺激乙烯的分泌。在运输过程中,摩肩接踵的水果们难免磕磕碰碰,即便只是小伤也足以使它们产生更多的乙烯,加速自身的成熟和腐烂,成熟变软的同时又使得它们更加容易受伤。良好的包装有效地减少了这种受伤的机会,有助于减少水果腐烂的损失。

——云无心.食物的逆袭[M].北京:中信出版社,2019.

解 惑

【问题讨论一】如果你是《长安的荔枝》中的主人公李善德,请问需要在荔枝的运输过程中加入什么物质来除掉乙烯,以维持荔枝的新鲜呢?

【答疑】我们可以用饱和高锰酸钾水溶液浸湿多孔材料,再放入储存荔枝的空间中,乙烯中存在碳碳双键,能够被高锰酸钾氧化,因此利用高锰酸钾的强氧化性将乙烯氧化而脱除,防止荔枝腐烂。此外,还可以使用溴的四氯化碳溶液,由于乙烯含有碳碳双键可与溴分子发生加成反应而生成二溴乙烷,达到除掉乙烯而维持荔枝新鲜的目的。其方程式为:

$$5CH_2=CH_2+12KMnO_4+18H_2SO_4===12MnSO_4+10CO_2+28H_2O+6K_2SO_4$$

$$CH_2=CH_2+Br_2===CH_2Br-CH_2Br$$

【问题讨论二】若李善德采用"植瓮之法"将一批青荔枝运送到目的地后,荔枝却尚未成熟,应该采用什么方法大量制取乙烯来进行果实催熟呢?乙烯生产都有哪些主要途径呢?

【答疑】一是石油裂解法。石油裂解法是指将石油加热至高温,通过热分解反应生成乙烯的方法。一般采用催化剂来提高反应的效率和选择性。石油裂解法的工艺流程主要包括石油加热、裂解、分离和精制等步骤。首先在500～600 ℃的加热炉中加热,之后石油进入裂解炉,经裂解反应产生乙烯等烃类。接下来,通过分离工艺将产物中的乙烯和其他组分进行分离,得到纯度较高的乙烯产品。最后对乙烯进行精制、去杂质。二是煤炭气化法。该法是指利用煤炭作为原料,通过气化反应产生合成气,再经过一系列的转化反应得到乙烯的方法。煤炭气化法的主要工艺流程包括煤炭气化、合成气净化、合成气转化和乙烯分离等步骤。首先将煤炭气化,生成合成气,合成气主要包括CO、H_2等成分。之后通过净化工艺去除合成气中的杂质,将净化后的合成气进行转化反应,在催化剂的作用下,将合成气转化为乙烯等烃类。最后经过分离工艺将乙烯与其他组分进行分离。

金属的"独家记忆"

本小节适用于金属、合金的教学。

传 道

知识要点

1. 金属

金属是一种具有光泽(即对可见光强烈反射)、富有延展性、容易导电和导热的物质,这些特质都跟金属晶体内含有的自由电子有关。金属之间的连接是金属键,因此随意更换位置都可再重新建立连接,这也是金属延展性良好的原因。金属元素在化合物中通常只显正价,原子量较大的称为重金属。在自然界中,绝大多数金属以化合态存在,少数金属如金(Au)、铂(Pt)、银(Ag)、铋(Bi)以游离态存在。金属矿物多数是氧化物及硫化物,其他存在形式有氯化物、硫酸盐、碳酸盐及硅酸盐。目前,单质金属及合金可以通过冶炼金属矿物等方法获得。

2. 合金

合金是由两种或两种以上的金属与金属或非金属进行特定方法合成的具有金属特性的物质。它的制备过程一般包括熔炼成均匀液体,并在凝固过程中形成均质固体结构。根据组成元素的数量,合金可以分为二元合金、三元合金和多元合金。二元合金由两种金属或非金属组成,如黄铜(铜和锌的合金)、钢(铁和碳的合金)等。三元合金则由三种金属或非金属组成,如不锈钢(铁、铬和镍的合金)。而多元合金由多种金属或金属与非金属元素组成,如铝合金、钛合金等。合金的制备和应用在人类历史上具有悠久的历史。

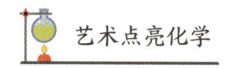

3. 形状记忆合金

形状记忆合金是能将自身的塑性变形体在某一特定温度下自动恢复为原始形状的特种合金，即拥有形状"记忆"效应的合金，简称记忆合金。形状记忆合金在航空航天领域的应用有很多成功的范例，如人造卫星上庞大的天线就是用形状记忆合金制作的。发射人造卫星之前，将抛物面天线折叠起来装进卫星体内，火箭升空把人造卫星送到预定轨道后，只需加温，折叠的卫星天线因具有"记忆"功能就会自然展开，恢复抛物线形状。

图 1-3-16　人造卫星天线

镍钛（Ni-Ti）合金是一种形状记忆合金，它的伸缩率在 20% 以上，疲劳寿命达 $1×10^7$ 次，阻尼特性比普通的弹簧强 10 倍，其耐腐蚀性优于目前最好的医用不锈钢，因此可以满足各类工程和医学的应用需求，是一种性能优越的功能材料。除具有独特的形状记忆功能外，形状记忆合金还具有耐磨损、抗腐蚀、高阻尼和超弹性等优良特性。

授业

情境

张老师：在我们中国的诗词长河中对金属的记载丰富多样，常常运用金属元素的形象和比喻丰富诗词的意境，使作品更加生动和富有表现力。小化、小艺，我们今天就在化学课堂上开展一轮关于金属的诗词飞花令怎么样？

小化：好呀，我先来！在古代诗词中有许多描绘金的诗句，金作为珍贵的金属常被用来比喻财富、高贵。李白也在《行路难》中写道："金樽清酒斗十千，玉盘珍羞直万钱。"

小艺：杜甫在《茅屋为秋风所破歌》中写道："布衾多年冷似铁，娇儿恶卧踏里裂。"将冬天吸水后的被子比喻成铁，通过联想铁块的温度与硬度，让人直观感受到了被子的寒冷与僵硬以及生活条件之艰苦。

小化：还有"铜雀春深锁二乔"的铜，"锡杖登高寺，香炉忆旧峰"的锡，"晓妆一洗铅华尽"的铅，"争如丹汞只为灰"的汞……

第一章 文学中的化学

随着时代的发展,各种各样的金属逐渐出现在历史的长河中,并记载在不同时期的诗词歌赋中。在古代中国的诗词中,金属的出现可以追溯到青铜时代,随着冶金技术的进一步发展,铁的出现改变了人类的历史进程,金、银也随之成为古代诗人借以比喻和赋予诗歌以质感的素材。因此,金属作为一种重要的素材和符号,在不同时期的诗词歌赋中都扮演着重要的角色,丰富着文学创作的多样性和表达的广度。

在探讨金和银这两种金属的延展性时,可以借鉴诗词中对金银制品的描绘,例如《长恨歌》中提及的"钿合金钗寄将去"中的金钗、"将军金甲夜不脱"中的金甲、《琵琶行》中描写的"银瓶乍破水浆迸",以及"银鞍白马度春风"中的银鞍。通过这些诗句的描写,可以帮助学生理解金和银正是由于其出色的延展性和稳定的性质,在古代得到广泛应用,成为打造各类精美器具的理想材料。

课堂快闪

张老师在讲解合金概念时,以中国古代文学中对青铜器的描述为切入点,运用其中的描写,以便激发学生对合金特性的理解。以欧阳修《醉翁亭记》中觥筹交错、起坐喧哗的场景描写为例,指出其中的"觥"就是由青铜制成的酒器,而《诗经·丝衣》中的诗句"自堂徂基,自羊徂牛,鼐鼎及鼒"中的"鼎"也是指用青铜制作的烹饪和食物盛放用具。张教师在这时引出问题:为什么古人要选择将酒杯和烹饪用具制作成青铜材质?这是因为青铜具有哪些特性呢?从而引导学生思考:青铜作为一种合金材料,具有较高强度、良好抗腐蚀性和较高硬度等优良特性。

图1-3-17 觥

将诗词中的意象用到化学教学中,学生不仅可以欣赏诗词的美,还能够通过诗词中对金属材料的描绘,深入了解金属的特性和用途,从而加深对金属材料的认知。这样的教学方法能够使学生更加主动地参与学习,提升他们对金属材料的兴趣和理解水平。此外,教师还可以鼓励学生将金属和合金的特点以诗歌的形式进行表达和创作。

课堂快闪

张老师在初中阶段讲解元素的化合价规律时,将各种元素的化合价编成了诗歌来辅助同学们进行记忆:

元素的化合价规律

一价氢氯钾钠银,二价氧钙镁钡锌;三价铝,四价硅;

一二铜,三二铁;二四六硫二四碳,氮磷氧锰常可变。

对于金属元素的活动性顺序,也可编成以下诗歌口诀进行记忆:"借给那美女,锌铁锡千斤,铜汞银百斤。"

通过编写诗歌或顺口溜的形式,学生能够加深对金属材料的理解,同时通过艺术性的创作表达出自己对金属元素的感悟和认知。这种联系定位加工的方式不仅能够激发学生对金属元素学习的兴趣,而且能够强化学生对金属化学知识的理解和记忆。通过将抽象的化学概念转化为具象的诗词形象,学生能够更加深入地体验和领悟化学的实用性,从而取得较好的教学效果。

解 惑

【问题讨论一】形状记忆合金是21世纪蓬勃发展起来的一种新型合金材料,它具有在特定温度条件下自动恢复其原始形状的能力。随着它的出现,智能材料的大门被打开了,无论是在高新技术发展领域,还是在人们的日常生活中,它都发挥着重要的作用。那么我们能否像古代诗人一般用诗词记录下记忆合金的性质、特点与用途呢?

【答疑】金属家族成员多,周期表里来点兵。成员众达八十多,色泽亮丽身板强!金属众生来点将,身价不菲看金银,独领风骚属合金,众金合作本领好,记忆合金镍钛金,高新领域显身手!能记太空天线形,能医患者身残疾!佳作盛多不胜举,镍钛在前带好头;金银铜铁铝铂锌,还有钯锡铊铋铀;铌锰铁硅显神威,构筑记忆好合金。记忆合金新天地,大展宏图勇创新!

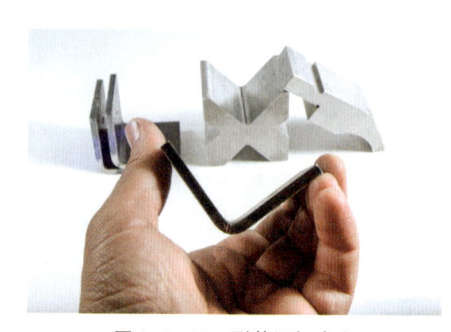

图1-3-18 形状记忆合金

【问题讨论二】青铜器为我们了解先秦礼制下的钟鸣鼎食、尊卑有序的社会生活形态提供了珍贵的史料佐证。《诗经》中就存在大量关于青铜器的记载,像《大雅·生民》中写道"卬盛于豆,于豆于登",这里的"豆"指的可不是豆子,而是一种盛放食物的青铜器皿。那么如此精美的青铜器,它的材质具有什么样的特点呢?

【答疑】青铜器是由铜和锡等金属组成的合金材料,这种合金的强度比纯铜要高,故青铜器具有较高的耐用性和抗变形能力,适用于各种实用物件和装饰。它具有良好的可塑性,能够通过加热和锻造等加工工艺进行塑形,使得制作出来的青铜器具有丰富的造型和细腻的纹饰。可见青铜作为合金的代表,具有合金高强度、高硬度、耐腐蚀性以及良好可塑性的特点。

图 1-3-19　豆　　　　　　　　　　　图 1-3-20　锡首饰盒

主要参考文献

[1] 杨周翰.十七世纪英国文学[M].北京:北京大学出版社,1996.
[2] [苏]马·伊林等著.余士雄,余俊雄编译.科学与文学[M].北京:科学普及出版社,1983.
[3] 沈杨.科学与文学关系视域下的多恩诗歌研究[D].杭州:浙江大学,2012.
[4] 蒋胜宏.合理利用古典文学中的化学教学素材[J].贵州教育,2012(13):39.
[5] 李德前.例谈初中化学教学的板书设计[J].化学教学,2012(03):22-25.
[6] 黄梅,李远蓉,宋乃庆,著.化学教学策略论[M].北京:科学出版社.2013.
[7] 陆德文."曾青得铁则化为铜"辨异[J].化学教育(中英文),1997(03):41-42.

第二章
美术中的化学

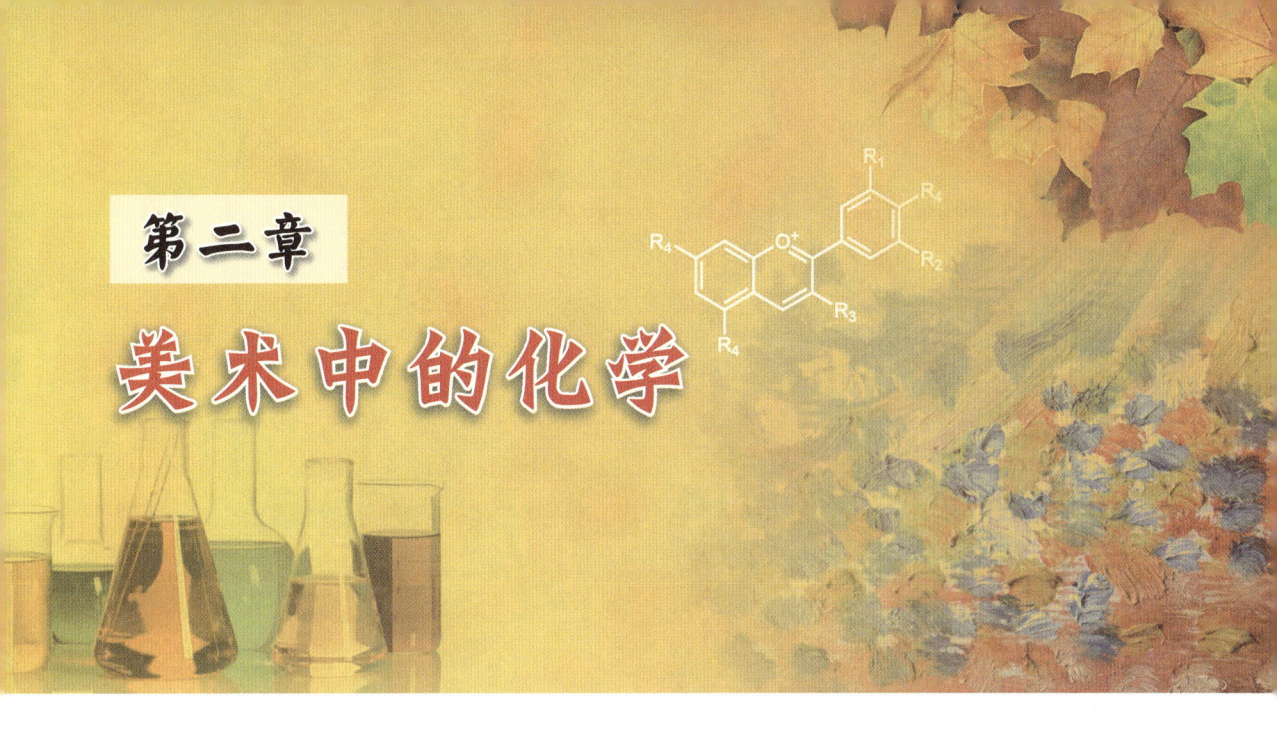

教育教学改革的最终目的是让学生获得知识,提高育人水平。化学教学更是一门丰富多彩的艺术,化学教师在课堂上如果能将美术寓于化学教学中,不仅可以渲染化学知识的美,而且能够营造出属于化学课堂的魅力,进而实现教学相长。

(一)"化"中有美,"理"中藏美

1. 化学中色彩艺术

心理学家认为,人的第一感觉是视觉,而对视觉影响最大的则是色彩,不同的色彩会给人带来不同的感受。现有的研究成果已经表明,化学中有关色彩的教学很容易吸引学生的注意力,提高学生的关注度,进而使学生获得有效的学习。

古代绘画所用的颜料,多取自于广阔的大自然,大多是我们熟悉的化学物质。例如,辰砂(HgS,印章所用的印泥是由辰砂为原料制成的)、黄色颜料(As_2S_2 或 As_2S_3)、蓝色颜料(CuS 或 $CuS·Cu_2S$)、白色颜料[$PbCO_3·Pb(OH)_2$]等。

早在南北朝时期,著名的炼丹家和医药大师陶弘景(456—536)在他的《本草经集注》中就有这样的记载:"以火烧之,紫青烟起,云是真硝石(硝酸钾)也"。后来也有更多的人注意到,不同的盐类、氧化物在火焰中可以呈现出不同的颜色。格梅

图2-0-1 烟花

林在1818年发现锂盐呈红色、铜盐呈绿色……这就是化学中的焰色反应(图2-0-1)。根据这个道理,人们就制成了美丽的烟花。红色的烟花透着喜气,白色彰显着灿烂,蓝色透露着淡雅……烟花的出现,使美术与化学实现了融合,也给人们带来了不一样的视觉盛宴。

2. 利用造型艺术的化学教学

化学实验室中蜿蜒盘旋的蛇形冷凝管、标致的锥形瓶、美轮美奂的三叉燕尾管等化学仪器(图2-0-2)包含了曲线艺术、对称艺术、均衡协调艺术,蕴含了美学原理。

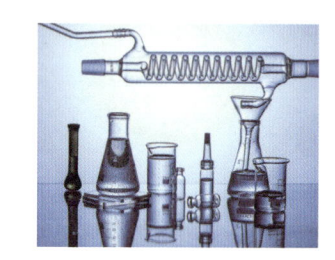

图2-0-2 化学仪器

化学物质的造型艺术更是让人们对大自然的美术天赋感到震惊,如纯净的胆矾蓝色晶体(图2-0-3)、规整的食盐颗粒、奇异的硝酸钾结晶、华贵的晶莹钻石、光彩夺目的红蓝绿宝石、剔透的水晶……

钻石 　　　　　　　食盐晶体

冰雪 　　　　　　　紫水晶

图2-0-3 物质的造型艺术

物质的造型艺术本身取决于内在的结构,所以,化学物质的结构艺术造型是物质形态艺术造型的内在反映和决定因素。金刚石正四面体的空间网状结构决定了它的光彩夺目,石墨的层状结构决定了其顺滑柔软。内部原子的规则对称排布是晶体的主要特征,它们的万千仪态均取决于自身的内部结构。

(二)美中有"化",艺中传真

化学家和化学实验等是美术作品的重要题材。艺术家郝锐昌的全新化学艺术作品《封龙:琥珀计划》透过化学实验与图腾符号呈现对"龙"的存在的好奇,也通过神话概念表达对艺术本身"无中生有"状态的思考。英国画家约瑟夫·赖特热衷于创作关于机器、工厂、实验室环境等方面的作品。《磷的发现》《气泵实验室》就是其代表作。

此外,还有很多美术作品中也包含了化学的因素。18世纪末的英国彩色石印画《化学讲座》描绘了一场关于"科学魔术"的盛宴,体现了工业革命时期人们对科学知识的重视。另外,还有17世纪法国的木刻《化学课》,画中描绘的是教师和学生在聚精会神地讨论问题,而实验员则在实验设备前忙碌。这些作品为人们挖掘化学在历史长河中的发展应用起到了关键作用。

(三)美术在化学教学中的运用

《普通高中化学课程标准》(2017年版,2020年修订)中,明确了化学课程的基本理念,其中一项为"立足于学生适应现代生活和未来发展需要,充分发挥化学课程的集体育人功能"。将美术与化学联系起来,能够引起学生的学习兴趣,让学生接受美学的浸染,文化的熏陶,有助于学生人文精神的培养,同时提高了学习效率,是化学教学艺术的具体体现。

在化学教学中,化学教师要充分挖掘化学学科中的仪器美、颜色美、现象美、造型美等一切关于美的元素。铁在氧气中燃烧时火星四射而迸发出的耀眼光芒,酸碱中和滴定时溶液颜色一瞬间的变化,五颜六色的焰色反应等,这些瞬息万变的实验现象可以使学生在感叹中既获得知识,又享受美的熏陶。

除了化学中浑然天成的艺术美,教师也应该挖掘美术中的化学作品,给学生以更多的启迪与思考。《磷的发现》《气泵实验室》等美术作品在空气、氧气、磷、炼金术、化学实验仪器的教学中都可以得到有效的运用。

化学教师也应该充分运用美术中的艺术元素使自己的化学教学更加艺术化。化学教师在自己的教学中要注入板书和PPT的设计感、手绘仪器的美感等元素,这样既可以提升教师的个人魅力,又可以通过自身去影响学生。

融合艺术并成功地上好每一堂化学课,实现化学教学之美,是每位化学教师的毕生追求。如果化学教师能够将美术中的艺术元素有效地贯穿在化学教学过程中,也就真正地做到了用美术"点亮"化学和化学教学。

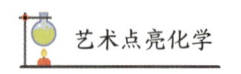

第一节 "化"笔绘缤纷——颜料、胶体与硅

油画中的有机颜料

本小节适用于苯的衍生物的教学。

传道

知识要点

1. 苯

苯是一种无色、有特殊气味的液体，有毒，不溶于水。苯易挥发，沸点 80.1 ℃，熔点 5.5 ℃，常温下密度 0.88 g/cm。苯是一种重要的化工原料和有机溶剂。

2. 奎宁结构式的发现

除了熟知的青蒿素，奎宁也在抗疟疾过程中有着至关重要的作用。1817 年，法国药剂师使用乙醇作为溶剂将奎宁单体从金鸡纳树皮中提取出来，但是天然奎宁来源有限，需要研究出奎宁的化学合成方法才能满足日益增长的医疗需求。1852 年，法国化学家 Pasteur 证明了奎宁为左旋体；1854 年法国化学家 Adolph Strecker 确定了奎宁的分子式 $C_{20}H_{24}N_2O_2$；1907 年，德国化学家 Paul Rabe 用化学降解法得出了奎宁的结构式，而奎宁的立体结构(如下图)则一直到上世纪 40 年代才被真正确定。奎宁结构的探索意义非凡，不仅推动了有机化学的发展，也为后续有机合成奠定了基础。

3. 铅白

化学式为 $mPbCO_3 \cdot nPb(OH)_2$，矿物名称为白铅矿；化学式为 $mPbCO_3 \cdot nPb(OH)_2 \cdot pH_2O$，矿物名称为水白铅矿。一般情况下，$m=2, n=1, p=1$。人们怀疑莫高窟隋唐大量壁画之所以会变黑，是因为铅白变色所致，但很难在壁画表面发现铅白。后来，终于在变色颜料的深层部位和避光的角落中发现了铅白。

4. 辰砂

辰砂又称丹砂、赤丹、汞沙，是硫化汞（HgS）的矿物。HgS有两种天然晶形结构：一种是六方晶系的辰砂，颜色鲜艳；另一种是立方晶系的黑辰砂，色棕至黑色。

授业

情境

张老师：大量油画的创作时间都是在19世纪中叶及后期，这是一个极其动荡的时代。在那个红色盛行而又紧缺的年代，身为贵族的著名画家塞尚也没能用上鲜艳的红色颜料。当时即便是最高级的染工，也未能找出一种不易褪色的红色染料，更不用说这种对持久性要求更为苛刻的绘画颜料了。

苯胺紫的发现，打开了染料的新时代。那是一个令人兴奋的复活节假期，帕金在自己的实验室里要合成一种治疗疟疾的药物——奎宁。无心插柳柳成荫，奎宁没制成，倒是发现了一种发亮的淡紫色物质，也就是如今的苯胺紫色，帕金也成为合成染料的发明者。世界就是如此奇妙，当你遭遇失败时，也许另一扇大门正向你敞开。

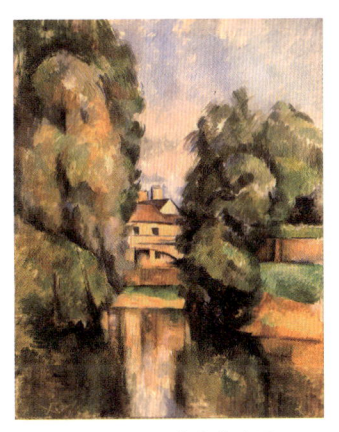

图2-1-1 塞尚的油画

小艺：油画中总会出现一些难看的小黑斑，而且这些黑斑不是覆盖在表面，而是深入内部，难以去除。那些黑斑究竟是什么呢？

张老师：这要从绘画原料辰砂说起。辰砂，学名硫化汞（HgS），它可以在光照和氯离子的作用下，经过一系列的化学反应被分解形成单质汞，也就是我们在油画中见到的黑斑。画展中展出的油画不可避免地会受到光照的影响，但是我们可以避免氯离子直接与画作接触。除此之外，若保存不当，油画中的另一种白色含铅颜料也很可能使油画变黑，即白色的二氧化铅转变为黑色的硫化铅。

艺术点亮化学

📚 资料库

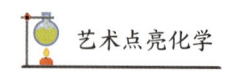

奎宁

奎宁是从原生长于南美洲的金鸡纳树皮中加工获得的一种物质,当地人几个世纪以来一直将其作为一种解热药使用。奎宁在化学上属于喹啉类,用于治疗和预防各种疟疾。

油画创作离不开五彩斑斓的颜料,这些颜料的组成大多为有机物,颜料的发展历程密切影响着画家画作的质量,这也代表着油画这类艺术创作与化学之间存在密不可分的联系。因此,教师在进行有机化学的教学时,可以将有机物在油画中的应用适当地引入教学的各个阶段,并结合多种有效的教学策略提升学生的学习兴趣,促进学生深度思考,进而促使其知识的迁移,做到学以致用。

📖 课堂快闪

在带领学生第一次认识有机化合物的时候,张老师在课题伊始巧妙地利用塞尚油画的故事引入课堂,并谈到了油画颜料是如何一步步发展至今的,最后进行提问:为什么油画中缺少鲜艳的红色?进而通过油画颜料的发展史让学生对有机化合物有初步的认识和了解,大大提高了学生的学习兴趣。

同学们是第一次接触有机化学,他们对这门学科既陌生又好奇。为了在学习有机化学的起始阶段吸引学生的兴趣,张老师采用了一种巧妙的教学方法,利用塞尚油画的故事创设了一个生动有趣的化学教学情境,成功地将学生们带入了有机化学的世界,避免出现过于枯燥乏味的课堂氛围,还有助于集中学生的注意力。相比于开门见山式的直接引入,张老师通过塞尚油画的故事引发学生的兴趣和思考,使得学生更加主动地参与到课堂中来。这种引人入胜的教学情境可以有效地吸引学生的关注,让他们更专注地聆听和参与学习过程。

除了在初次接触有机化学时创设教学情境外,这种方法还可以应用在有机化学的复习课上。教师可以利用塞尚油画的故事创造各种新的教学情境,以实现主题式教学的效果。主题式教学通过将多个相关的知识点联系在一起,构建一个有机的知识框架,让学生在整体上理解和应用知识。在复习课上,教师可以设计各种综合性的问题应用情境,通过在多样化的情境中复习知识,学生可以获得对知识的去情境化的抽象和概括,并将知识应用于其他新情境,从而提升问题解决的能力。这样的教学方法有助于加深学生对有机化学知识的理解和掌握,为培养学生的综合应用能力奠定坚实的基础。

课堂快闪

在苯环反应的复习课上,张老师以学生较为陌生的苯胺紫为主题,并引入合成染料发明者——帕金制成苯胺紫的化学史故事,从苯胺紫的结构入手,发现它是由几个相同的"基本结构"组成,这个"基本结构"又是苯环上一个氢原子被二甲基叔胺取代而得,进而一步一步地展开复习,层层递进。通过引导学生思考如何将基本结构连接起来,自然而然地过渡到苯胺紫的合成。

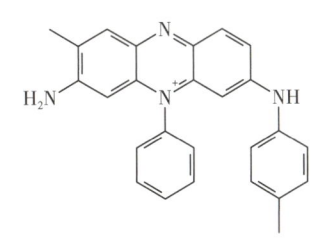

图2-1-2 苯胺紫色　　　　图2-1-3 苯胺紫A的结构式

张老师通过创设有趣的教学情境,引导学生在陌生主题中进行知识的复习。这种方法对学生的学习效果非常有益,能够有效激发学生的发散思维能力。当学生在陌生的主题中进行知识的复习时,他们需要运用已有的知识和技能,进行推理、归纳、综合等思维活动,从而将不同的知识要点串联起来,形成知识网络图,对知识的巩固和迁移起到积极的作用。

教师在对有机化学进行系统复习的时候,可以从油画原料——苯胺紫的合成原料及工业合成的方法和流程出发,事先告知学生其中所涉及的有机化学反应方程式以及氧化反应、脱水缩合反应、芳胺脱氢、脱甲基等过程,从而对有机化学中的一系列重要反应进行总结复习。在综合性问题解决过程中,让学生在不同的情境中复习知识,从而获得对知识的去情境化的抽象和概括,能够帮助学生将知识应用于其他新的情境,最终提升问题解决的能力。

解惑

【问题讨论一】油画颜料的发展史具体是怎样的呢?

【答疑】油画颜料起源并发展于欧洲,到近代成为世界性的重要绘画材料。在中世纪的欧洲,大量矿物被制成颜料,使得绘画颜料的种类逐渐丰富起来,其价格也逐渐平民化。到了工业革命时期,由于西方对化学科学和其他相关学科研究的逐渐深

图2-1-4 油画颜料

入,出现了越来越多新奇的颜料材料,进一步推动了颜料产业的发展。如今,随着新型材料技术的不断演进,新型的油画颜料也持续不断地推出。

【问题讨论二】油画颜料的成分主要有哪些？可以怎样进行分类呢？

【答疑】油画颜料的成分主要是由连接剂、溶剂、助剂、颜色载体(颜料)等组成。连接剂即成膜物质,主要为一些干性植物油,油画也因此而得名。溶剂在绘画中起稀释颜料、溶解树脂、调节颜料的油分和促进干燥等作用。助剂主要包括催干剂和增稠剂。通过颜色载体可以将颜料大致分为白色、红色、黄色、青色和蓝色颜料,颜料中的主要成分所涵盖的物质既有无机物又有有机物。

水墨丹青

本小节适用于硫化汞、碱式碳酸铜、碳、不饱和脂肪酸、明矾的教学。

传道

知识要点

1. 丹砂

丹砂,即辰砂、朱砂,主要成分为硫化汞,为古代方士炼丹的主要原料,也可制作颜料、药剂。

2. 绿青

绿青,即碱式碳酸铜[$CuCO_3·Cu(OH)_2$],常用作绿色和青色两种颜料。其他绿色岩石粉末也可作为绿色颜料的主要成分,如碱式氯化铜[$CuCl_2·3Cu(OH)_2$]。

3. 松烟墨

松烟墨多用松木烧出烟灰作为原料,烟灰的主要成分为碳。

4. 油烟墨

油烟墨是由桐油[主要成分为$CH_3(CH_2)_3(CH=CH)_3(CH_2)_7COOH$]或菜油[主要成分为亚油酸$CH_3(CH_2)_4CH=CHCH_2CH=CH(CH_2)_7COOH$]烧制而成的。

图2-1-5 "水墨丹青"之用

5. 明矾

明矾(图2-1-6),又称白矾,化学名为 $KAl(SO_4)_2·12H_2O$,是泡沫灭火器的成分之一;同时还可用作膨化剂、缓冲剂和净水剂。

图2-1-6 明矾

授 业

情境

张老师：水墨丹青中的"丹青"指的是绘画,而不是丹和青两种颜色。在中国画中,水墨画无疑占据了半壁江山。浓淡间散发出朴素幽静的美感,飞白处酝酿出丰富多彩的韵味,这就是水墨画的魅力所在。简单的白与黑,仿佛凝聚了世上所有的色彩。

清新雅韵,生机盎然,静心赏画,能一洗心中的浮躁。画的背后,是人;水墨画的背后,是心。用心去描绘世间万物,用心去体验人间百态,用心去感悟艺术真谛,这既是绘画的艺术,又是生活的艺术。学会更好地生活,正是教育的重要目的。

图2-1-7 水墨画

小化：以水晕染,以墨作画,这是纸、水、墨的完美融合。简简单单的几样东西,是如何成就一幅幅令人惊叹的水晕墨章的呢?

张老师： 水墨画常使用宣纸,墨汁在纸上晕染,会出现层次分明的效果。如今市面上有一种防晕染的纸,用明矾浸泡得到。研究表明,宣纸刷涂胶矾水后虽然强度有所上升,但是随着时间的延长,明矾的影响就显现出来了:胶矾水的使用会加速纸张的老化。所以,若是想要将画作保存得更为久远,就不宜选用这种防晕染的纸。

小艺： 古代名家的书画为何还能留存至今?

张老师： 这是因为墨的成分中有烟灰,其化学成分是碳,而碳的化学性质十分稳定,所以尽管经千年风霜侵袭,我们仍能欣赏到他们的墨宝。

资料库

宣纸

"宣纸"这个词最早出现在唐代元和至乾符年间。中国历来有以地名给产品命名的传统,比如苏绣、蜀锦、汾酒等。在唐代,宣城郡所造纸因品质出众而成为贡品。因此,这里提到的宣城郡上贡的纸,应该就是宣纸。"宣纸诞生在唐代天宝年间甚至更早"的论断获得了多数人的认同,如此算来,宣纸的历史至少已有1300年。

——冷杉.宣纸承载墨韵的千年国宝[J].科学大观园,2023(2):72-75.

作画之前,磨墨是非常重要的一环,而这墨就有些讲究了。若要达到宁静生辉的效果,应选用松烟墨。松烟墨是将松枝燃烧生成的烟尘用胶炼制而成,墨色略带青色。若要让人感到暖意和深意,则可选用油烟墨。油烟墨是由桐油或菜油烧制的,各种胶主要用来作为烟炱的分散介质。

资料库

墨可治病

在制墨的复杂工艺中,涵盖了取烟、配料、捣练、压模、晾干、磨试等步骤,添加辅料是其中至关重要的一环,这些辅料往往以中药为主。正因如此,使得墨不仅仅是一种书写工具,还具备了一定的药用特性,药墨随之诞生。《本草纲目》中提到墨:止血,生肌肤,合金疮,治产后血运,崩中卒下血,醋磨服之。又止血痢,及小儿客忤,捣筛温水服之。又眯目物芒入目,点摩瞳子上。

颜料在国画中的作用远非装饰,它在绘画创作中起着立意构思的关键作用。颜料与化学的密切关系甚至催生了颜料化学这门专业的学科。类似于王维以其创新的绘画风格将诗歌和绘画巧妙融合,作为化学教师,我们也可以尝试将绘画艺术与化学知识相结合。通过将绘画元素融入传统的教学方式中,不仅可以增强学生的学习效果,还能够给学生带来享受和美感。如果在化学教学内容中巧妙地融入水墨丹青的绘画艺术,如碱式碳酸铜、碳、不饱和脂肪酸、明矾等,将化学的抽象概念通过绘画形式进行具象化,那么教学效果将事半功倍。这种绘画与化学的结合可以让学生更直观地理解抽象的化学原理和概念,更深入地认识和体验化学世界。

课堂快闪

在对碱式碳酸铜(图 2-1-8)的相关化学性质进行介绍时,张老师在课堂上给学生提供了一幅水墨丹青的画作,并介绍碱式碳酸铜就是画作中绘画颜料所涉及的一种;丹青中的"青"古代常指青蓝墨色系的一系列颜色,其中有一种"绿青",主要成分为碱式碳酸铜[$CuCO_3 \cdot Cu(OH)_2$]。在此基础上,学习此物质的性质。

图 2-1-8 孔雀石表面的碱式碳酸铜

通过水墨丹青的绘画艺术与化学知识的融合,张老师营造了充满创造力和趣味性的学习氛围。传统的化学教学往往注重理论知识的灌输,容易使学生感到枯燥乏味。然而,通过引入水墨丹青的绘画艺术,学生们可以在学习中体验绘画创作的乐趣,从而激发他们对化学知识的兴趣和好奇心。绘画艺术能够将抽象的化学概念具象化,通过色彩、形态和形象的表达,帮助学生更好地理解和记忆化学知识。

绘画也可以作为一种深入学习的方式,从而为学生提供一个创造性和直观的方法来探索和理解化学知识。通过将所学的化学概念具象化,学生们可以将抽象的概念转化为可见的形象和符号,使其更易于理解和记忆。例如,学生们可以利用绘画来描绘化学反应、分子结构、能级图等概念。此外,学生们可以利用绘画将不同的化学概念相互串联,用线条、箭头和图形来表示各个概念之间的联系和依赖关系,最终构建起一个直观而完整的知识框架。这种视觉化的整理过程有助于学生更好地理解和记忆化学知识,同时也培养了他们的整合和组织能力。

课堂快闪

对于化学反应与能量的教学，张老师引导学生用绘画来展现知识。

图2-1-9　传统知识总结与绘画知识总结

通过绘画表达化学知识，学生们可以以自己独特的方式来表达抽象的概念。每个学生都有自己独特的艺术风格和创造力，通过绘画，他们可以从不同的角度，使用不同的视觉元素来呈现化学概念。这种个性化的表达方式不仅能加深学生对已有知识的掌握，提高学生的学习效果，还有助于激发他们的创造力和想象力，培养跨学科思维和创新思维能力。

解惑

【问题讨论一】艺术教育只能在绘画课、音乐课上实现吗？

【答疑】人们对美好生活的需求在不断增加，社会也要求和注重学生能德、智、体、美、劳全面发展。为了培养创新型人才，教育应该向着多元化的方向发展，课堂中融入艺术元素成为流行趋势。科学教育也需要兼具美学和情感教育，化学这种偏理科性质的学科也能发挥艺术教育的功效。从美学层面上来说，一切学习的最终目的都是获得美的体验、美的感受，进而形成美的价值观。借由绘画这种易于传达视觉美的作品，比如漫画，这样的形式可以将化学学科的内在美更好地展现出来。

【问题讨论二】胶矾水是什么？等同于明矾吗？在绘画艺术中有哪些应用呢？

【答疑】胶矾水即胶、矾和水的组合，不等同于明矾。水作为胶和矾的媒介，直接影响到胶矾水的浓度，并且其水质的好坏也会直接影响胶矾水的稳定性。胶矾水的配制过程一般为将胶水加入矾水，并等体积混合。其中，胶、矾和水的配比没有统一的规范化要求，工作者多是

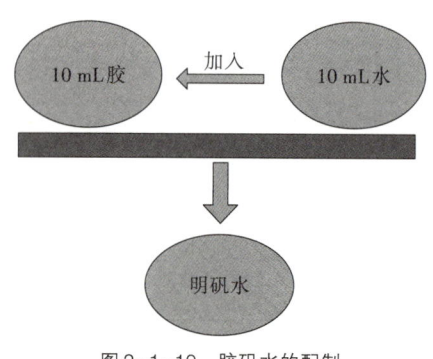

图2-1-10　胶矾水的配制

根据实际工作的需要再加上经验来进行判断的。胶矾水在书画文物清洗和修复的过程中具有重要作用。

光的形状——丁达尔效应

本小节适用于分散系、胶体、溶液、浊液及丁达尔效应的教学。

传道　　　　　　　　　　　　　知识要点

1. 分散系

化学上把一种或多种物质以粒子的形式分散到另一种或多种物质中所形成的混合物，叫作分散系。前者属于被分散成粒子的物质，称作分散质；后者起容纳分散质的作用，称为分散剂。

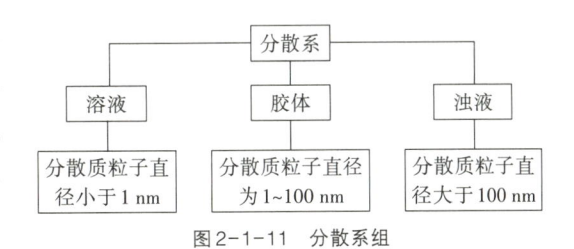

图2-1-11　分散系组

2. 溶液

分散质粒子直径小于1 nm的分散系是溶液，它是由至少两种物质组成的均一、稳定的混合物。

3. 胶体

分散质粒子直径为1～100 nm的分散系是胶体，它是一种均匀混合物。

4. 乳浊液或悬浊液

分散质粒子直径大于100 nm的分散系称为乳浊液或悬浊液，它具有浑浊、不稳定等宏观特征。

图2-1-12　悬浊液豆浆

5. 丁达尔效应

当光束透过胶体时，从入射光的垂直方向可以观察到胶体中出现的一条光亮的"通路"，这种现象是由于胶体粒子对光线散射（光波偏离原来的方向而分散传播）形成的，称为丁达尔效应。

图 2-1-13　生活中的丁达尔效应

授　业

情境

张老师：丁达尔效应是如何产生的呢？

小化

当光线射入分散系时，一部分自由通过，一部分被吸收、反射或散射。而对于分散系而言，将其中分散质的粒子直径小于 1 nm 的划分为溶液，直径为 1～100 nm 的划分为胶体，直径大于 100 nm 的划分为浊液。可见光的波长范围为 400～700 nm，因此可能发生以下三种情况：

（1）当光束通过浊液时，由于分散质粒子直径大于入射光的波长，主要发生反射或折射现象，使系统呈现浑浊。

（2）当光束通过胶体溶液时，由于分散质粒子的直径一般介于 1～100 nm，小于入射光的波长，主要发生散射，可以看见乳白色的光柱，出现丁达尔现象。

（3）当光束通过分子溶液时，由于溶液十分均匀，散射光因互相干涉而完全抵消，使粒子本身像一个新光源一样，向各个方向发出与入射光同频率的光波。

因此，当光束射向分散系时，我们观察到：浊液在光线下是浑浊的，而溶液是透明的，在胶体溶液中能观察到一条光亮的通路。

胶体除了丁达尔效应外还有哪些性质呢？

小艺

> 张老师
>
> 胶体还有三种性质。
> (1)布朗运动:胶体中胶粒不停地做无规则运动,运动方向和运动速率随时会发生改变,其聚集变得困难,从而趋于稳定。这种性质不是胶体的特有性质。
> (2)电泳:胶粒在外加电场作用下,在分散剂中向阳极或阴极做定向移动的现象。
> (3)聚沉:胶体中胶粒在适当的条件下相互结合成直径大于100 nm的颗粒而析出沉淀的现象。

光的魅力是无穷的,光线透过树叶洒在密林中出现光亮的通路,也是因为出现了丁达尔现象。树林中的雾是胶体,其分散剂是空气,分散质是微小的尘埃或者液滴,当阳光透过树叶的间隙和雾气时,就形成了一条条光亮通路。生活中的丁达尔现象之美还有很多,不管是夕阳的光芒透过城市高楼之间的缝隙形成的光柱,还是阳光透过云层上方所出现的道道圣光,都是许多摄影爱好者费尽心思想要拍到的美景。教师应该如何利用这些美丽的现象展开教学呢?

最主要的是在教学过程中,根据具体教学内容设置恰当的情境,从而高效完成教学计划。丁达尔效应之美充满着无穷的魅力,在学习胶体时,应该将生活中美丽的丁达尔效应与科学世界中的胶体有机结合起来,从学生已有的生活经验和知识水平出发,创设生动有效的教学情境。美丽的丁达尔现象能够激发学生对学习的热情,从而积极主动地参与到课堂知识的学习中去。

课堂快闪

在学习分散系及其分类时,张老师在课堂伊始让学生明确下面的学习目标:
①了解分散系的定义及其分类;
②通过实验探究掌握胶体的性质及其应用;
③通过实验现象观察、对比等方法,掌握丁达尔效应的性质并归纳总结出新的知识。

在学习分散系及其分类时,一开始让学生明确课堂学习目标,有利于帮助在知识海洋中漫游的学生明确航行的方向,这是让学生维持有意注意的重要因素之一。当学生知道他们在课堂中要学习什么和达到什么目标时,他们会更加重视课堂时间,并投入更多的精力来达到这些目标,从而提高对课堂学习的重视程度,明确自身在课堂中的定位和方向,同时通过有意注意更好地接受知识,达到高效学习。

艺术点亮化学

化学是一门以实验为基础的学科,将实验作为教学情境具有多种功能,可以把学生的认知过程、情感过程和意志过程有机地统一起来。丁达尔效应明显而美丽,并且可以较容易地通过小实验进行观察。因此,在教学时也可以考虑实验教学情境,将学生引领带入化学实验的奥秘之中,帮助学生培养科学研究的能力。

课堂快闪

在丁达尔效应的课堂教学上,张老师决定创设化学实验教学情境。将学生分为几个小组进行合作实验,分别观察光束通过硫酸铜溶液和氢氧化铁胶体的实验现象(图 2-1-14),并进行对比和思考,就得到的结论展开交流,最后在教师的带领下对实验进行反思和总结。

图 2-1-14 光束通过 Fe(OH)$_3$ 胶体

张老师在教学中很好地利用化学实验,给学生机会,引导学生进行规范的化学实验,调动学生各种感官,引导学生将情感注入探究活动中,从实验中获得新知识。同时,教师将学生分为几个小组进行合作实验,有利于提高学生的合作能力。学生通过亲身参与实验,进行自主思考和探究,不仅观察到了美丽的丁达尔效应,还成功解决了问题,获得了知识,体会到了化学学习的乐趣和成就感。

解 惑

【问题讨论一】胶体的稳定性如何?具有哪些表现?

【答疑】胶体能稳定性存在,同一种胶体微粒带相同的电荷,相互排斥,不易聚集,因此胶体是比较稳定的分散系,可以长时间保存。胶体是处于热力学不稳定而动力学稳定的体系,荷电胶粒之间的相互作用能主要由静电排斥能和范德华吸引能组成,胶粒只有在一定范围的间距之内才能形成稳定的胶体,制备时需要保证胶粒的间距不能太小,否则胶粒间会相互聚集发生聚沉。中学实验难溶盐胶体制备成功的关键在于分散相在介质中的溶解度要小以及稳定剂的加入。

【问题讨论二】污水属于胶体,我们能不能运用一些化学知识,让胶体中悬浮着的小颗粒沉降下来呢?

【答疑】絮凝可以使水中悬浮微粒聚集变大或形成絮团,从而加快粒子的聚沉,达到固-液分离的目的。通常絮凝的实施靠添加适当的絮凝剂。在水处理工程中常见的絮凝剂有硫酸铁和明矾等,当硫酸铁或明矾与污水中的悬浮小颗粒接触时,会将小颗粒聚集为大颗粒,最终沉降下来。溶液中悬浮颗粒沉到下层,溶液分层后,再经过滤,就实现了初步净化。

科技是第一生产力,有了科学技术的不断发展,我们的生活质量得到了进一步的提高。以絮凝技术为例,这样的水处理技术用于贫困地区的非饮用水以及日常生活中的废水和污水的净化,拓宽了可以利用的资源范围,不仅提高了人类的生活质量,也促进了社会的发展。

图2-1-15 污水处理厂

"水中花园"的秘密

本小节适用于硅酸盐、溶解度、半透膜及渗透压的教学。

传道   知识要点

1. 硅酸盐

硅酸盐指的是硅、氧与其他化学元素(主要是铝、铁、钙、镁、钾、钠等)结合而成的化合物的总称。在硅酸盐的结构中,硅原子和氧原子构成了硅氧四面体,其结构的特殊性决定了硅酸盐材料大多具有硬度高、熔点高、难溶于水、化学性质稳定、耐腐蚀等特点。硅酸盐在地壳中分布极广,是多数岩石(如花岗岩)和土壤的主要成分。

2. 金属盐固体与硅酸钠的反应

金属盐固体加入硅酸钠溶液后,慢慢与硅酸盐反应生成各种不同颜色的硅酸盐胶体(大多数硅酸盐难溶于水)。例如:

$$CuSO_4 + Na_2SiO_3 = CuSiO_3 \downarrow + Na_2SO_4$$

$$MnSO_4 + Na_2SiO_3 = MnSiO_3 \downarrow + Na_2SO_4$$

$$CoCl_2 + Na_2SiO_3 = CoSiO_3 \downarrow + 2NaCl$$

3. 溶解度

在一定温度下,某固态物质在100 g溶剂中达到饱和状态时所溶解的质量,称为这种物质在这种溶剂中的溶解度。物质的溶解度属于物理性质,通常所说的溶解度是指物质在水里的溶解度。

4. 半透膜

半透膜(图2-1-16)是一种只允许某种分子或离子扩散进出,对不同粒子的通过具有选择性的薄膜,如细胞膜、膀胱膜、羊皮纸及人工制成的胶棉薄膜等。

5. 渗透压

对于两侧水溶液浓度不同的半透膜,为了阻止水从低浓度一侧渗透到高浓度一侧,在高浓度一侧施加的最小额外压强称为渗透压。溶液的渗透压,简单地说,是指溶液中溶质微粒对水的吸引力。

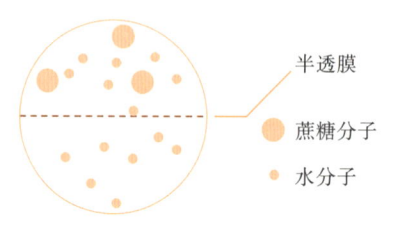

图2-1-16 半透膜

授业

情境

张老师好,我上周末在化学主题展上看到一位魔术师在盛满无色透明水溶液的玻璃缸中,投入了几颗米粒大的不同颜色的小方块。不一会儿,在玻璃缸中竟出现了各式各样的枝条,纵横交错地伸展着,绿色的叶子越来越茂盛,鲜艳夺目的花儿也竞相开放!这是为什么呢?

"水中花园"的形成其实是化学反应的一种体现,主要和金属硅酸盐胶体的形成有关。首先,魔术师拿的无色溶液是硅酸钠溶液,而那些颜色各异的方块是一些金属固体盐。硅酸钠溶液和金属固体盐反应生成硅酸盐胶体,它们大多不溶于水。而不同的金属离子有着不同的颜色,所以不同的硅酸盐胶体有着不同的颜色。例如,有紫色的硅酸亚钴、蓝色的硅酸铜、白色的硅酸锌、红棕色的硅酸铁、淡绿色的硅酸亚铁、深绿色的硅酸镍。

$$CoCl_2 + Na_2SiO_3 = CoSiO_3\downarrow + 2NaCl$$

$$CuSO_4 + Na_2SiO_3 = CuSiO_3\downarrow + Na_2SO_4$$

$$ZnSO_4 + Na_2SiO_3 = ZnSiO_3\downarrow + Na_2SO_4$$

$$MnSO_4 + Na_2SiO_3 = MnSiO_3\downarrow + Na_2SO_4$$

生成的硅酸盐胶体与液体的接触面形成半透膜,由于渗透压的关系,水溶液要从低浓度的溶液流入高浓度的溶液。水不断渗入膜内,胀破半透膜,使盐又与硅酸钠接触,生成新的胶状金属硅酸盐。反复渗透,逐渐形成枝状或芽状。这样"水中花园"的美丽景象就形成了。

许多魔术师会将"水中花园"这一化学现象作为魔术表演,从而赢得观众的关注、好奇与喝彩。"水中花园"是生活中所见到的一种较为美丽的景观,也是化学的一种艺术呈现。其实,了解其中的原理便可以发现蕴含的化学原理,揭开了魔术的神秘面纱。此内容可以作为硅及其化合物教学内容的素材,它不仅丰富了学生的知识面,而且将化学与生活联系起来了。

课堂快闪

在讲解金属盐固体与硅酸钠的反应原理时,张老师利用"水中花园"的实验(图2-1-17),创设化学实验情境以引入课堂。张老师在盛有无色透明溶液的小试管中分别加入不同的金属盐固体,让同学们注意仔细观察实验现象。不一会儿,同学们惊奇地发现试管中"长"出了许多"枝条",大家感到非常好奇,纷纷举手向老师提问,张老师就此展开了对反应原理的讲解。

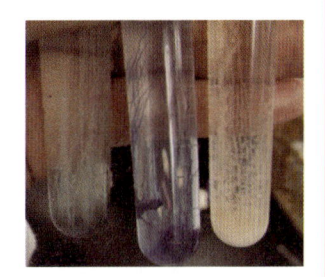

图2-1-17 "水中花园"

"水中花园"新异的实验现象是学生没有见过的,凭其已有认知也是无法解释的,因此,对激发学生的好奇心具有重要作用。课堂开始,张老师给同学们演示"水中花园"的小实验,说明"水中花园"与本节课内容之间的联系,并以此为基础展开后续的学习。"水中花园"的实验成功的可能性大、用时较少、现象明显且色彩鲜艳,能够迅速吸引学生的注意力。教师在演示过程中对实验材料进行重点介绍,讲演结合,也有利于激发学生的思维,启迪思考。

同时,在学习硅酸盐材料的时候会涉及对硅酸盐中硅氧四面体结构的讲解,教师可以给学生提供硅氧四面体的平面图和球棍模型,再加以相应的语言讲解。这样的教学方式摆脱了传统讲授式教学中学生理解难的困扰,学生一边用耳朵听教师的讲解,一边用眼睛观察,用手触摸球棍模型,一边思考,这样外界信息就可以通过多个感官通路传到大脑皮层,使得大脑中存在的多个记忆通路均能发挥作用,彼此激活,加强记忆保持的牢固性,最终达到最佳的学习效果。

> ### 资料库
>
> #### 硅酸盐与发光材料
>
> 以硅酸盐作为基质的发光材料因其良好的化学稳定性和热稳定性而备受青睐。此外,这种材料的原料是高纯二氧化硅,不仅价格亲民且易于获取,其烧结温度相对较低,为生产过程带来了显著的能效优势。2003年,科学家们首次在硅酸盐体系中发现了时间长达10 h以上的高亮度长余辉现象,并采用高温固相法合成了一系列硅酸盐长余辉发光材料,其耐水性及温度特性好,具有广泛的应用前景。

因此,在讲解硅及其化合物时,教师应该学会挖掘抽象的化学知识与人们的现实生活之间千丝万缕的联系,将生活中的化学知识运用到课堂教学之中,既能培养学生对化学学科强烈的认同感,又有利于加强学生对化学知识的应用能力。教师可以以制作餐具的陶瓷、窗户上的玻璃、建筑用的水泥以及光导纤维等生活中常见的实例展开讲解,让学生切实感受到硅及其化合物已经广泛应用于航空航天、电子电气、建筑、运输、能源、化工、纺织、食品、轻工、医疗、农业等各个行业。通过介绍硅及其化合物的广泛应用,让学生学习专业化学知识的同时,还能感受到化学的重要社会应用价值。

解 惑

【问题讨论一】为什么存放氢氧化钠溶液的试剂瓶不能使用玻璃塞,而瓶身却可以是玻璃材料?

【答疑】氢氧化钠溶液与玻璃会发生化学反应:$SiO_2+2NaOH=\!=\!=Na_2SiO_3+H_2O$,生成物中的硅酸钠具有黏性,如果用玻璃瓶塞会将瓶塞黏住,从而导致无法打开试剂瓶。之所以可以用玻璃瓶存放,中学化学教学中往往从玻璃表面的光滑度与反应难易之间的关系进行解释,认为玻璃试剂瓶内壁光滑,一般情况下,表面反应进行得很慢,对瓶子几乎没有影响。但究其根本原因在于普通玻璃经过高温煅烧制得,其结构中的硅原子与氧原子以sp^3杂化形式相互连接,形成稳定互联结构的无机高分子,很难与氢氧化钠反应。

【问题讨论二】随着科学技术的不断发展,硅酸盐材料应用之一的陶瓷也迅速发展,一系列高温结构的陶瓷、超导陶瓷和透明陶瓷(图2-1-18)等新型陶瓷相继问世。这些新型陶瓷有什么特点呢?

【答疑】高温结构陶瓷通常用某些金属氧化物、碳化硅或氮化硅等在高温下烧结而成，具有高熔点、较高的高温强度、较小的高温蠕变性能，以及较好的耐热震性、抗腐蚀性、抗氧化性和结构稳定性等。超导陶瓷是一类在某一临界温度时电阻为零的陶瓷，具有超导性，在能源利用、交通、医疗等领域具有重要作用。透明陶瓷又称光学陶瓷，是能透过可见光的陶瓷材料的总称，光学性能优异，耐高温，绝缘性好。常用的透明陶瓷有氧化铝、氧化镁等氧化物透明陶瓷以及氮化铝、氟化钙等非氧化物透明陶瓷。透明陶瓷在光学、红外技术、激光技术、高温装置等方面均有广泛应用，例如激光器和高温探测窗等。

图2-1-18　新型陶瓷材料

第二节　给你点颜色瞧瞧——氧、金属和酸碱性

绿色的化学世界

本小节适用于绿色化学、制取氧气、催化剂的教学。

传　道

知　识　要　点

初中化学课程中的化学概念都是基础、基本的概念，多数都能通过实验的方式让学生先建立对化学物质和变化的感性认识，再进行分析抽象形成化学概念。实验是化学教学中最吸引学生的部分，可将化学概念和实验结合起来进行教学。在制取氧气的学习中穿插绿色化学的概念，可以使教学充满趣味性。

1. 绿色化学

绿色化学充分利用资源和能源，采用无毒、无害的原料；在无毒、无害的条件下进行反应，以减少废物向环境排放；提高原子的利用率，力图使所有原料的原子都能形成产物，实现"零排放"；生产出有利于环境保护、社区安全和人体健康的环境友好产品。绿色化学的最大特点是在始端就采用预防污染的科学手段，因而过程和终端均为零排放和零污染。

2. 实验室制取氧气

氧气是空气的主要成分之一,是人类不可或缺的宝贵资源。在实验室里,常采用加热高锰酸钾、分解过氧化氢或加热氯酸钾的方法制取氧气。

高锰酸钾是一种暗紫色固体,其受热分解时放出氧气,同时有锰酸钾和二氧化锰生成。反应装置如图2-2-1所示。

$$2KMnO_4 \xrightarrow{\Delta} K_2MnO_4 + MnO_2 + O_2\uparrow$$

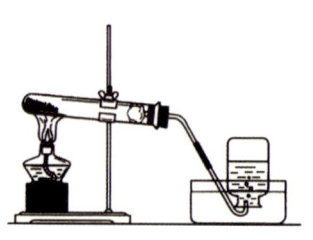

图2-2-1 加热法制氧气

通过加热混有二氧化锰的氯酸钾固体制取氧气,同时还会生成氯化钾。

$$2KClO_3 \xrightarrow[\Delta]{MnO_2} 2KCl + 3O_2\uparrow$$

过氧化氢溶液在常温下可以分解放出氧气,在溶液中加入适量二氧化锰,会加速过氧化氢分解。反应装置如图2-2-2所示。

$$2H_2O_2 \xrightarrow{MnO_2} 2H_2O + O_2\uparrow$$

以上三种为实验室制取氧气的方法。工业生产常采用分离液态空气的方法制取氧气。

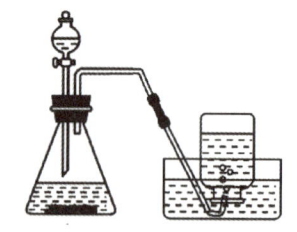

图2-2-2 过氧化氢分解制氧气

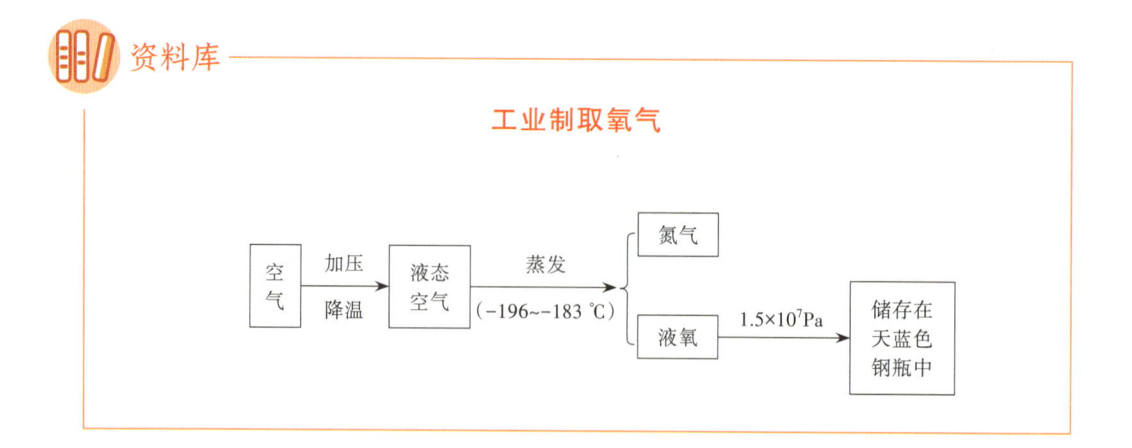

资料库

工业制取氧气

空气 —加压降温→ 液态空气 —蒸发(-196~-183 ℃)→ 氮气 / 液氧 —$1.5×10^7$Pa→ 储存在天蓝色钢瓶中

3. 催化剂

在化学反应里能改变其他物质的化学反应速率,而本身的质量和化学性质在反应前后都没有发生变化的物质叫作催化剂(又称触媒)。催化剂在化学反应中起催化作用,在化工生产中有广泛应用。

授 业

情境

张老师：大家知道化石燃料的燃烧主要造成的环境污染有哪些吗？

小化：温室效应和酸雨！

张老师：没错，我们要知道，酸雨是pH<5.6的雨雪或其他形式的降水。酸雨能使水体和土壤酸化，损害农作物生长，腐蚀建筑物，危害人体的健康。臭氧层的空洞使大量紫外线直接辐射到地面，导致皮肤癌等疾病，还会造成农作物减产、海洋生态系统破坏等。

张老师：还有土地沙漠化、白色污染、海洋污染、大气污染等一系列问题，严重地威胁着我们的生存环境和健康。化工生产中，能否开发出不产生废物且产物均对环境无害的工艺受到了广泛关注。在此情形下，绿色化学便应运而生。1990年，美国通过了"防止污染行动"法令。1991年后，绿色化学由美国化学会（ACS）提出并成为美国环境保护署（EPA）的中心口号，立即得到了全世界的积极响应。

张老师：1962年，美国女科学家蕾切尔·卡逊所著《寂静的春天》问世，这是人类首次关注环境问题的著作。她关于农药危害人类环境的预言，不仅受到相关生产与经济部门的猛烈抨击，而且使社会广大民众受到了强烈震撼。

在引入绿色化学概念时，教师先从学生了解的生活中的环境污染入手，在知识的激活阶段创设相关情境，并向学生介绍化石燃料的危害以及相关的科学著作。通过作家迈克尔·克莱顿写到的与农药DDT相关内容，让学生了解到滥用化学的危害，进而引出绿色化学的概念，倡导学生应该正确地看待化学，使用化学。情境的创设能够引起学生的学习兴趣，促进学生的记忆。绿色化学的知识能够提高学生的化学素养，帮助学生树立正确的科学态度和责任感。

图2-2-3 被酸雨腐蚀的树林

艺术点亮化学

> **课堂快闪**
>
> 在讲授氧气制备的三种方法时,结合绿色化学的概念,张老师让学生思考三种方式对应的反应方程式,分析其中反应物与产物之间的关系,引导学生思考是否全部的反应物都能转换成无污染的物质或者转化为需要的产物,从而判断哪种方法符合绿色化学原理。实验室用高锰酸钾和氯酸钾加热制氧气时,都会生成额外存在污染的物质,但过氧化氢分解制氧气仅产生所需要的氧气和无污染的水,实现了原料和反应过程的绿色化。

案例中张老师帮助学生对知识进行结构性加工,将氧气的制备方法与绿色化学联系起来,建立新旧知识之间的桥梁,为学生提供知识编码的框架,便于学生更好地掌握新的内容,并将其融入自己原有的知识体系中。加强学生对绿色化学概念的理解,在原有知识的基础上完善自己的知识网络,促进知识的迁移。

> **课堂快闪**
>
> 张老师在讲授催化剂的概念时,利用过氧化氢在二氧化锰催化下分解制氧气的实验,结合绿色化学的概念,过氧化氢制备氧气的方法符合绿色化学的原则,让学生思考在这种条件下,反应前后二氧化锰是否会发生质量或性质上的变化,然后指导学生进行实验操作,通过自主实验,观察实验现象,学生能够自己总结归纳并得出结论。

预测与开放性分析是教师在教授新知识之前,让学生基于已有知识与证据以及教师主动提供的一种背景知识,进行知识性质或实验结果的预测与开放性分析,再做实验进行验证的教学策略。案例中,学生首先根据已有知识,推测在过氧化氢制备氧气的过程中二氧化锰是否会发生变化,然后进行实验验证。这种策略将学习的主动权交给了学生,给予学生更多选择的机会,同时训练了学生基于证据与正确科学逻辑的批判性思维的发展,促进了新旧知识的深度加工与联系。

化学与生产生活紧密相关。化学不断发展的同时也造成了一系列的环境污染。践行绿色化学理念,以科学、正确的手段应用化学,能够帮助我们从源头解决污染问题。教师应明确绿色化学与初中化学核心素养的联系,将绿色化学渗透在教学中。将现有的环境问题作为切入点,引导学生理解并探究绿色化学。在制取氧气这部分内容的教学中,不仅锻炼学生的实验操作能力,还通过三种氧气制取方法所对应方程式的学习让学生深刻理解绿色化学的含义。

解 惑

【问题讨论一】在制取氧气时,可以使用哪些催化剂?

【答疑】加热氯酸钾制备氧气时,一般使用二氧化锰进行催化反应。但过氧化氢分解制备氧气时,可以使用多种不同的催化剂。以下这些催化剂都能够加速双氧水分解生成氧气和水。

①锰盐类催化剂:包括二氧化锰(MnO_2)、硫酸锰($MnSO_4$)等。二氧化锰催化剂具有高效、低成本等优点,被广泛应用于污染治理、环境保护等领域。

②钴盐类催化剂:包括硫酸钴($CoSO_4$)、氯化钴($CoCl_2$)等。与锰盐类催化剂相比,钴盐类催化剂具有更高的催化活性和稳定性。

③铁盐类催化剂:包括硫酸亚铁($FeSO_4$)、硫酸铁〔$Fe_2(SO_4)_3$〕等。与锰盐类和钴盐类催化剂相比,铁盐类催化剂具有更低的成本和更广泛的应用范围。

④钒盐类催化剂:钒盐类催化剂包括钒酸铵(NH_4VO_3)、钒酸钠($NaVO_3$)等。与其他催化剂相比,钒盐类催化剂具有更高的催化活性和更长的使用寿命。

【问题讨论二】"绿色化学"部分的知识主要是概念的学习。对于学生来说,化学概念意味着静态的、枯燥无味的、必须严格记忆的文字,作为教师,你如何帮助学生进行化学概念的学习呢?

【答疑】各种化学概念的形成过程,总是从感知开始的,并且要经历学习者的思维加工。如果在教学中能向学生展示化学概念的产生过程,让学生在对化学现象观察和分析的基础上归纳、抽象出概念,将化学概念转变为生动的、孕育了深刻化学思想和方法的内容,如此,学生对化学概念的学习也就更有意义。

比如,在学习催化剂时,催化剂对学生来说是新知识,仅仅是口头和文字的传达,学生可能

图2-2-4 绿色化学宣传图

无法理解,甚至怀疑,如果能向他们展示催化剂的作用过程,那么这个概念就会变得生动了。在双氧水分解制取氧气的实验中,我们可以设计实验向学生展示催化剂的作用,通过比较有无催化剂时氧气产生的速率,让学生理解催化剂能改变物质的化学反应速率,而且反应前后二氧化锰并没有变化,学生很快就会明白什么是催化剂,概念也就变得具体化,学生才表现出高涨的学习热情和浓厚的学习兴趣。

心理学研究表明,初中学生的思维方式处于由形象思维向抽象思维过渡的时期,更易于接受直观、形象的感知信息。化学实验能为学生提供具体、形象的感性材料,是学生形成化学概念的基础和不可缺少的重要环节,因此应尽可能让学生动手实验,在实验中获得感性材料,自主分析并抽象形成化学概念。

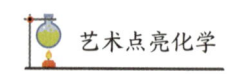

奥苏贝尔认知同化理论认为,学习者只有将外部信息通过"同化"与"顺应"的方式融入自身的认知结构中并形成新的认知结构,才能达到对新知识意义的建构。化学概念的形成蕴含着学生能力结构的变化与发展,在初中化学教学中,在合适的时候通过合适的实验方式丰富知识的发生过程,分析、归纳出事物的本质属性,有助于学生更好地理解相关概念。

化学实验可以创设和控制实验条件,使得物质及其变化显露出通过自然观察所不能得到的一些特征和规律。在化学性质和物理性质的教学过程中,学生在形成"化学性质是物质在化学变化过程中表现出来的性质"的概念后,也有学生产生思维定式——"物理性质是物质在物理变化过程中表现出来的性质"。这时,如果给学生展示硫酸铜晶体样品,让学生描述硫酸铜晶体的颜色、状态,可让学生打破思维定式,知道物理性质不是在物理变化中表现出的性质,而是物质不需要发生化学变化就能表现出的性质。

焰色反应

本小节适用于金属焰色反应的教学。

传道

知识要点

1. 焰色反应

焰色反应指某些金属或它们的挥发性化合物在无色火焰中灼烧时使火焰呈现特征颜色的反应。灼烧金属或它们的挥发性化合物时,原子核外的电子吸收一定的能量,从基态跃迁到具有较高能量的激发态,激发态的电子回到基态时,会以一定波长的光谱线的形式释放出多余的能量。从焰色反应的实验里所看到的特殊焰色,就是光谱线的颜色。每种元素的光谱都有一些特征谱线,发出有特征颜色的火焰。焰色反应是元素的物理性质,对于同种金属元素来说,无论是单质、化合物、溶液或者固体,其焰色均相同。

实验步骤:

焰色反应的实验步骤可归纳为"三烧":灼烧→蘸烧→洗烧。

(1)灼烧:将铂丝放在酒精灯外焰上灼烧,直到与原来火焰的颜色相同为止。

(2)蘸烧:用铂丝蘸取欲检测的试液或试样,放在酒精灯外焰上灼烧,观察火焰的颜色。

(3)洗烧:测试完毕,将铂丝用盐酸洗净,在外焰上灼烧至没有颜色时为止,以备下次再用。

2. 常见元素的焰色

元素符号	Na	K	Li	Cu	Ca	Sr	Ba	Zn
元素名称	钠	钾	锂	铜	钙	锶	钡	锌
焰色	黄	浅紫	紫红	绿	砖红	洋红	黄绿	蓝绿

图 2-2-5　不同金属的焰色反应

授业

情境

张老师：美术中的色彩有很多种呈现方式，这些颜色的显现都离不开化学。例如，常见的颜料就有无机颜料和有机颜料之分。无机颜料一般是矿物性物质，又可细分为氧化物、铬酸盐、硫酸盐、硅酸盐、金属等。有机颜料一般取自植物和海洋动物，可按化合物的化学结构分为偶氮颜料、酞菁颜料、蒽醌颜料等。除了色彩缤纷的颜料外，绚烂多姿的烟花也是深受大众喜爱的，那么烟花这么多美丽的色彩又是如何形成的呢？

小艺：是焰色反应！

张老师：没错！南宋诗人辛弃疾在《青玉案》中形容烟花："东风夜放花千树，更吹落，星如雨。"组成不同颜色烟花的正是焰色反应，其中每种颜色也都有自己的故事，我们一起来了解吧！

艺术点亮化学

焰色反应是一种非常古老的定性分析法,早在南北朝时期,著名的炼丹家和医药大师陶弘景(456—536)在他的《本草经集注》中就有这样的记载:"以火烧之,紫青烟起,云是真硝石(硝酸钾)也"。教师在教学讲解时,以史实或烟花视频引出焰色反应,带领学生进行探究性实验,培养学生的实践能力和创新思维。

在上述教学情境中,教师在具体讲解焰色反应之前,给学生呈现绘画时使用到的颜料具体是化学中的哪些物质,从颜料的色彩过渡到漫天烟花,给学生播放相应的视频,引发学生思考烟花的色彩是如何形成的,进而展开焰色反应的教学。高效的课堂导入能够帮助学生快速进入状态,激起学生的好奇心和求知欲,保持积极的学习状态,从而有更好的记忆表现。选择合适有趣的导入材料,在知识的激活阶段,能够有效引起学生的注意,促使所学信息进入长时记忆,提高知识的激活水平。

图 2-2-6　颜料与烟花

课堂快闪

在帮助学生记忆不同金属的焰色反应时,张老师赋予每种金属一种简短、浪漫的故事性描述。

Na:煤油爷爷的保护让我始终保持洁白的心灵,本质柔软的我,愿用最明媚的黄色火焰温暖你。

K:总是被钠的黄色光芒掩盖,从未有人发现我的紫色是如此之美,直到你蓝色的眸子,看到我的本真。

Li:即使是最弱小的那一个,我也愿挺身而出,为你绽放最曼妙的紫红。

Cu:你对一身火红的我说,其实绿色才是你的最爱,我默默地转过身,幻化成天空中一抹绿影。

Ca:你总说缺我不可,但却总是将我踢开,如果我变成红色的火焰,你是否会真的在意我?

脑科学方面的研究表明,学习因挑战而增强,因威胁而抑制,适度的挑战性和放松状态有利于学生学习。案例中以小故事的形式结合不同金属的焰色反应的知识点,符合建构主义的教学理论,能够有效调动学生的好奇心和课堂积极性,让学生处于放松的心情,能提高学生的学习效率。

课堂快闪

在进行焰色反应实验时,操作中应该特别注意各步操作的顺序,可以顺口溜的形式对具体实验操作进行归纳:

必备铂丝不可少,浓盐酸中洗残留
灼烧挥发无一物,蘸取试液来鉴定
钾的鉴定多一步,透过蓝色钴玻璃
火焰颜色显本质,焰色反应真奇妙

焰色反应实验虽然操作比较简单,但是很容易失败,这主要是由不同金属焰色的干扰导致的,这对学生来说是一种挑战性的任务。知识性内容以顺口溜的形式呈现,能引起学生的兴趣,提高学生的学习效率。同时使课堂氛围愉悦轻松,学生在心理放松时会引发他们对所需记忆的材料进行全面和联想性的编码,从而使长时记忆得到加强,信息也因此更容易被提取出来,学生在学习上也会有更好的表现。

资料库

挑战性任务的作用

挑战性任务的刺激可以引发学生生理快乐、社交快乐、精神快乐(满足感)和思想快乐(蕴藏的价值)等正面情绪,从而诱导他们保持积极的学习兴趣和热情。在低警戒的课堂氛围中,学生神经系统放松,在思维、情绪、生理上感到安全,会有更强的记忆表现。

——黄梅.知识获得阶段的教学条件[J].中小学教材教学,2022(04):31-36.

解惑

【问题讨论一】焰色反应的教学涉及小故事和顺口溜的应用,会极大地激发学生的学习兴趣。与焰色反应相关的重要知识点还有焰色反应的影响因素,教学时可以利用什么方法?优点都有哪些呢?

【答疑】在讲解焰色反应的影响因素时,可以设计探究性实验,让学生对实验的过程与结果进行猜想与假设,然后设计实验方案对猜想进行验证,最终对实验现象与结果进行总结与讨论。在课堂中,探究性实验是一种重要的科学活动,不仅将观察、实验控制、收集事实、分析结果等科学方法融于一体,而且在实验过程中会遇到新的或未曾预料到的化学现象,因此,探究性实验更加强调学生通过已有知识和经验获得实验结果的探索过程。在探究实验的过程中能够充分调动学生的多种感官,多感官表征协同学习会使大脑皮层的多条神经通道充分发挥作用,增加记忆通路,从而保持记忆的牢固性。

探究性实验教学的优点主要:一是有利于充分发挥学生的主体作用。在传统的课堂教学中,一般均以老师讲解为主,但探究式学习的方式是学生在教师的引导下,自己动手进行探索。这种方式充分将课堂交给学生,学生感受到自己是教学活动的主体,从而能够充分地调动其主观能动性,激发出对学习的热情。二是有利于充分挖掘学生的潜能,培养创新能力。探究式教学给学生营造宽松的学习氛围,在轻松愉快的状态下,学生潜能得到发挥,思维更加活跃,对未知领域的探索更加积极,在思考过程中迸发出更多的智慧和灵感,有利于学生创造性思维的培养。

【问题讨论二】随着科学技术的不断发展,焰色反应在当代化学教育中的作用是毋庸置疑的,它是一种有趣的演示实验,可以大大激发学生学习化学的兴趣和积极性。焰色反应这一知识点较为简单,然而往往越简单的事物越容易被我们忽略,如何将大家都讲得较好的一节课推陈出新,是一个值得思考的问题。在这个推崇"创新"的时代,教师又该如何创新呢?

【答疑】在一般的教学过程中,焰色反应部分的实验基本是作为演示实验向学生展示的。由于酒精灯火焰呈黄色,会干扰某一元素的鉴定而使得现象不明显,钾的焰色须隔蓝色钴玻璃才能观察到,而且除铜元素外,其他金属的焰色难以分辨。如果我们采用课本上所展示的方法难以达到预期的实验效果,就可以对课本上的实验做一些改进加工。近年来提出了很多关于焰色反应实验的改进方法,如采用比较广泛的喷雾法、溶液燃烧法、脱脂棉法、焰色试纸法等,这些改进加工除了使得实验效果更明显之外,还可以使其更加艺术化,更加吸引学生眼球。

资料库

本生和本生灯

19世纪中叶,德国著名化学家本生(1811—1899)设计制造了本生灯,它使煤气燃烧时产生几乎无色的火焰,温度高达两千多摄氏度。本生利用这种灯研究各种盐类在火焰中呈现不同焰色的现象,试图根据火焰中的彩色信号来检测各种元素。

他同时点燃三盏煤气灯,并分别往每个灯焰中滴加食盐溶液。其中第一滴是纯食盐溶液,第二滴混有锂盐,第三滴混有钾盐。结果三种火焰全呈黄色,看不出任何差别,显然是钠焰的黄色把其他的颜色掩盖了。本生又将蓝色钴玻璃作为滤色镜观察火焰,发现黄色得以滤去,滴加纯食盐溶液的火焰变成无色,混有锂盐的食盐溶液的火焰显紫红色,混有钾盐的火焰呈浅紫色。

> 但是，凭肉眼观察焰色来鉴别元素仍旧受到很大的限制。直到现在，我们用焰色反应也只能有限地鉴别钾、钠等少数几种金属，用蓝色的钴玻璃来观察钾的焰色也来源于本生的试验。

金属彩虹

本小节适用于金属元素的教学。

传道 知识要点

1. 红

高中化学常用硫氰化钾（KSCN）来检验三价铁离子的存在，硫氰化钾原为无色溶液，滴加在有三价铁离子的溶液中后，生成血红色絮状络合物。

$$Fe^{3+} + 3SCN^- = Fe(SCN)_3$$

2. 橙

重铬酸钾（$K_2Cr_2O_7$）溶液显橙红色，当它与乙醇反应时，利用酸性重铬酸钾的强氧化性将乙醇氧化成乙酸，重铬酸钾被还原成三价铬离子，颜色变为灰绿色。该反应常用于检测乙醇的存在。

$$3CH_3CH_2OH + 2K_2Cr_2O_7 + 8H_2SO_4 = 3CH_3COOH + 2Cr_2(SO_4)_3 + 11H_2O + 2K_2SO_4$$

3. 黄

（1）钠的焰色反应。用洁净的铂丝蘸取少量可溶性钠盐溶液，在无色火焰中灼烧时，可以看到火焰呈黄色。

（2）碘化银。亮黄色无臭微晶形粉末，常用于显影剂和人工增雨中的催化剂。

4. 绿

绿矾（$FeSO_4 \cdot 7H_2O$）为柱状或粒状集合体，呈不规则块状，显蓝绿色、绿色。绿矾是硫酸法生产某种稀有金属过程中产出的副产品。一定量的绿矾可以调节碱性水的pH，主要应用于水质净化和工业废水处理。

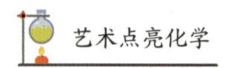

5. 青

稀释后的硫酸铜溶液呈青色。

6. 蓝

氯气遇湿润的淀粉碘化钾试纸会变蓝,该反应可以用于检验氯气的存在。方程式如下:

$$Cl_2+2KI == I_2+2KCl$$

7. 紫

向盛有少量苯酚溶液的容器中滴加几滴 $FeCl_3$ 溶液,可以观察到溶液呈紫色。此反应可以检验苯酚的存在。

$$6C_6H_5OH+FeCl_3 == H_3[Fe(OH_5C_6)_6](紫色)+3HCl$$

资料库

酚与氯化铁反应显不同的颜色

间苯二酚:蓝紫色;间甲苯酚:蓝紫色;
对甲苯酚:蓝色;均苯三酚:紫色;邻苯二酚:深绿色;
对苯二酚:绿色;苯酚:蓝紫色;α-萘酚:紫红色沉淀。

授业

情境

张老师:同学们,今天教大家用化学的方法来制作彩虹。我们一条一条来,用化合物的颜色来代替,并写出相应的方程式来制取该化合物。

将白纸分为七份,写上彩虹的七种颜色,按顺序来看,首先我们学习过的化合物有哪些是红色的?

小化:氧化铁、硫氰化铁!

张老师:氧化铁是红色的,硫氰化铁是血红色络合物。氢氧化亚铁转化为氢氧化铁也会出现美丽的红色。这是为什么呢?

小艺:在氯化亚铁溶液中加入氢氧化钠,反应生成白色的氢氧化亚铁,氢氧化亚铁容易被空气中的氧气氧化变成红褐色的氢氧化铁;而在白色至红褐色的转变中,两种颜色重叠形成灰绿色。

张老师：接下来完成第二条"橙"色。利用酸性重铬酸钾的强氧化性将乙醇氧化，重铬酸钾被还原成三价铬离子，橙色变为绿色，一般用来检测乙醇。第三条"黄"色，你们接触过哪些黄色的反应或者物质吗？

小化：钠的焰色反应、过氧化钠固体、碘化银等。

张老师：那么哪些物质是绿色呢？

小艺：氯化亚铁、硫酸亚铁。

张老师：同学们，其实大多数亚铁化合物都是绿色或者浅绿色的，如绿矾，化学式为 $FeSO_4·7H_2O$。除此之外，大家还要知道蓝矾和明矾。蓝矾是五水硫酸铜，是含有五个结晶水分子的硫酸铜晶体；明矾是十二水合硫酸铝钾，用作净水的絮凝剂。接下来绘制"青"色的彩虹，这个可以用硫酸铜稀溶液来代替，具体浓度大家课后可以再探讨。下一条"蓝"色的彩虹，大家交流讨论三分钟后告诉我。

小化：铜离子溶液是蓝色的，淀粉遇碘液也会变蓝，石蕊溶液也是会变蓝的！

张老师：最后一种颜色——紫色，大家踊跃讨论吧！

小艺：高锰酸钾、碘、石蕊试液都是紫色！

张老师：还有苯酚遇到三价铁离子也会呈紫色。不同的酚遇到氯化铁会呈现不同的颜色，可以用来定性或者定量检测酚类。

金属元素以不同的形式存在时一般会显示出不同的颜色，一般情况下，该知识点都是分散在各种金属的教学中。在上述情境中，教师在全部金属的教学内容完成后，带领学生进行总结，以创造金属彩虹的小游戏的形式对学生进行启发式教学，带领学生回忆知识点，串联原有知识，形成知识网络。

课堂快闪

在巩固金属元素相关知识点时，张老师设计角色扮演小游戏，每个学生分别代表一种物质的反应或者颜色，在张老师的引导下学生们进行配对，找到自己对应的"小伙伴"，最后让学生们相互检查找到的"小伙伴"是否正确。

游戏化教学是以教学为目的，教师通过科学设计或选择游戏，并将它与教学过程整合，使学生在活泼愉快、兴趣盎然的情绪中开展游戏学习的一种教学活动。在游戏过程中调动了学生的多种感官，多种记忆通路同时工作，为学生提供回忆线索，使学生在今后提取知识时更加快速准确，并且游戏式的教学方式会调动学生的积极性，在课堂上充分发挥学生的主体性，提高学生的学习兴趣，在知识的巩固阶段促进知识的记忆。

在进行"金属彩虹"游戏过程中,教师不只告诉学生每种颜色对应的物质,而是让学生自己思考讨论,而后再进行指导。在教学过程中,通过提问与讨论的形式与学生进行互动,引导学生在原有知识的基础上,将所学知识系统地串联,形成知识网络,并不断进行完善。这种方式充分调动了学生的思维,同时小组讨论提高了学生语言表达、合作归纳的能力。

解惑

【问题讨论一】有关"金属彩虹"的教学过程主要是对金属相关性质的综合复习,复习课作为中学化学教学的课型之一,在中学化学教学中起着举足轻重的作用,不但能加深学生对知识的理解和纵横联系,而且能提升学生综合运用知识的能力,那么如何上好复习课呢?

【答疑】需要教师将所教过的知识做一番综合整理、系统归类、纵横沟通,再加上艺术化的加工增加其趣味性。例如,教师在教学过程中可以准备一堂以"化学美术"为主题的化学复习课,通过互动教学,引导学生利用已有的化学知识绘制一幅"彩虹"。通过"彩虹"教学实现化学与美术、化学与生活、化学与艺术的有机结合,回顾相关的知识点,强化记忆。引导学生重温化学反应过

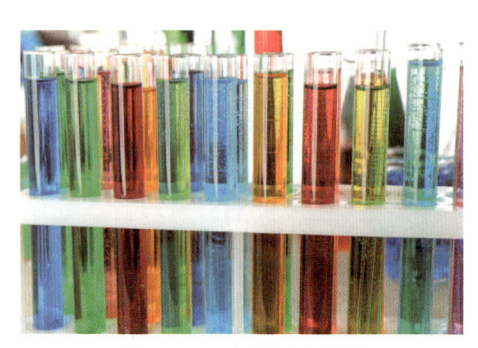

图2-2-7 不同颜色试剂

程的美妙,认识化合物色彩变化的反应本质。从颜色表现方面记住化学知识,并深入了解颜色与化学本质之间的关系。

在教学活动中,学生是主体,教师只引导学生对知识点进行探索,结合"彩虹"的绘制为教学增加趣味性和实用性。以彩虹的色彩联系化学知识点与颜色相关的认知,通过学生自己回顾,小组讨论实践,教师再加以整合,实现了教学互动、互助、合作、交流、求真、探索的科学化教学主题。实验中,让学生自己体会对化学的认知,反馈到已学知识中,出现矛盾的时候大家一起集思广益,教师再加以诠释,实现了教学手段的下放,让学生自己验证知识点的正确性。学以做为师,师以学为技,教学结合艺术,将认知交给学生学习才会更有效率。此外,教师还可以制作一个"彩虹"转盘,学生转到那个颜色就回答该颜色对应的物质有哪些,以及这些物质相关的物理性质、化学性质、合成方法等,从而让学生能够灵活地掌握化学反应中的颜色变化,构建化学知识网络框架,以点概面,帮助学生从整体上理解化学知识点,形成自己的学科知识体系。

【问题讨论二】在案例中,提问的方式在新知识的教学中会起到一定的启发作用,那

么启发式教学的关键是什么呢？

【答疑】启发式教学策略是在充分尊重学生内在学习需求的基础上，教师通过点拨思路和方法，启动学生的求知欲和兴趣，引导学生进行自主建构、主动积极思维的过程。启发式教学的关键在于满足学生的好奇、困惑以及探究的认知需要，使学生产生认知冲突，知识的结论不是由教师直接告知，而是在教师的引导下，学生自主观察、自主推理、自主建构。

五彩缤纷的秘密——酸碱指示剂

本小节适用于酸和碱的教学。

传道

知识要点

1. pH

pH 是表示物质的酸碱性强弱的数值。在 25 ℃下，中性溶液 pH=7，酸性溶液 pH<7，碱性溶液 pH>7。

2. 酸碱指示剂

酸碱指示剂是一类结构复杂的有机弱酸或有机弱碱，用于检验溶液的酸碱性。它们在溶液中能部分电离成指示剂的离子和氢离子（或氢氧根离子），且它们的分子和离子具有不同的颜色，因而在 pH 不同的溶液中呈现不同的颜色。

3. 花青素

花青素是一种广泛存在于植物中的水溶性的天然色素，它的结构如图 2-2-8 所示。花青素在不同的 pH 环境中会呈现不同的颜色，利用这种特性，其可以作为酸碱指示剂。花青素（用 HL 表示）在水溶液中能发生如下电离：

$$HL(红色) \rightleftharpoons H^+ + L^-(蓝色)$$

在酸性溶液中，上述电离平衡左移，红色的 HL 分子是主要存在形式，溶液显红色；在碱性溶液中，平衡右移，则蓝色的 L^-（较复杂原子团）增多，溶液

R_1 和 R_2 是 H、OH 或 OCH_3
R_3 是 H 或糖基　R_4 是 OH 或糖基

图 2-2-8　花青素的结构

89

显蓝色；在中性溶液中，红色的分子和蓝色的酸根离子共存，溶液显紫色。

授 业

情境

小化的妈妈准备做一道凉拌紫甘蓝菜，妈妈提前在洗紫甘蓝的水里加入3勺小苏打（碳酸氢钠）。不一会儿，她发现水竟然变绿了，之后她又将紫甘蓝切成丝装盘，并在紫甘蓝表面倒了一点醋，奇怪的事又发生了：紫色的紫甘蓝又变成粉红色。妈妈将这些奇怪的现象告诉了小化，小化百思不得其解，于是她便找到了化学张老师。

张老师：其实这是紫甘蓝的花瓣细胞中的花青素在作怪。花青素是一种水溶性的天然色素，它的颜色可随着细胞液的酸碱度的变化而改变，当细胞液为酸性时呈红色，碱性时则变成蓝色或紫色。具体的颜色变化又随植物体内花青素含量的不同而有所变化。紫甘蓝中花青素的含量较为丰富，可作酸碱指示剂，它的浸取液在酸性溶液中通常会显示粉红色或紫红色，而在碱性溶液中通常显示绿色或黄色。

你说的这种情况，是因为小苏打的主要成分为碳酸氢钠，而饱和碳酸氢钠溶液的pH大概是8.3，所以洗紫甘蓝的水就变绿了。而白醋的pH大约为2.4，所以淋上白醋后紫甘蓝就变成粉红色了。

化学源于生活，在上述教学情境中，教师用"生活"教化学，让学生在实际生活中发现化学、体验化学、感受化学，使学习活动充满乐趣。在"酸碱指示剂"的教学中，创设生活化的情境，让学生从已有生活经验出发，开展实验探究活动，增强学生在课堂上的沉浸感、参与感。设计趣味小实验，提高学生的学习兴趣和实践能力。

课堂快闪

小化高高兴兴地回到了家，将张老师今天给他讲的知识解释给了妈妈听。但爱动脑筋的小化远远不满足于此，他对植物指示剂的知识产生了极大的兴趣，既然紫甘蓝能作酸碱指示剂，那么它在酸碱性不同的溶液中的颜色变化又会怎样呢？于是他便开始上网搜索资料，以下便是他找到的结果（表2-2-1）。

表2-2-1 不同pH下紫甘蓝的显色情况

1	2	3	4~6	7	8	9~11	12	13~14
深红	玫瑰红	粉红	浅粉色	蓝色	蓝色	紫色	绿色	黄色

第二章 美术中的化学

看到这个结果,小化简直难以相信:竟然有这么多的颜色变化!那么该怎样检测这些数据的准确性呢?突然他灵机一动:生活中的很多物质也有不同的酸碱度,试一试就知道了。小化在家中搜寻了一通,找到了白醋、茶水、发酵粉、肥皂、洗洁精,它们的酸碱度究竟是怎样的?于是他又开始上网搜索这些物质的pH,得到了如下结果(表2-2-2)。

表 2-2-2 各种物质的 pH

物质	白醋	茶水	自来水	发酵粉溶液	肥皂水	洗洁精
pH	2.4左右	5.5~6.5左右	6.5~8.5	8.3	7~9	8~10

小化在搜索了生活中一些物质的酸碱度后又想:既然它们的pH不同,那么它们在紫甘蓝的浸取液中必然会呈现不同的颜色。这样想着,他不禁望向了窗外:现在正值五月,花园里的好多花儿都已经谢了,我可不可以用今天学到的知识制作一些五彩缤纷的花朵呢?正好母亲节要到了,到时候送给妈妈,她一定会很开心的!于是,小化开始在暗地里准备他给妈妈的惊喜。

教师在讲授酸碱指示剂时,设置小化的妈妈洗紫甘蓝的过程中发现变色现象的情境,把学生代入小化的角色,一步一步地针对遇到的不同问题进行思考并探究解决问题的方法。这种让学生身临其境的场景不仅能够引起学生的学习兴趣,而且能够锻炼学生的实验探究、分析问题、解决问题的能力。通过设置具体的、生动的生活情境,使学生在教学开始就沉浸于情境中,促使学生在生动的教学氛围中参与课堂讨论,融入课堂教学中,以达到激发学生探究思维、提高学生学习兴趣、使化学课堂更加生活化等目的。

课堂快闪

在"酸和碱"这部分知识的教学中张老师设计了趣味小实验。

趣味实验:五彩缤纷的花朵

材料:紫甘蓝、水、白醋、茶水、小苏打溶液、肥皂水、洗洁精、白纸、剪刀、喷壶、研钵。

步骤:

(1)将紫甘蓝切碎,放入研钵内。

(2)在研钵内加入适量水,将紫甘蓝研碎,萃取2 h。

(3)过滤掉紫甘蓝菜渣,取滤液。

(4)将白纸分别浸入紫甘蓝浸取液中,半小时后取出并晾干(半天)。

图 2-2-9 五彩缤纷的花朵

91

(5)待白纸完全干了后,将白纸折成一朵朵小花。
(6)用喷壶往花上分别洒水、白醋、茶水、小苏打溶液、肥皂水、洗洁精,观察颜色变化。
(7)将变色后的花晾干后装成束,适当加以点缀,五彩缤纷的花朵就做好啦。

小提示:
(1)紫甘蓝应当尽量切碎,否则不容易得到颜色较深的浸取液。
(2)紫甘蓝加水浸取的时间应当足够长,若想缩短浸取时间,还可适当加热(但温度不宜过高),最终大概浸取 20 min。
(3)向花上喷溶液时,不必喷太多,这样会得到更有层次感的花,看起来更漂亮。

"酸和碱"这部分的内容比较少,纯理论的知识学生学起来也比较枯燥。对中学生来说,他们对一切事物都充满了好奇心,又有比较强的动手能力,所以可以设计类似于"五彩缤纷的花朵"的趣味小实验来激发学生的学习兴趣。让学生帮助小化,为妈妈制作一朵五彩斑斓的花,引导学生思考如何将酸碱指示剂的知识与花朵颜色的制作结合起来。在情境内,学生学习积极性较高,小实验相对来说比较简单,实验材料也比较容易得到,并且实验成品美观,在制作过程中,学生们自然而然地学到了知识。针对这部分知识,还可以激发学生们做出更多五颜六色的艺术品。在玩中学,寓教于乐,帮助学生更快地掌握知识,对学习产生积极性。

解 惑

【问题讨论一】情境代入故事的方式能够让学生身临其境,增强他们的课堂沉浸感,提高课堂效率,那么还能如何丰富酸碱指示剂的教学,让学生感受实验探究的过程,体会化学学习的魅力呢?

【答疑】可以给学生呈现一些科学家的史实故事,提高学生学习兴趣。例如,在酸碱指示剂教学时,给学生讲述波义耳的故事。早在300多年前,英国年轻的科学家波义耳就对植物的颜色变化产生了兴趣,并由此发现了酸碱指示剂。一天清晨,喜爱鲜花的波义耳拿上一束紫罗兰去实验室做实验。在取用盐酸试剂时,他不小心将盐酸溅到了鲜花上,他赶紧用水把花冲了一下,却发现

图 2-2-10 紫罗兰

紫罗兰变红了!波义耳简直惊呆了:难道是盐酸使紫罗兰颜色变红的?为了验证这一猜想,他立即搬来了更多的紫罗兰,并把花瓣分别放入几种稀酸溶液中,结果紫罗兰全都变

为了红色。由此,他猜想:不仅是盐酸,其他酸也能使紫罗兰变为红色。偶然的发现激发了他的探索欲望,他又采集了药草、牵牛花等,有的遇酸变色,有的遇碱变色。有趣的是,他从石蕊苔藓中提取的紫色浸取液,遇酸变红,遇碱变蓝,这就是最早的石蕊试液。波义耳将其称为指示剂。随后人们又发现了酚酞试液,进而有pH试纸、pH计等,溶液酸碱度的测量也变得更为准确了。

【问题讨论二】在情境中小化运用到了紫甘蓝作为指示剂,生活中还有没有其他植物能作酸碱指示剂呢?

【答疑】能作酸碱指示剂的植物还有很多,如紫薯、黑米、紫葡萄、桃子皮、牵牛花、三角梅等。这些植物中都含有不同的植物色素,而这些植物色素在不同的酸碱环境下会显示不同的颜色,因此可以用这些植物的浸取液作酸碱指示剂。表2-2-3列出了一些常见植物作为酸碱指示剂时测得的变色较为明显的pH范围。

图2-2-11 紫甘蓝

表2-2-3 各种植物变色较明显的pH范围

材料	变色较明显的pH范围			
紫薯	2～3	7～8	—	—
洋葱	6～7	—	—	—
紫葡萄	3～4	7～8	10～12	—
桃子皮	3～4	7～8	12～13	—
李子皮	3～4	11～12	—	—
茄子皮	3～4	9～10	—	—
紫甘蓝	6～7	8～9	11～12	12～13
马铃薯	9～10	12～13	—	—
红萝卜	7～8	9～10	12～13	—
苋菜	6～7	—	—	—

由表2-2-3可知,紫甘蓝在酸性、中性和碱性环境下都有较为明显的颜色变化,特别是pH为7～8时存在明显的颜色变化,具备作酸碱指示剂的基本条件,并且从紫甘蓝中提取出来的色素是无毒、无害、易降解、对环境友好的天然色

图2-2-12 利用紫甘蓝调制鸡尾酒

(事先在酒杯的杯壁涂好不同量的白醋和食用碱,再加入制备的紫甘蓝浸取液)

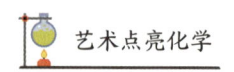

素，所以可以用作酸碱指示剂。图2-2-12是在实验室中用紫甘蓝浸取液作酸碱指示剂时的显色情况。

自制的酸碱指示剂还可以用来测定生活中不同物质的pH，如矿泉水、酸雨、洗发水、牛奶、各种饮料等。植物不仅可以用作指示剂，还可以制成颜色各异的小饰品。我们不仅可以选用一种指示剂和不同酸碱性的物质反应，还可以选用不同的指示剂和不同酸碱性的物质反应，这样得到的颜色会更加丰富，可以打造出一座五彩缤纷的花园！

第三节　元素的变化艺术
合金的馈赠

本小节适用于合金的教学。

传道

知识要点

1. 认识常见合金

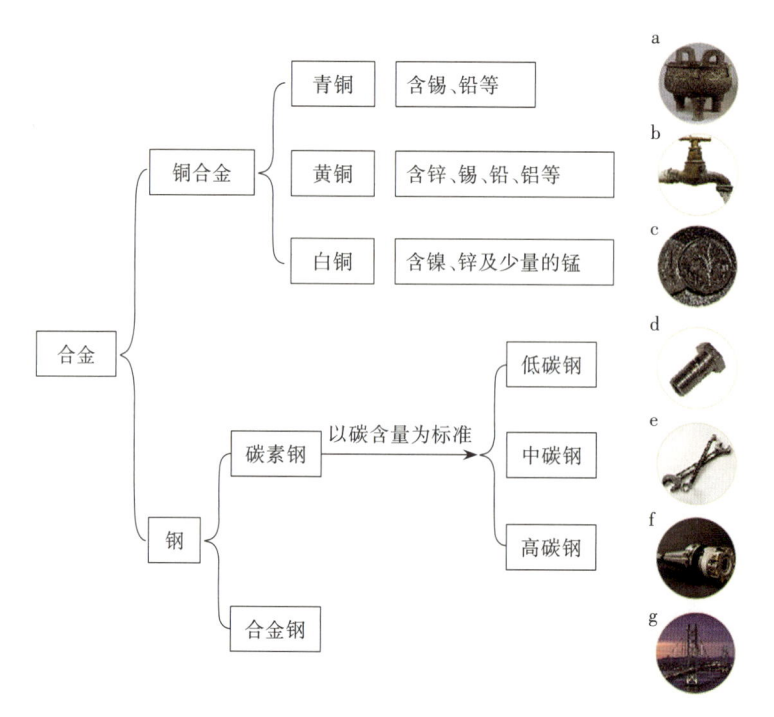

图2-3-1　合金分类及其应用

a.青铜器；b.黄铜水龙头；c.白铜硬币；d.螺栓；e.钳子；f.钻头；g.桥

2. 合金的性质

(1)硬度：可以大于纯金属成分(如制作飞机发动机部件的钛合金)。

(2)熔点：可以低于成分金属(广泛地用作焊料、电器、消防、火灾报警等装置中的保险丝、熔断器等热敏组件等)。

3. 常见金属化合物及离子颜色

(1)铜

①化合物：CuO 黑色；无水 $CuSO_4$ 白色；$CuSO_4·5H_2O$ 蓝色。

②离子：Cu^{2+} 蓝色。

(2)铁

①化合物：FeO 黑色；Fe_2O_3 红棕色；Fe_3O_4 黑色；$Fe(OH)_3$ 红褐色；$Fe(OH)_2$ 白色。

②离子：Fe^{2+} 浅绿色；Fe^{3+} 淡黄色。

4. 金属材料的选择

选择材料时常需要考虑材料的主要用途、物理性质(密度、硬度、熔点、导电性等)、化学性质(腐蚀性等)、价格、加工难度、日常维护、对环境的影响等。

授 业

情境

张老师：青铜器历史悠久，一直以来都是考古学家们研究的热点，其中在三星堆遗址挖掘出的古蜀秘宝中，有高2.62米的青铜大立人，有宽约1.38米的青铜面具，更有高达3.96米的青铜神树等，均堪称独一无二的旷世神品。考古学家们在青铜器的起源、成分、冶炼和铸造、修复与保护等多方面都取得了丰硕的研究成果。

图2-3-2 青铜面具

我国是世界文明古国之一，我国的青铜器堪称文化的瑰宝。作为化学教育工作者，我们应该努力挖掘传统文化资源并从化学的角度去解读青铜器，不仅可以极大地提高学生的学习兴趣、拓展学生的知识面，还能够以青铜器为情境载体使学生更好地掌握相关的知识，了解古代化学工艺过程与方法，增强中华民族的文化自信。这样既能优化化学教学，又能创新优秀传统文化的教育传承方式。

艺术点亮化学

> **课堂快闪**
>
> 为了丰富学生的学习方式，增强学生的学习体验，从教室走向博物馆，从被动接受知识到主动探究，实现学生与文物的直接对话。张老师组织了一场研学活动，带领学生来到三星堆，沉浸式体验古老的三星堆文化。馆内再现了"长江文明之源"，内容丰富又具有观赏性，其中设有青铜专馆，富有知识性、故事性、趣味性。在参观结束后，张老师组织大家进行分享交流会。最后，张老师留下几个问题作为课后学生活动任务：青铜器的锻造过程是怎样的？青铜器的锈蚀问题和化学保护方法有哪些？青铜器的艺术价值体现在哪些方面？

长时间以来，化学教学都受到了时间和空间的限制，脱离了与真实社会和生活的联系。一方面对学生造成误解，以为学习就是冰冷的知识记忆，另一方面，教师过于注重知识的单向传授，忽视学生知识形成的心理过程。单调枯燥的方式不利于学生学习化学。如上述案例中，张老师带领学生来到三星堆，在资源丰富的博物馆内，不仅可以激发学生的求知欲，而且在博物馆工作人员的介绍下，学生以多感官结合的形式，加深了对知识的理解和记忆。在第二节课上，张老师就青铜器的锻造过程采用讲故事的形式，启发学生学习金属的铸造。

> **课堂快闪**
>
> 在学习金属的冶炼、工业流程等相关内容时，张老师引入冶炼和铸造青铜器的素材：古代冶炼金属主要利用木炭还原，碳与氧气反应提供能量，生成的一氧化碳为后续还原铜做准备。青铜时代对冶炼进程的把握凭借观察火焰的颜色，因为铜矿在蒸发、分解、化合等过程中会出现不一样的颜色。正如《周礼·考工记》中记载"凡铸金之状，金与锡黑浊之气竭，黄白次之；黄白之气竭，青白次之；青白之气竭，青气次之，然后可铸也"。黑色火焰源于铜矿中有机物的燃烧，黄白色源于氧化物、硫化物等杂质，青白色是由于部分铜熔化造成的，而青色主要源自高温时比二价铜离子更稳定的一价铜离子。智慧的古人根据经验得出，只有当青色的火焰出现，也就是"炉火纯青"时才可铸器。由铜和锡铅制青铜属于物理、化学过程，不同的成分配比炼得不同性质的青铜，然后用于铸造不同类型和不同风格的青铜器。

上述案例中，张老师利用化学史，激发学生的学习兴趣，引领学生用化学的视角去阐释古人留下的宝贵财富，进一步深刻掌握相关化学知识和技能，并在此过程中感悟中华文化的博大精深和先人的聪明才智，增强文化自信与学科自信，水到渠成地落实了课程思政。

除了金属的铸造可以利用化学史，在讲解加入不同的金属元素会使合金性能发生变化以及变化原因时，也以青铜器种类的发展为主线，讲解不同朝代青铜器成分的规律——夏代晚期青铜器合金主要是锡青铜、铅锡青铜和铅青铜;商代和西周时期为锡青铜和铅锡铜两类,春秋战国时期青铜器则还有铁和锌等元素。青铜器所含不同的金属元素也对其鉴别有着重要的作用,考古学上经常使用铅同位素标记对青铜器的产地、年代进行研究。如地球化学家在研究甘肃黑河流域商代早期的青铜冶炼遗址时,发现使用的伟晶岩矿石中含有锂云母、锂辉石、铯榴石、锆石、细晶石、绿柱石(含铍)和铌钽铁矿,因而推断商代的青铜器已经开始使用锂、铍、铯、锆、铌、钽等稀有金属来改良器具的外观和性能。同位素标记法是现今最为常见的一种探寻物质变化的重要手段,广泛应用于青铜器的鉴别,由于不同地域铅同位素含量有差异,因而可以判断青铜器的铸造地。

资料库

含有不同金属元素的青铜器原料性能特点

加入元素	青铜器原料性能特点
锡	降低熔点、提高硬度、增加金属光泽
铅	降低熔点、提高硬度、增加金属光泽;铜液浇铸时流动性好,浇铸成功率高
铷氧化物	铷氧化后产生有颜色的氧化物,会使青铜器色泽鲜艳,称为铷兰青铜器
铍	铍青铜是铜合金中性能最优良的弹性合金,具有良好的导热导电、耐热耐磨耐腐蚀、无磁性、弹性滞后小、冲击时不产生火花等优点

——吴晗清,李思凡."青铜器"教学资源的开发与利用[J].化学教学,2022(03):84-89.

最后,在学习金属腐蚀与防护、电化学相关知识时,可以引入青铜器腐蚀的素材,青铜器的腐蚀本质上是金属腐蚀,因为受环境影响而发生化学反应导致金属的变质和损坏。电化学的内容是高中化学的难点,学生容易出现畏难情绪,如果教师能够利用文物青铜器这一新颖而有价值的素材,同时让学生亲自动手体验除锈过程,在做中学,引领学生进行探究,不仅能够激发学生的兴趣,还能将复杂而抽象的理论直观化。

解 惑

【问题讨论一】青铜器所含不同的金属元素对青铜器鉴别有着重要的作用,考古学上经常使用铅同位素标记的方法对青铜器的产地、年代进行研究。其中铅同位素标记法的原理是什么呢?

【答疑】铅有四种稳定同位素,分别为 ^{204}Pb、^{206}Pb、^{207}Pb 和 ^{208}Pb,其中 ^{204}Pb 总量是不随时间变化的,^{206}Pb、^{207}Pb 和 ^{208}Pb 分别是 ^{238}U、^{235}U 和 ^{232}Th 三种放射性同位素的衰变产物,称为放射成因铅。由于各地金属矿山在成矿过程中所处的地质环境中铀和钍含量不同,以及成矿的地质年代不同,其中放射成因铅的含量比率会有所不同。

【问题讨论二】青铜作为一种合金材料,与其他合金一样具有良好的性能。与纯铜相比,青铜硬度高,熔点低,具有金属光泽和抗腐蚀性。为什么合金的硬度比纯金属更大呢?

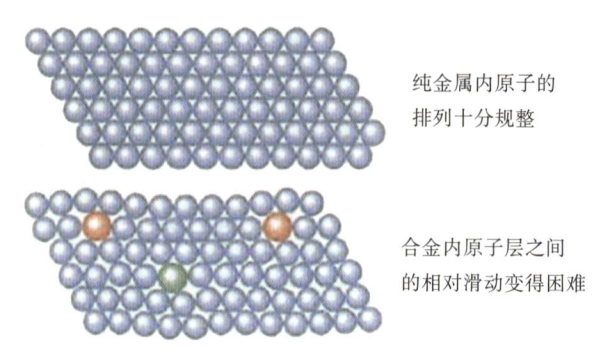

纯金属内原子的排列十分规整

合金内原子层之间的相对滑动变得困难

图2-3-3 纯金属与合金的结构比较

【答疑】硬度表征的是材料抵抗塑性形变的能力,对于金属或者合金来说就是晶体内部位错滑移的困难程度,即位错越难滑移,则硬度越高。合金中存在不同的相,即不同的晶体结构以及空间排布。当一种晶体中的位错滑移到其表面后,越过其表面滑移到另一种晶体结构的难度要高于越过同种晶体结构的界面(即晶界)难度,即不同晶体结构的存在一定程度上阻止了位错的滑移,也就阻止了塑性形变,合金硬度就比纯金属高。

投我以"陶",报之以"理"

本小节适用于铁及其化合物的反应、有色物质及微粒硅酸盐的教学。

传道

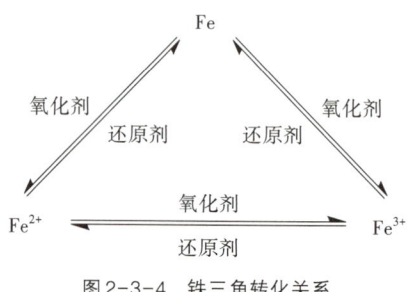

知识要点

1. "铁三角"及其转化

中学化学中,Fe元素常见的有三种价态:0、+2、+3。三种价态之间可以通过氧化还原反应进行转化(图2-3-4)。

在"铁三角"的转化中,0价与+3价的一步到位转化需要强氧化剂或强还原剂。常见强氧化剂有HNO_3、浓H_2SO_4、Cl_2、$KMnO_4$等,常见强还原剂有CO、C、Al等。在转化中需要遵循氧化还原反应"以强制弱"的规律。例如:

图2-3-4 铁三角转化关系

①$2Fe+3Cl_2 \xrightarrow{点燃} 2FeCl_3$(0→+3)   ②$Fe+S \xrightarrow{加热} 2FeS$(0→+2)

③ $2FeCl_2+Cl_2 === 2FeCl_3 (+2→+3)$　　④ $Fe_2O_3+3CO \xrightarrow{高温} 2Fe+3CO_2 (+3→0)$

⑤ $FeO+H_2 \xrightarrow{高温} Fe+H_2O (+2→0)$　　⑥ $2FeCl_3+Fe === 3FeCl_2 (+3→+2)$

2. 常见有色物质及离子

物质：FeO（黑色）、Fe_2O_3（红棕色）、Fe_3O_4（黑色）、$Fe(OH)_3$（红褐色）、$Fe(OH)_2$（白色）、S（淡黄色）、Na_2O_2（淡黄色）。

离子：Fe^{2+}（浅绿色）、Fe^{3+}（黄色）、MnO_4^-（紫红色）、Cu^{2+}（蓝色）。

3. 硅酸盐改写成氧化物形式的方法

(1) 书写顺序：碱性氧化物·两性氧化物·酸性氧化物·水（低价前高价后，活泼前不活泼后）。

(2) 书写原则：原子数目比不变、元素化合价不变、系数配置出现分数时化为整数。

例如：

① 钾长石——$2KAlSi_3O_8$——$K_2O·Al_2O_3·6SiO_2$

② 沸石——$Ca(Al_2Si_2O_{10})·3H_2O$——$CaO·Al_2O_3·3SiO_2·3H_2O$

授业

情境

小化在学习完无机非金属材料硅及其化合物后，了解到陶瓷、玻璃、水泥等硅酸盐产品是使用量最大的无机非金属材料，而中国的陶瓷艺术更是在世界陶瓷文化上也占有一席之地。这与潜心钻研、默默奉献的陶艺工人是分不开的。于是小化和小艺决定拜师学艺，体验陶瓷的制作过程。

小化： 制作陶瓷的原材料是什么呢？我们该如何选择？

小艺： 有的陶瓷是彩色的，好漂亮呀！在制作陶瓷的过程中是怎么上色的呢？

张老师： 看来大家都迫不及待想要学习陶瓷的制作过程了，那就跟着陶艺工人一起学习中国古代这一伟大成就吧！

中华祖先在掌握了初始的用火技术之后，历经漫长的岁月，在有关化学为核心的诸多领域如医药、纸张、冶金、陶瓷等方面取得了辉煌成就，为中华民族乃至整个人类社会的发展做出了杰出贡献。这些伟大的成就为当今深化化学教育改革、践行STSE理念、提高学生文化自信和培养学生解决实际问题能力提供了宝贵资源。实践表明,通过对传统产品的制作流程进行深入剖析,并探索其潜在的改进策略,比如制备陶器,不仅能使学生对陶器的制法以及制作原理有较深的印象,还能有效地提升学生的学习兴趣和实践能力。

课堂快闪

在介绍加热的火焰类型时,张老师这样介绍:火焰分为两种:氧化焰和还原焰。氧化焰中有氧化性气氛(氧气过量),还原焰中会有还原性气氛。泥土中可能会含铁,氧化焰使其生成+3价铁,还原焰使其生成+2价铁。然后检测学生对氧化物颜色的掌握情况——让学生判断在两种火焰下得到陶的种类:红陶还是灰陶?在氧化气氛中,铁的氧化物以Fe_2O_3的形态存在;在还原气氛中,铁的氧化物以FeO的形态存在。在介绍彩色的釉以及主要原料是有二氧化硅和许多碱性氧化物时,顺势帮助学生复习氧化物的颜色。张老师提问:有些釉料中还会有氧化铝、氧化钠、氧化锌、二氧化钛等。在这些混合物中,有的充当熔剂,有的充当色剂。釉的五彩斑斓就是这些物质的杰作,唐三彩堂皇富丽的原因之一也在于此。你们学过这些物质的相关知识,还记得相关氧化物的颜色吗?

图2-3-5 唐三彩

近几年,在中高考中增加了以传统文化为情境的试题,说明教育部门以高考为"指挥棒"引导教师在教学过程中要加强对中国传统文化的普及。本案例挖掘陶瓷制备工艺中的化学问题,将知识载于具体的实际问题当中,不仅使化学知识更直观易懂,还能拓宽学生的视野,提高个人综合素质。在介绍完蕴含祖先丰富化学智慧的古代陶瓷,我们将视角拉回到现代有关玻璃的教学中。

课堂快闪

结束陶瓷的教学,进入玻璃的教学之时,张老师展示北京冬奥会国家速滑馆——冰丝带的视频。突出介绍馆内玻璃幕墙的精妙设计、钢筋混凝土框架+钢结构的形式,随后提问:玻璃的主要成分是什么?有什么用途?混凝土主要包括什么?有什么用途?接下来学生结合材料进行小组合作,在张老师的引导下归纳出硅酸盐材料的性质和用途。

图2-3-6 北京冬奥会速滑馆

本案例以国家速滑馆为切入点,将化学知识蕴藏其中进行教学。引发学生思考玻璃幕墙的结构及其主要成分和用途,逐步渗透结构决定性质、性质决定用途的化学学科思想。一方面,让学生感受到国家技术实力的强大,民族自豪感油然而生;另一方面,可以加深学生对本部分知识的理解与记忆。

解 惑

【问题讨论一】在制作陶瓷的过程中为什么在加水之后又进行干燥,在之前不能少加点水吗?

【答疑】水的比例对于陶的可塑性有着至关重要的意义。可塑性是在有水的时候才能体现的,所以我们要在坯体具有良好可塑性的时候对它进行造型。但是这些泥土颗粒之间会藏着水分,我们需要把它们"赶走"才能使黏土颗粒连接得更紧密,像"收缩"了一样,这样造型才更稳定。因此,我们要先加水对其塑形,再干燥对其收缩,这个过程也叫干燥收缩。

【问题讨论二】需要多高的温度来烧制陶器呢?在加热的时候用什么火焰控制温度呢?

【答疑】陶器在烧制期间可以分为升温期、保温期、降温期。升温期又分为三个阶段:蒸发期、氧化期、转型期。蒸发期大约升温至100 ℃,主要是除去水分;氧化期升温至950 ℃,是为了除去结晶水、硫化物、碳化物等;转型期升温至1100 ℃左右,主要是使原料中的石英的晶型转化。升温期过了之后要先保温,保证一些物理化学反应持续进行;保温后才能降温,降温要自然冷却。

图2-3-7 在还原焰下烧制的陶器

加热的火焰分为两种:氧化焰和还原焰。氧化焰中有氧化性气氛,会使坯体呈现暗黄色,还原焰中会有还原性气氛。泥土中含铁,氧化焰使其生成+3价铁,还原焰使其生成+2价铁。因此,如果是制瓷就要求泥料中的铁要尽量少,还要使用还原焰,而制陶则不必太苛求。

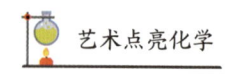

神奇的"巫术"——燃烧、氧化还原与络合反应

本小节适用于铁及其化合物的反应、磷化氢、胆矾、二硫化碳和白磷的教学。

传道

> 知识要点

1. 铁三角（氧化还原反应）

铁的氧化还原反应如图2-3-8所示。

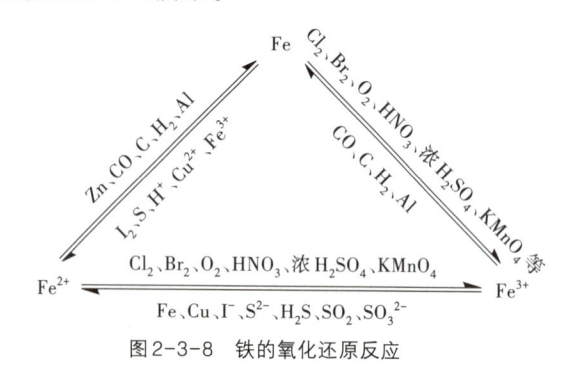

图2-3-8 铁的氧化还原反应

2. 铁的氧化物

氧化亚铁：外观呈黑色粉末，化学式为FeO，矿物形式为方铁矿。

氧化铁：外观呈红棕色粉末，化学式为Fe_2O_3，别名为烧褐铁矿、烧赭土、铁丹、铁红、红粉、威尼斯红（主要成分为氧化铁）等。

四氧化三铁：外观呈黑色晶体，化学式为Fe_3O_4，别名为氧化铁黑、磁铁、吸铁石、黑铁。由于其具有磁性，故又称为磁性氧化铁。

3. 茶多酚

茶多酚是茶叶中多酚类物质的总称，主要为黄烷醇（儿茶素）类，占60%~80%。茶多酚又称茶鞣或茶单宁，是形成茶叶色香味的主要成分之一，也是茶叶中有保健功能的重要成分之一。茶多酚与Fe^{3+}结合会形成黑色络合物。

4. 磷化氢

磷化氢是一种无色、剧毒、易燃的储存于钢瓶内的液化压缩气体，该气体比空气重并且有类似臭鱼的味道。它的化学性质很活泼，能与氧气、卤素发生剧烈反应，燃烧时产生蓝绿色火光。吸入磷化氢会对心脏、呼吸系统、肾、肠胃、神经系统和肝脏造成影响。

5. 胆矾

胆矾是天然的含水的硫酸铜,是五水合硫酸铜($CuSO_4 \cdot 5H_2O$)的俗称,其分布很广,水溶液呈蓝色。人体摄入过量Cu^{2+}会出现重金属中毒。

6. 二硫化碳

二硫化碳为无色液体,易挥发,具有令人不愉快的烂萝卜味。它可溶解硫单质。二硫化碳用于制造人造丝、杀虫剂、促进剂等,也用作溶剂。

7. 白磷

白磷为白色或浅黄色半透明性固体。质软,冷时性脆,见光后颜色变深。暴露空气中易自燃,在暗处产生绿色磷光和白色烟雾。

授业

情境

在一个偏远僻静、人烟稀少的小山村里居住着一对母子。父亲早逝,母亲务农,懂事的儿子小化每天到山上砍柴帮母亲分担家庭的重担。这天,在山上忙碌了一整天的小化背着柴火回家后饥肠辘辘,疲惫不堪。一回到家便迫不及待地吃下了母亲准备的可口饭菜,可是饭后突然感到腹痛腹胀、头晕恶心。母亲看到小化的异常反应后并没有去寻医问药,而是想起了村民口中神通广大、包治百病的巫师……

巫师从自己带来的包里取出一根蜡烛和一个造型特殊的高脚玻璃杯。将蜡烛摆在桌上,后退几步,开始作势施法。只见他闭着眼睛,看似专注地默念着几句咒语,围绕着蜡烛转圈,一只手始终指着蜡烛,另一只手则伸出食指和中指,竖在胸前,神色之中似乎带着一丝痛苦。突然,蜡烛"噗"的一声开始燃烧,随后,巫师的身后竟出现一团蓝绿色的火光,并且跟随着他移动!妇人吓得退后几步,此时巫师却停了下来,火光随之熄灭。他满意地点了点头。

> 刚才你所看到的就是"神火",在我的召集下,神灵们已经到了,麻烦你取来一些茶水,装在我这个特制的玻璃杯中,它能吸收邪气,如果茶水越黑,说明你儿子的邪气越重。

妇人赶紧取来一壶茶水,小心翼翼地倒入玻璃杯中。巫师端起茶杯,念了句咒语,随后轻轻摇晃了玻璃杯。果不其然,原本透明澄清、清香四溢的茶水瞬间变成了一杯黑茶!老妇人紧张地望着巫师。

艺术点亮化学

> 　　巫师再次端起玻璃杯。这一次他将杯子高高举过头顶，再次闭上眼睛开始念咒。两分钟后，他再次摇晃了玻璃杯，黑茶水逐渐变得澄清，竟然变回了原来的颜色。可事情还没有结束。他又念了几句咒语，继续摇晃玻璃杯，只见茶水又从透明澄清变成了天蓝色。
>
> 　　妇人惊呆了！看来这位巫师果然神通广大，能呼唤神灵。
>
> （假装疲惫地擦了擦头顶的汗珠）你儿子身上的不洁之物已经被神灵带走了。他们留下了这杯神茶，嘱咐我让你的儿子服下。这样病情就可以恢复了。
>
> 太感谢您了，您就是我们家的大恩人！
>
> 　　妇人感激涕零，连忙端起神茶，小心翼翼地让儿子喝下。而小化的病情非但没有减轻，反倒越来越严重了。从刚开始的腹痛腹胀竟演变成恶心呕吐，甚至开始胸痛、呼吸困难！老妇人突然意识到了事情的严重性，在邻居的帮助下，连夜将儿子送到了医院救治。经过医生的询问和血液检查，最终发现年轻人是由于食用了未炒熟的四季豆而中毒，并且经检查血液中铜离子浓度偏高！医生立即安排了各项诊治措施。老妇人惊魂未定，却不敢告诉邻居请来巫师施法的事。虽然医院已经给出了检查结果，但她仍旧不愿意相信巫师的神奇法力是骗人的，反而认为一定是儿子"神水"喝得不够，邪气没有清除干净，病情才没有好转。

　　科学的发展是曲折的，现在很多地方仍然存在着封建思想、封建迷信。有些用迷信活动聚敛钱财，坑人害人。作为一名化学教育工作者，教育学生崇尚科学，反对迷信是义不容辞的责任，应当充分利用教材中的科学知识，揭示一些"巫术"的本质。比如：利用白磷着火点低的知识，揭示和批判"鬼火""天火""灵火"等封建迷信的说法。教会学生用唯物主义思想武装自己的头脑，扫清封建迷信思想的残余。

　　教师可以让学生通过演情景剧来巩固所学知识，在扮演角色的过程中理解、展示、发挥运用从课堂讲解中获得的知识，让课堂所学内容潜移默化地被学生所内化。例如，召集学生表演巫师治病的故事，激发学生的学习兴趣，并启发学生思考"神奇的巫术"背后的原理。该策略帮助学生在轻松的氛围下学习科学知识，教会学生用科学的态度对待封建迷信。

资料库

角色扮演法的教学价值

(1)有助于培养学生综合解决问题的能力。
(2)有助于学生多元视角理解化学。
(3)有助于帮助学生理解人的社会性。

——王丽丽,王伟群,武春娟.角色扮演法在中学化学教学中的应用[J].化学教学,2012(3):4-7.

在讲解铁三角的转化关系时,利用巫师使透明、清香四溢的茶水瞬间变成一杯黑茶的,然后又变成天蓝色的这一故事情节启发学生思考神奇现象背后的原理,张老师先给学生提供信息:(1)玻璃杯口的内壁上被巫师涂有Fe^{2+};(2)Fe^{3+}与茶多酚会发生络合反应,产生蓝黑色络合物。对于学习完铁三角关系的学生来说,这无疑是一次运用知识解决问题的好机会,学生便会思考可能是倒入茶水后,巫师将玻璃杯摇晃,茶水将绿矾溶解在其中,Fe^{2+}被空气中的氧气氧化成Fe^{3+}。由于水中有丰富的茶多酚,Fe^{3+}与茶多酚发生络合反应,产生蓝黑色络合物。这时张老师再次提问:那茶水又是如何恢复颜色的呢?学生思考可能是Fe^{3+}变回了Fe^{2+},那便是巫师悄悄向茶水中加了还原性的物质。最后茶水变蓝,可能是加了含有铜离子的物质。在老师的引导下学生得出自己的猜想,这时老师便可揭开谜底了。

当倒入茶水后,巫师将玻璃杯摇晃,茶水将绿矾溶解在其中,Fe^{2+}被空气中的氧气氧化成Fe^{3+}。由于水中有丰富的茶多酚,Fe^{3+}与茶多酚发生络合反应,产生蓝黑色络合物。Fe^{3+}与茶多酚反应的灵敏度很高,只要每千克溶液中含有1 mg Fe^{3+},加入茶多酚试剂,用肉眼就能观察到溶液变黑的现象。巫师后来悄悄向变黑的茶水中加入了强还原剂抗坏血酸,将Fe^{3+}还原成Fe^{2+},络合物被破坏,黑色消失,继续加入胆矾($CuSO_4 \cdot 5H_2O$),就得到了蓝色的溶液。像这样运用"巫术"现象吸引学生的注意力,随后又赋予学生小侦探的角色来破解"神奇的巫术",不仅培养了学生思考问题的能力,还强调了要用科学的态度对待事物。

解 惑

【问题讨论一】直到现在,封建迷信的思想也未能完全被根除,而这背后隐藏着各种各样的问题——归根结底是社会对于科学知识的普及工作不到位。抓好现代孩子的科学思想教育,培养学生正确的科学素养是极为重要的。作为化学教育工作者,我们如何培养学生的科学素养呢?

【答疑】在教学中,教师应当注重从日常生活和生产中选取学生熟悉的素材,把生活中的化学知识与教材上的内容联系起来,拓宽学生的知识面,引导学生用科学的眼光看待事物,进一步提升学生的知识探究与实际应用能力,从而帮助学生树立正确的科学观。将生活引入化学教学,既适应了社会发展的需要,也适应了教学改革的需要。

例如在本节课的教学中,教师可以变身"化学小巫师",利用生活中的常见化学物质设计有趣的课堂演示实验,激发学生学习兴趣及对知识的探究欲望,引导学生透过现象看本质,锻炼学生将理论和实践相结合的能力,帮助学生树立崇尚科学、反对封建迷信的观念。

【问题讨论二】巫师是如何让蜡烛燃烧的?巫师身后的蓝绿色的火光是什么?

【答疑】(1)巫师事先将白磷溶解在二硫化碳里,涂覆在烛芯上。当二硫化碳挥发掉以后,蜡烛芯上剩下的白磷由于着火点低,便在空气中自燃放热,从而点燃了蜡烛。

(2)巫师在转圈时偷偷用钢瓶将少量的磷化氢气体释放到空气中,磷化氢与空气中的氧气接触即开始燃烧,发出微弱的蓝绿色火光,并且其气体质量很轻,能随着空气流动。这就是俗称的"鬼火"。

图2-3-9 "鬼火"

主要参考文献

[1]岳晓明.焰色反应小史及其局限性[J].化学教育(中英文),2003(3):48.

[2]梦隐.美术作品中的化学家与化学实验[J].科学文化评论,2011(2):128-130.

[3]柳长宇.浅谈化学的美及其在教学中的应用[J].数理化学习(初中版),2011(5):86-87.

[4]黄雷.我国高校本科课堂教学评估研究[D].武汉:中南民族大学,2009.

[5]丁淑媛,王雨欣,徐林,等.中学化学中"硅及其化合物"的疑点解析[J].化学教与学,2022(7):93-95.

[6]徐正英,常佩雨译注.周礼(下)[M].北京:中华书局,2018.

[7]吴晗清,李思凡."青铜器"教学资源的开发与利用[J].化学教学,2022(3):84-89.

[8]张文朴.中国古代化学的重大科技成就[J].化学教育(中英文),2012(9):135-136.

[9]宋洁,金东,张浩,等.基于课程思政理念的高中化学教学研究——以"无机非金属材料"为例[J].云南化工,2022,49(10):153-156.

[10]王际辉,叶淑红.食品安全学(第2版)[M].北京:中国轻工业出版社,2020.

第三章
音乐中的化学

虽然化学属于自然科学的一个分支,但是自然科学和音乐的关系并不能概括化学和音乐关系的全部,化学和音乐的关系具有一些自身的特点。本章具体将从两个方面加以论述:一是作为自然科学分支的化学与音乐的关系;二是作为一门教学学科的化学与音乐的关系。

(一)化学科学与音乐

化学科学与音乐之间的关系突出体现在化学材料的发展促进乐器性能的改进。从石器时代、金属时代到现在的电子信息时代,化学材料的每次更新、发展都促进了乐器种类、数量的增加和性能的改进。

1. 石器时代——石制乐器、骨制乐器到陶制乐器

考古发现,人类最先制造出的打击乐器——鼓,是以瓦、陶为框,蒙以兽皮的样式。在新石器时代则出现了吹奏乐器,1986~1987年在河南舞阳县出土了一批骨笛,研究表明这些骨笛多数为七孔,已经具备七声音阶结构。此外,陶埙作为吹奏乐器也出现在新石器时代。

图3-0-1 骨笛　　　　图3-0-2 陶埙

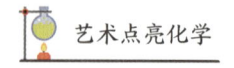

2. 金属乐器时代——从陶制乐器到金属乐器

当人类从石器时代步入金属时代时,乐器的种类也由于化学材料的更新而逐渐增加。商代出现了兽面纹的青铜编钟。到了西周,青铜文化得到空前发展,青铜材料广泛渗透到了乐器的制造中,如青铜编钟。

图3-0-3 青铜编钟

随后出现的铜合金作为乐器材料,发音效果和物理性能都非常理想。锣(图 3-0-4)、钹、笙、芦笙等的簧片都由铜合金制成。但需要注意的是,如果含锡量增高,乐器的音频就会过高,变得很脆,极易破裂;含锡量降低,其音频过低,也会损害音响效果。

当铜器被铁器取代后,铁及其合金的发展所带来的钢制琴弦的产生和发展,促进了大量弦乐器(如弓拉弦鸣乐器和弹拨弦鸣乐器)的进一步发展。例如,古琴和二胡过去大多用丝弦,这种琴弦具有伸缩性大、寿命短、发音不够清悦细腻等缺点,现已逐渐被钢丝弦取代。

图3-0-4 锣 　　　　　　图3-0-5 钢丝弦

3. 金属乐器到电子乐器

1946 年,第一台计算机"ENIAC"(电子数字积分计算机)诞生,标志着人类开始步入电子信息时代,并由此吹响了第三次科技革命的号角。音乐领域也受之影响,而电子乐器就是其中一个例子。电子乐器是包括电子琴、电吉他、电子鼓等利用电子信号和电子设备发音的乐器。

图3-0-6 电子琴 　　　　　　图3-0-7 电吉他

通过简要回顾人类化学材料的发展史和乐器发展史,我们可以清楚地看到化学和音乐的关系是相互影响、相辅相成的,化学促进了音乐发展,音乐也对化学材料开发做出了贡献。

(二)化学教学与音乐

音乐教育在教育教学中有巨大作用,除了开设专门的音乐课之外,探讨其他学科教学和音乐教学的结合也是一个很值得研究的问题。

许宝华和肖强在1997年提出"音乐益智法",开展关于音乐对学生记忆力与思维能力的影响研究。具体实验过程为,在人数各58人的两个班,一个班上课使用音乐,作为实验班;另一个班上课不用音乐,作为非实验班。两班上课程序相同,区别在于在实验班的课堂上不同的阶段配合不同风格的音乐,音量大小以每个学生都能听教师讲课为准,播放时间为一节课,其余的教学环节、课后作业等都和非实验班完全一样。实验结果是,上课听音乐这种方式,不仅没有干扰学生学习,反而对学习有促进作用。这种促进作用主要表现在以下几个方面。

(1)学生的记忆能力和智力因素都得到了提高。

(2)学生学习化学的兴趣等非智力因素得到了提高。

通过统计实验班学生对此种授课方式的接受情况(表3-0-1)可得出上述两个结论。

表3-0-1 实验班学生对用音乐上课方式的接受情况统计表

题目	是否喜欢			是否能帮助集中注意力			是否增强记忆力		
层次	喜欢	一般	反对	喜欢	一般	反对	喜欢	一般	反对
人数	56	2	0	41	17	0	33	24	1
比例/%	97	3	0	71	29	0	57	42	1

(3)学生的学习成绩得到了提高,学习负担减轻了,学习变得轻松、愉快。

我们可以从实行"音乐益智法"前的第一次月考和实行"音乐益智法"后的第二次月考成绩的统计表(表3-0-2)中得出这个结论。

表3-0-2 两次月考成绩统计表

		平均分	优秀率/%	及格率/%
第一次月考	实验班	68.6	20.7	69.0
	非实验班	67.5	20.7	70.7
第二次月考	实验班	72.7	27.7	79.3
	非实验班	67.7	22.4	69.6

我们提倡音乐教学，不应仅仅单纯而孤立地开展一门学科的音乐教学，更应该积极探索在其他学科渗透音乐教学的可行性。上述案例就是在化学教学中适当渗透音乐教学的一次尝试。

本章从化学科学与音乐的关系以及化学教学与音乐的关系两个方面来论述化学和音乐的关系。论述化学科学和音乐的关系时，选取了化学材料发展史和乐器发展史的紧密关系，得出化学材料的不断更新而促进乐器的多样化与精细度的发展。在论述化学教学和音乐的关系时，选取了音乐教学中能够培养学生的想象力和创造力的两首乐曲，并且以化学教学中渗透音乐教学的研究文献作为案例，说明开展音乐教学和其他学科的渗透、融合的可行性和合理性。

第一节　藏在音乐中的化学

音乐的催化剂——化学材料

本小节适用于蛋白质、纤维素、合金、有机材料和无机材料的教学。

音乐不仅提高人的思想境界、理解力，还对为人处世、性格、修养都会有巨大的影响。

——著名高分子化学家胡亚东

传道

知识要点

1. 蛋白质

蛋白质是由氨基酸以"脱水缩合"的方式组成的多肽链经过盘曲折叠形成的具有一定空间结构的物质。它是由α-氨基酸按一定顺序结合形成的一条多肽链，再由一条或一条以上的多肽链按照特定方式结合而成的高分子化合物。蛋白质中一定含有碳、氢、氧、氮元素，在酶或酸、碱的作用下都能发生水解，最终生成氨基酸。

2. 纤维素

纤维素是由葡萄糖组成的大分子多糖，不溶于水及一般有机溶剂，是植物细胞壁的主要成分。纤维素是自然界中分布最广、含量最多的一种多糖，占植物界碳含量的50%以上。棉花的纤维素含量接近100%，为天然的最纯纤维素来源。纤维素在浓硫酸的催化作用下发生水解。

$$(C_6H_{10}O_5)_n(纤维素) + nH_2O \xrightarrow{催化剂} nC_6H_{12}O_6(葡萄糖)$$

3. 天然纤维素（拓展知识）

常温下，浓的氢氧化钠溶液会使天然纤维素发生不可逆各向异性（材料的全部或部分物理、化学等性质随方向的不同而各自表现出一定的差异的特性）溶胀，纤维纵向收缩而直径增大，若施加一定的张力防止其收缩，并及时洗去碱液，可使纤维获得像丝一样的光泽，这就是丝光。

4. 用途广泛的金属材料——合金

合金是由两种以上的金属（或金属与非金属）熔合而成的具有金属特性的物质。合金的性能可以通过所添加的合金元素的种类、含量和生成合金的条件等加以调节。

授业

情境

张老师：如果说音乐就像一杯清茶芬芳扑鼻，那么乐器就是甘甜清冽的泉水，冲泡出悠悠茶香。乐器作为演绎音乐作品的器具，其重要意义不言而喻。乐器的制造，追溯源头已经有数千年的历史，制作乐器所用的材料更是多种多样。那么在制造乐器的过程中应当如何选择材料呢？这也是大有讲究的。今天我们就一起走进关于乐器的化学殿堂，感受材料的演变历程及其与音乐的融合！

张老师

世间万物都是由各种各样的化学物质所组成的，它们所发展出来的一切艺术，都给予人美的享受！在实际教学中，将化学与艺术相结合，不仅可以实现跨学科的融合，促进理性认识与感性认识的平衡，同时也能落实审美与美感结合的美育教学，让学生挖掘化学中的美学元素，感受化学之美！

课堂快闪

在讲解基本营养物质的知识时，张老师引入了中国古代乐器材料（图 3-1-1）及其变迁历史的介绍，让同学们了解纤维素和蛋白质的广泛应用，并介绍古代乐器材料的变迁——由天然材料逐渐演变为金属、陶土、ABS 等易于保存的无机材料，体现科技创新对人类社会发展的重要意义。

艺术点亮化学

```
                          ┌──────────┐
                          │ 中国古代  │
                          │ 乐器材料  │
                          └────┬─────┘
                    ┌──────────┴──────────┐
              ┌─────┴────┐           ┌─────┴────┐
              │ 有机材料 │           │ 无机材料 │
              └─────┬────┘           └─────┬────┘
          ┌─────────┼─────────┐   ┌────────┼────────┐
      ┌───┴──┐  ┌───┴──┐  ┌───┴──┐ ┌──┴──┐  ┌──┴──┐
      │动物皮毛│  │ 木质 │  │ 石头 │ │陶土 │  │ 金属 │
      └───┬──┘  └───┬──┘  └───┬──┘ └──┬──┘  └──┬──┘
      ┌───┴──┐  ┌───┴──┐  ┌───┴────┐┌─┴────┐┌──┴────┐
      │蛋白质│  │纤维素│  │碳酸钙  ││二氧化硅││合金    │
      │      │  │      │  │(CaCO₃)││(SiO₂)││(Cu-Zn)│
      └──────┘  └──────┘  └────────┘└──────┘└───────┘
```

图 3-1-1　中国古代乐器材料分类

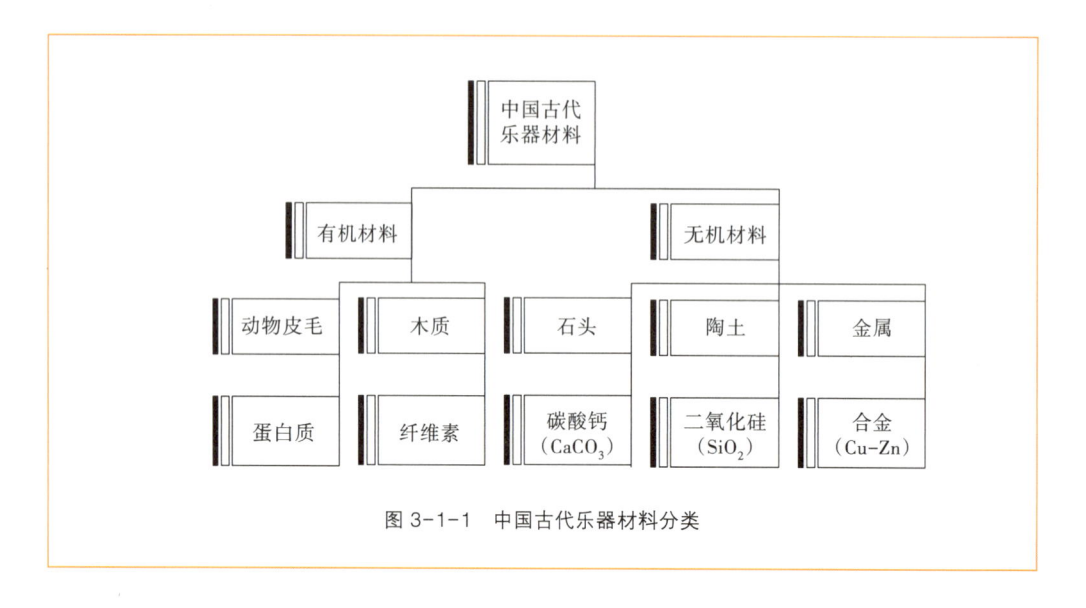

上述案例中,张老师将音乐材料的演变融入物质材料科学发展的教学之中,不同于以往简单地联系生活,而是结合民族文化、科学史实等方式对情境进行艺术化加工,让学生认识到人类的需求不断地推动着化学的进步,在感悟社会文化的同时健全人格、提高人文素养。这样的教学方式不仅可以激发学生的学习动机,还能帮助学生了解知识使用时的不同条件和特定场合,有利于后续阶段知识的提取和迁移,促进学习的深度进行。

资料库

ABS

丙烯腈-丁二烯-苯乙烯共聚物,英文名为 acrylonitrile butadiene styrene copolymers,简称 ABS。ABS 是一种强度高、韧性好的热塑性高分子材料,耐热耐低温,对环境的适应性强,而且有很好的成型性,加工出的产品表面光洁,易于染色和电镀。现主要用于电子电器、汽车零部件、文教用品、生活用品和工业零件等领域。

——徐发部,韩强.ABS树脂国内外市场状况及前景分析[J].塑料工业,2006,13-15,25

关于音乐与化学的结合,必定是一场听觉与脑力联动的盛宴。大脑科学神经理论显示,不同感官在大脑的神经通路是不同的,调动的感官越多,可建立的神经联结越多,从而越能加强记忆效果。多感官教学会提供丰富的教学素材,学生通过触觉、嗅觉、听觉、视觉等多种感官加深对知识的理解与认识,并且根据心理加工机制,学生对具有强烈情绪波动和起伏的片段印象深刻。例如,在介绍合金这一部分内容时,教师可以结合合金在制作琴弦方面的应用,开展一场音色品鉴活动,对比不同琴弦材质与发声效果的差异(表3-1-1)。正如黄梅教授在《化学教学策略论》一书中所言：身体学习系统是认知学习系统中的一部分。通过这种直观的听觉上的认识，充分调动身体学习系统，让学生更深刻地理解使用不同原料或改变原料配比所制得的合金能够具有不同的性能。

表3-1-1 琴弦材质与发声的效果

材质	效果	材质	效果
80/20 Bronze——Bronze 是指"青铜"，80/20 的成分是指 80%铜与 20%锡	最常见的琴弦材料，音色最为清脆明亮	Stainless Steel——一些低档琴弦使用此材料，可以理解为"不锈钢"	虽然不易生锈，但音色却像"弹棉花"般不敢恭维
80/15 Bronze——Bronze 是指"青铜"，80/15 的成分是指 80%铜与 15%锡	音色更为温润些	Composite(Silk & Steel)——"组合弦（丝和钢）"，也就是说内部是钢丝包尼龙	Martan M130 款琴弦就是此材料，由于其张力小，所以弹起来非常轻松，音色也相当柔和
Brass——Brass 是"黄铜"，为铜与锌的合金	黄铜的声音温暖、均一且延音长	Nickel——镍，ZIKO 某些型号的琴弦就用此材质	音色较为嘹亮，一般用于电吉他
Phosphor Bronze——Phosphor 是"磷"，而 Bronze 是"青铜"，故称为磷铜（红铜）。青铜本身是铜和锡的合金，在此基础上又混入少量的磷，就合成了磷铜。	手感较硬，但音色较为温润	—	—

解 惑

【问题讨论一】化学家在音乐乐器的发展过程中扮演着怎样的角色？

【答疑】在文艺复兴时期的油画中，人们可以观察到一种现象：化学家演奏音乐，音乐家钻研炼丹术，这些都是很稀松平常的事。科学和艺术一直都是协同发展、共同进步的统一体。在音乐发展的历程中，化学技术的进步发挥着不容忽视的作用。在 16 世纪中期，大多数工匠们仍旧使用未经加工的天然木材制作提琴，为了解决天然木材难以防霉防虫这一问题，化学家们通过盐水浸泡使木材矿石化，使其具备防虫功能。此外，传统油漆具有减弱振动的性质，这对乐器而言极为不利，因此著名的克雷莫纳油漆应运而生，使乐器的保存更加持久。本节主要讲述化学材料的演变发展对音乐器材及其发展的促进作用，展现了化学创造力与音乐艺术之美的有机结合。

艺术点亮化学

【问题讨论二】弦乐器为什么会产生不同的音色？

【答疑】弦的材质是音色的影响因素之一。例如，铜合金的音色与传统的铜线有很大差异，其电阻是铜的数十倍，趋肤效应不明显，因此铜合金的高频传输和低频传输更加一致；同时它的抗氧化性能优于铜，表面更有利于高频传输。但由于高频和低频传输特性与铜有一定差别，容易引起正常用铜线材料调试平衡的系统用了铜合金材料后会产生新的不平衡，所以它的适用性有一定的局限，通常表现为高音亮丽。此外，弦的长度和张力、振动激发的方式（钢琴是琴槌敲击，二胡是弓毛摩擦）、传声方式、共鸣腔体、琴体材料、弦两端边界条件也都会影响音色。

图3-1-2 弦乐器

化之声

本小节适用于氮元素、蒸馏等实验操作的教学。

传道

知识要点

1. 氮元素单质及其化合物转化图

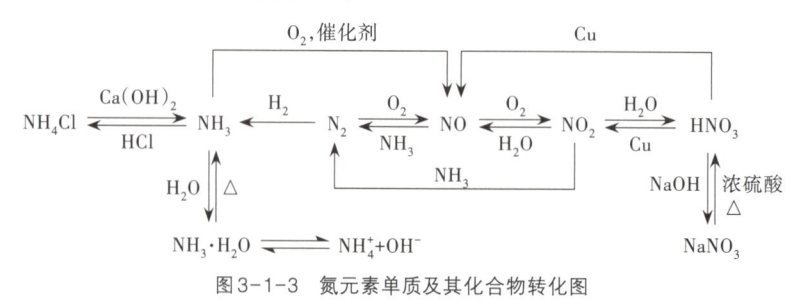

$$NH_4Cl \underset{HCl}{\overset{Ca(OH)_2}{\rightleftharpoons}} NH_3 \xrightarrow{H_2} N_2 \underset{NH_3}{\overset{O_2,催化剂}{\rightleftharpoons}} NO \underset{H_2O}{\overset{O_2}{\rightleftharpoons}} NO_2 \underset{Cu}{\overset{H_2O}{\rightleftharpoons}} HNO_3$$

$$NH_3 \cdot H_2O \rightleftharpoons NH_4^+ + OH^-$$

$$NaNO_3$$

图3-1-3 氮元素单质及其化合物转化图

2. 实验操作知识点

包括胶体丁达尔现象实验、过滤、蒸馏、粗盐提纯、萃取（碘）等操作相应注意事项。蒸馏是指利用液体混合物中各组分挥发性的差异而将组分分离的传质过程，是将液体沸腾产生的蒸气导入冷凝管，使之冷却凝结成液体的一种蒸发、冷凝过程。蒸馏是分离沸点相差较大的混合物的一种重要操作技术，尤其对于液体混合物的分离有重要的实用意义。使用蒸馏进行提纯需要满足两个条件:(1)沸点有显著差异的液体混合物;(2)被提纯物质及其杂质有良好的热稳定性。

授业

情境

小艺:张老师,我最近感到十分苦恼!我在音乐方面有所擅长,但学习化学却让我越来越不自信,原因在于化学的知识点太多了,我难以准确地记住那些知识,我感觉十分挫败!

张老师:小艺,不要气馁!尽管化学知识纷繁杂乱,难以记忆,但是我们也可以想办法克服困难,例如你擅长音乐,为何不将化学与音乐结合起来呢?例如歌词中讲究对称押韵,你可以尝试将化学知识改编为歌曲或顺口溜,在享受音乐的同学也能帮助记忆化学知识。

化学教学中包括两类知识:一是概念、原理和规则的运用和计算,如识别物质的类别、物质的量计算、氧化还原反应方程式的配平等;二是根据有关原理、规则进行实验操作的化学实验技能,如物质的提纯。无论化学概念、事实和原理这类陈述性知识,还是原理运用与实验操作这类程序性知识,均需要经过激活启动、获得加工、巩固迁移三个知识加工阶段。那么如何实现更为高效的知识加工教学呢?聆听化学之声,也许能找到答案。

课堂快闪

在讲解氮元素的相关知识时,张老师请同学们小组合作,发挥自己的奇思妙想,将氮气的相关知识改编成歌词。各位同学积极发表自己的见解与想法,与组内成员交流讨论,最终各小组展示组内作品。例如,某小组将歌曲《你不是真正的快乐》中的旋律改编成歌词:

你不是活泼的气体
与氢气从不能完全地化合
你值得被使用
断开三重键
在雷电作用下化身为一氧化氮
……

在氮元素、氯元素这部分内容的教学过程中,针对元素知识繁多、学生难以记忆的现象,教师可以在总结时采用歌曲等方式为教学内容注入情感。情感教育是一种以情感为基础的教育,它旨在培养学生的情感能力,促进学生的全面发展。基于情感体验的教学模式能够激发学生对学习的兴趣,引导学生发现和思考问题,形成正确的价值观、态度和行为。此外,脑科学理论认为,大脑会优先对带有强烈情感的信息进行加工,即情感化设计有利于知识的巩固与有效记忆。例如,关于氮气的知识,可以通过简单熟悉的旋律,让枯燥无味的背记变为妙趣横生的歌唱,在轻松愉悦的情绪中推动学生的思维活动,促进陈述性知识程序化。

课堂快闪

在讲解蒸馏实验操作时,张老师先为同学播放关于蒸馏操作的实验视频,请同学们总结蒸馏操作的步骤,同时教师通过提问的方式引导学生理解各步骤的注意事项及其原因,随后再开展小组合作。实验完成之后,张老师引导同学们尝试编写顺口溜,将蒸馏的步骤及其注意事项囊括其中:

左到右,上到下,寻找失去的通路
小沸石,大作用,冷却加入防暴沸
水银球,支管口,位于同一水平线
下进水,上出水,气体冷凝成液体
温度到,准备好,锥形瓶内接收宝

在讲解多步实验操作的过程中,不仅要注重实验操作的联系,也需要总结其中的要点规律,正所谓说练结合,才有利于激活多感官通道。脑科学研究认为,人的认知功能是分化的,学习者在各种加工通道上可能具有不同的偏好和潜能。大脑有五种记忆通路:语义的、情境的、程序的、自动化的和情绪的。外界各种信息通过感官传到大脑皮层的通路不一样,如果多种感官协调活动,大脑皮层的多条神经通路也会各自发挥作用。基于多感官通道的学习模式能够激活多种记忆通道,由此可以保持记忆的牢固性,实现高效教学。上述案例中,教师引导学生一起编写顺口溜,通过朗朗上口的顺口溜,加深学生对蒸馏操作中注意事项的记忆,再以陈述性知识指导具体操作练习,实现智慧技能与动作技能的相互促进。

解 惑

【问题讨论一】 在元素知识的学习中,如何实现知识的结构化、系统化呢?

【答疑】 化学学科中包含大量陈述性知识,记忆内容繁多,如物质的颜色、状态、化学式、化学反应方程式等,但在实际学习过程中,往往会出现死记硬背、容易遗忘的现象。陈述性知识以命题的形式存储于命题网络之中,某一特定项目与其他信息联系越多,其保持效果越好,提取时也会因为有多个提取通道而反应迅速;同时心理学研究表明,信息加工水平越深,获得的记忆水平越高。因此,可以利用多感官协同学习、精致性编码等方式促进知识结构化、巩固化,如通过思维图、层次图、类比图、概念图等编码手段促进学生知识的结构化,并尝试通过改编歌曲、编写口诀等方式增加学习的趣味性,在促进知识深化的同时兼顾情感体验。

【问题讨论二】 蒸馏时,沸石为什么能够防止液体暴沸?如果加热后才发现未加沸石,应怎样处理才安全?

【答疑】 对过热液体继续加热,会骤然而剧烈地发生沸腾现象,这种现象称为"暴沸"。过热是一种亚稳状态。由于过热液体内部的涨落现象,某些地方具有足够高能量的分子,可以彼此排斥而形成极小的气泡。当过热的液体温度远高于沸点时,小气泡内的饱和蒸气压就比外界的压强高,于是气泡迅速增长而膨胀,以至气泡破裂而引起工业容器的爆炸。液体之所以发生过热是由于液体里缺乏形成气泡的晶核,而沸石表面有很多微孔,表面能较低,会优先在表面生成气泡,然后迅速排出,还起到一定的阻隔作用,使小气泡不能聚集,因而能够防止暴沸。此外,还可以使用其他多孔物质作为止暴剂,如碎瓷片(图3-1-4)。过热的液体往往积聚能量,放入止暴剂会促发液体突然释放能量而造成猛烈的汽化,容易冲料或者发生危险,因此应当让液体冷却到沸点以下再加入止暴剂。

图3-1-4 碎瓷片

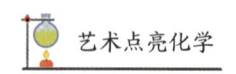

听见乙醛的声音

本小节适用于乙醛、银镜反应、氮化银的教学。

传道 — 知识要点

1. 乙醛

乙醛又名醋醛,分子式为 C_2H_4O,官能团为醛基(-CHO)。常温下为无色易流动液体,有刺激性气味。熔点-121 ℃,沸点20.8 ℃,相对密度小于1。可与水和乙醇等一些有机物质互溶。易燃,易挥发,其蒸气与空气能形成爆炸性混合物。

2. 银镜反应——与银氨溶液的反应

在洁净的试管里加入 1 mL 2% 的硝酸银溶液,边振荡试管边逐滴滴加2%的氨水,直至产生的白色沉淀恰好溶解为止,制得银氨溶液。滴入3滴乙醛,振荡后把试管放在热水中温热(60~70 ℃),不久可以观察到试管内壁被加热区域附着一层光亮的银镜。在此过程中,不要晃动试管,否则只会看到黑色沉淀而无银镜生成。银氨溶液配制与银镜反应原理如下:

图3-1-5 银镜反应

$$AgNO_3+NH_3\cdot H_2O = AgOH\downarrow +NH_4NO_3$$

$$AgOH+2NH_3\cdot H_2O = Ag(NH_3)_2OH+2H_2O$$

$$CH_3CHO+2[Ag(NH_3)_2]OH \xrightarrow{\triangle} CH_3COONH_4+2Ag\downarrow +3NH_3+H_2O$$

实验后,银镜用稀 HNO_3 浸泡,再用水洗。

$$3Ag+4HNO_3 = 3AgNO_3+NO\uparrow +2H_2O$$

3. 与新制氢氧化铜悬浊液反应

在试管中加入10%的NaOH溶液2 mL,滴入5% $CuSO_4$ 溶液5滴,振荡,得到新制氢氧化铜溶液。再加入乙醛溶液0.5 mL,加热至沸腾。观察到蓝色沉淀消失,有砖红色沉淀产生。反应原理如下:

$$2NaOH+CuSO_4 = Na_2SO_4+Cu(OH)_2\downarrow$$

$$CH_3CHO+2Cu(OH)_2+NaOH \xrightarrow{\triangle} CH_3COONa+Cu_2O\downarrow +3H_2O$$

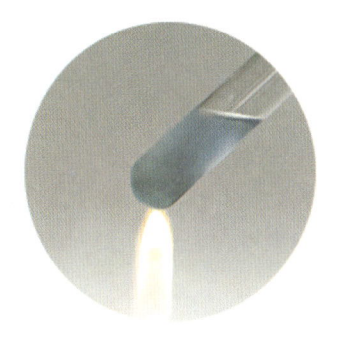

图3-1-6 新制氢氧化铜溶液 　　　　图3-1-7 砖红色沉淀

授业

情境

小艺： 书上说乙醛可以和银氨溶液发生银镜反应，产物是很漂亮的银单质，铺在玻璃上面会像镜子一样可以反光，我们用的保温瓶胆也是这样制作的。

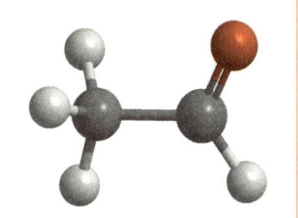

图3-1-8 乙醛结构式

小化： 那么神奇，好想看看"银氨溶液"是什么！

小化： 音乐达人怎么对化学感兴趣了？

小艺： 爱因斯坦还是一位小提琴家呢！艺术和科学都是相通的，指不定我们会给对方带来灵感和创意。爱因斯坦说过：真正的科学和真正的音乐需要同样的思维过程，这个世界可以由乐谱组成，也可以由数学公式组成。

小化： 那么我们一起去实验室完成这个实验吧！

　　醛类物质广泛存在于自然界中，在化学工业、纺织产业、香料调制、医学治疗、木材工业等多个领域均有应用。而谈到醛，学生往往首先想到甲醛是装修中的"头号杀手"，面对这种现象，教师应在教学过程中充分建立物质性质与用途之间的关联，而不仅仅局限于课本知识，优化与发展"性质-用途"思维与辩证思维。

课堂快闪

在讲解醛类物质时,面对学生对于醛类物质"根深蒂固"的偏见,张老师选择了从醛类物质的实际生活应用展开教学。例如利用醛类物质的还原性,可以使其与银氨溶液反应生成银单质,这一反应称为银镜反应,常用于制作保温壶的内胆。银镜反应可以将真空隔层涂上一层薄薄的银,银镜通过反射热量,阻止瓶内热水通过热辐射散发热量,从而起到保温的效果。

真实、具体的问题情境是学生化学学科核心素养发展的重要平台,也为学生化学学科核心素养提供了真实的表现机会。情境认知与学习理论强调学习者须在相关情境中进行思维锻炼,从真实情境中学会知识,再将知识运用到实际生活中。在情境中真实体验,学习者才能了解知识本质。学习是对某种文化的适应过程,具有边缘参与、实践共同体的特征。因此,化学教学设计和实施中,应重视创设基于真实情境的问题解决任务。例如在讲解银镜反应时,就可以以这一反应在制作保温瓶内胆方面的应用作为情境线索,探究内胆的制作原理,认识醛类与银氨溶液反应的原理,从而展开对醛类物质性质的学习,使学生在解决问题的活动中逐步发展化学学科核心素养。

资料库

银镜反应

银镜反应是指溶液中的银化合物经还原转化为纯净的金属银的过程,因生成的金属银会附着在容器内壁,形成一层光滑闪亮、宛如镜面的薄膜,由此而得名"银镜"。一类典型的银镜反应为银氨溶液与醛类物质反应生成单质银和对应的羧酸根离子,通常用于检验醛基。

教师还应该注重设置认知冲突,激发学生的探知欲望。在新问题面前,学生通常习惯根据已有的知识经验去进行推断,而当推断的结果被验证与事实相矛盾时,就会激发其探究知识的欲望,积极主动地调整错误概念,接受新概念,形成科学的认知结构。例如在银镜制备的过程中,可能会观察到黑色沉淀而无银镜生成的现象,教师对此引导学生交流讨论、提出猜想,随后查阅资料,注重学生自主建构、实验探究和问题解决等学习活动,以促进学生化学学习方式的转变。

课堂快闪

课堂中,在进行银镜反应的活动时,一些小组最终并没有得到光亮的银镜,而是出现了黑色的沉淀。针对这样的情况,张老师引导学生展开讨论:黑色物质是什么?为什么会出现这种现象呢?之后,张老师组织学生查阅资料、开展探究,通过实践验证猜测是否正确。

在讲课的过程中,也可以适当地结合"美育",为化学学习注入情感体验,实现艺术碰撞。马斯洛需要层次理论将人的需要划分为生理需要、安全的需要、归属与爱的需要、尊重的需要、自我实现的需要,认为通过满足不同层次的需求能够起到对人的激励作用。在教学中,教师可以布置一项难度适中的任务或开展一场生动有趣的比赛,让学生获得自我实现的成就感,满足学生的尊重感、归属感等情感需求。例如,教师可以在完成银镜反应的教学后,组织学生进行歌词改编的比赛,要求学生兼顾科学性与艺术性的融合,不仅要保证知识的准确性、完整度,还需要考量歌词是否恰当、易于歌唱。而后通过展示比拼,对表现优异的小组实施奖励与肯定,从而满足学生的尊重感与成就感的需要。以下为根据《听见下雨的声音》而改编的化学曲目。

听见乙醛的声音

管壁上 停留着银镜

试剂瓶里装满浓浓乙醛

银氨溶液新鲜配制

酒精灯闪烁的火焰

像有着魔力的一种魔术

而你 低头观察

想知道关于它的现象

硝酸入管 壁上银镜 全都溶解

现象是一次次惊喜发现的过程

我 始终着迷

而我听见乙醛的声音

想起你用板书 写理论

复杂也可以很清晰

你学习一直很认真

终于听见乙醛的声音

于是我的记忆 被唤醒

就怕烧碱蓝了硫酸铜
过量的碱在后来的反应作用
液在沸腾 加热不停 谁在变化
试管里 产生的红色
轻敲着管壁 有趣而神奇
而我听见乙醛的声音
想起你用板书 写理论
复杂也可以很清晰
实验的时刻 最认真
不顾一切地去探究
终于听见乙醛的声音
于是我的记忆 被唤醒
发现"醛"世界 很多彩
默默地陪在 我身边 不弃不离

解 惑

【问题讨论一】在进行银镜反应实验时,为什么有时会观察到有黑色沉淀产生?

【答疑】进行银镜反应的实验时,如果试管没有洗干净,溶液就会发黑,生成银的小微粒,而小微粒只能散射阳光,所以会观察到黑色的沉淀。

【问题讨论二】在进行银镜反应实验时,可以跳过银氨溶液的制备过程,直接向实验室已经配好的银氨溶液加入乙醛吗?

【答疑】不可以,这样的操作十分危险。银氨溶液因蒸发失去氨后,会有氮化银从溶液中沉淀出来。氮化银又称"雷爆银",呈黑色粒状或硬壳状,或沉积在容器壁上呈镜状。干燥的氮化银是能够实际存在的最敏感的化合物之一,即使是非常轻微的触碰,甚至落下的一滴水所产生的冲击也能使它爆炸,其爆炸力与分解时能够释放出的能量有关:$2Ag_3N_4 == 6Ag+4N_2\uparrow$。因此,在进行银镜反应时需要现场配制银氨溶液。

一定要注意实验操作安全哦!

小艺

化学仪器的音乐盛宴

本小节适用于化学实验仪器分类的教学。

传道

知识要点

1. 情感与科学的碰撞

除了语言,音乐最能够表达出人类丰富的情感,而科学作为一门严谨而深奥的学问,难免会使人产生一种距离感。这也使得科学的学习变得不那么有趣。那么将音乐和科学两者结合所得的效果就可想而知了——感性与理性的结合。

2. 基于脑的教育

学习实际上是脑力的开发。基于脑的教育研究得出:在教学过程中运用单纯的讲授方法不适合大脑运作的基本原则,也就是说应该使教学方法多样化。例如采用多种感觉的表征(视觉、听觉、触觉等)或者是运用合作学习具有模拟社会化的过程,更符合人的社会性。

我们常说兴趣是最好的老师,其深层的含义是指学生在快乐的情绪下学习是更有效率的。在快乐的情绪下,学生会放松神经,这时候若能够再加把"火"——学习动机,就能形成低威胁、高挑战的氛围,会使得学习热情燃烧得更旺。

授业

情境

> 张老师,期中测试马上结束了,我们能不能举办一些丰富有趣的活动放松一下呢?
>
> ——小艺

> 小艺,既然你擅长音乐,不如你来帮助老师筹备一场化学音乐晚会吧!要求是既要包含音乐元素,让同学们放松愉悦,同时也要兼顾化学学科的知识,让同学们在玩乐中也能学习知识!
>
> ——张老师

艺术点亮化学

化学是一门以实验为基础的自然科学。化学研究主要用的是实验方法,掌握实验基本方法以及完成化学实验所必需的技能,是学好化学的关键。由于中学实验操作比较简单,重复操作会显得枯燥乏味,而文字记忆又缺失了实践之美,如果能够以游戏的方式组织一个学习活动,不仅能激发学生的学习主动性,也能在游戏中促进对知识的理解。

脑科学研究表明,学习因挑战而增强,因威胁而抑制,适度的挑战性和放松状态有利于学习。挑战性任务的刺激可以引发学生生理快乐、社交快乐、精神快乐(满足感)和思想快乐(蕴藏的价值)等正面情绪,从而诱导他们保持积极的学习兴趣和热情。在低警戒的课堂氛围中,学生神经系统比较放松,在思维、情绪、生理上感到安全,会有更强的记忆表现。

比如,举办一场化学音乐会!音乐将一些声音进行有规律性的组合,产生使人身心愉悦的效果。根据音乐产生的源头,可将其分为声乐和器乐:声乐是以人的声带为主,配合口腔、舌头、鼻腔作用于鼻息,发出悦耳、连续有节奏的声音;器乐则是指借助一些物质器械(即乐器)产生的声音。乐器是泛指能够用各种方法奏出一定音律或节奏的工具。换句话说,生活中的很多"工具"都能够作为我们的乐器。对于化学党们,化学实验仪器不是也能成为我们的"乐器"吗?

图3-1-9　化学实验仪器

课堂快闪

在利用化学仪器制作乐器时,张老师引导学生思考有哪些制作乐器的关键因素。在锁定目标——产生不同音高的声音、确定音准后,教师可以将课堂充分交给学生,让他们利用实验器材尽情探索,并尝试说明背后的原理。

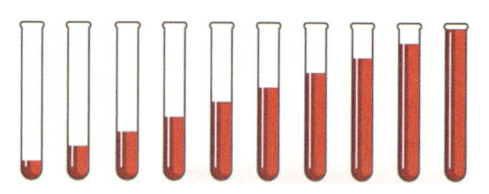

图3-1-10　试管音阶

例如,在每支试管中倒入水,调节水量使每支试管之间产生的音能够形成音阶(图3-1-10),这是因为音的高低是由振动频率决定的,两者成正比关系:振动频率越高则音越高,反之则音越低。要产生不同的音,化学仪器必须产生不同的振动频率。化学仪器的形状都是固定的,所以可以往容器中加入不同量的水,通过改变水的量来调出不同的音高。

旋律与和声都通过敲打含不同水量的玻璃仪器产生振动,从而产生乐音。敲打的材料不同,产生的音色也会有所区别,这个材料在实验仪器中有两种选择:金属(镊子)和玻璃(玻璃棒)。同样的,强调节奏的仪器——坩埚也是通过敲打发声。

图 3-1-11　美丽的音符

化学音乐会只是一种形式,通过音乐会创设轻松愉悦的课堂氛围,带动学生的情绪,利用化学仪器进行音乐演奏以加深学生对化学仪器的认识与兴趣,实现有趣、高效的教学。

资料库

音乐的五要素

(1)节奏:音乐的节奏被称为音乐的灵魂,具体而言是指音的长短以及强弱。节奏对于整体音乐风格的影响非常显著,节奏的不同组合会给人带来完全不同的感官体验。

(2)旋律:旋律是乐曲的基础,乐曲的思想感情都是通过它表现出来的。业界常结合旋律类别、实际曲目强度大小和音色特点来判断旋律。

(3)音准:音准是个人音乐实力和表演能力的体现,也是欣赏者的重要衡量标准,需要经过反复地练习和摸索才能真正掌握音准。

(4)音感:音感是把握和了解作品的基础,包括绝对音感和相对音感两个部分。

(5)和声:和声通俗地讲就是将很多声音有机融合起来,使之变得悦耳而容易引起共鸣,是各国音乐作品中最常见的表现手法。

——汪华生.音乐理论中的音乐要素分析[J].黄河之声,2017(8):67.

协作化情境任务练习是由学习情境任务启动,学习者在特定任务上进行协作,从而减少学习负载并提高学习效率的方法。科恩提出,共同的目标可以加强学生之间积极的相互依赖关系。协作学习任务可能因所要求的种类不同而不同,但在促进互动的过程中可以使学生进一步检索头脑中指向任务的信息,并不断地聚焦。在教学中,可将练习巩固与闯关游戏相结合,通过目标和规则设定、同伴互动和同伴竞争、过程挑战等激发学生的学习兴趣和动机,增加学生的记忆持续时间和学习活动的持久性,从而提高学习效率。在举办这场音乐会时,教师可以设计多种闯关小游戏穿插到音乐会之中,例如:说出实验室中哪些仪器能够用于加热?哪些能够直接加热?哪些又需要隔着石棉网加热?在学习知识的同时发展音乐智能、肢体运动智能等多方面智能。基于游戏的学习可以帮助学习者将程序性知识学习效率提高到与陈述性知识学习效率相同的水平,同时可以提高学生的注意力和满意度。

对于化学人而言,化学仪器就是我们的乐器,可以奏出音乐;它也是我们的画笔,可以描出美妙的图画;更是我们的触角,带着我们去感受化学世界各种变化的奇妙。

解 惑

【问题讨论一】游戏无疑是获得快乐的方式之一。教学过程中应当如何设计游戏,让其既具挑战性,又能够使学生有所收获呢?

【答疑】兴趣是最好的老师。当孩子产生学习是一件快乐的事情的念头后再开始学习,当孩子想学到更多的东西时就不断地学习。只有这样,孩子才能保持学习的兴趣,从而达到良好的效果。现代的教育应该转变,让学生发掘学习的快乐。

在教学实践中,教师可以根据学习目标和学习对象的特点,开展一些充满合作性、探究性、趣味性和竞争性的游戏活动,这不仅能调动学生学习的积极性,同时还可以深化学生对知识的了解与掌握。比如在化学仪器这一节的学习当中,除了音乐会,还可以开展仪器推售这类角色扮演的游戏。首先,教师组织学生对实验仪器进行分类,学生按照分类标准自行组成三个卖家小组和一个买家小组;其次,各小组通过阐述自己小组仪器的特点、作用和使用方法等,向买家推销自己小组的仪器;最后,对比各组推销仪器成功的数量,评选出最佳销售组,教师给予小奖励。通过这个游戏,不仅能有效加深学生对化学仪器相关知识的掌握,还能主动激发潜藏在学生身上的潜力,让学生更好地学习发展。

【问题讨论二】为什么用试管可以吹出音高不同的声音?

【答疑】试管之所以能发声,是因为往试管里吹气的时候,引起了试管里空气柱的振动。水越多,空气柱越短,音调越高,反之则音调越低。因为空气柱的长短不一,所以发出的音调不同,就组成了音阶。

第二节 "律"动的化学
从八音律到元素周期律

本小节适用于元素周期表的教学。

传 道　　　　　　　　　　　　　　　　　　　　　知 识 要 点

1. 八音律

英国化学家纽兰兹(A.Y.Newlands,1837—1898)在门捷列夫之前发现并研究了化学元素性质的周期性。他把当时已知的62种元素,以氢为第1号,然后按照原子量递增的顺序从第2号一直排到第56号。如果两种元素的原子量几乎相同,则把它们定为同一号数。他发现,性质相似元素之间的"号数差"总是7(或者是7的倍数),正像音阶里的八音度一样,所以把它称为"八音律"(图3-2-1)。例如,2号的锂、9号的钠、16号的钾性质类似,8号的氟、15号的氯和29号的溴性质类似。

No.		No.		No.		No.		No.		No.		No.		No.		No.	
1	H	8	F	15	Cl	22	Co和Ni	29	Br	36	Pd	43	I	50	Pt和Ir	
2	Li	9	Na	16	K	23	Cu	30	Rb	37	Ag	44	Cs	53	Tl		
3	Be	10	Mg	17	Ca	25	Zn	31	Sr	38	Cd	45	Ba和V	54	Ph		
4	B	11	Al	19	Cr	24	Y	33	Ce和La	40	U	46	Ta	56	Th		
5	C	12	Si	18	Ti	26	In	32	Zr	39	Sn	47	W	52	Hg		
6	N	13	P	20	Mn	27	As	34	Di和Mo	41	Sb	48	Nb	55	Bi		
7	O	14	S	21	Fe	28	Se	35	Rh和Ru	42	Te	49	Au	51	Os		

图3-2-1 "八音律"表(纽兰兹,1865年)

除此之外,他还创新性地根据元素的号数将所有元素整理成了一个表格(不是直接使用原子量),并且把全部元素整理在同一个体系里了。遗憾之处在于,如果想在一个横列里排完所有性质相似的元素,势必会使元素号数的顺序陷于混乱,同时在同一横列里也会混入性质不尽相似的元素。尽管有一些不合理的地方,但相较于过去的假说,他发现了元素的性质在排列上有周期性这一研讨方向是完全正确的,具有重要的改进意义。

纽兰兹将自己的论文收集在《论周期律的发现》(1884年)一书中,尽管当时并未被人们接受,但在元素周期系确立后,人们承认了他的重要发现。因此,纽兰兹在1887年获得英国皇家学会颁发的戴维奖章。

> **资料库**
>
> **戴维奖章**
>
> 　　戴维奖章(Davy Medal)是由英国皇家学会设立的奖项,用以表彰在化学领域有重要发现的研究者。这个奖项是以英国化学家无机化学之父汉弗莱·戴维(Davy)的名字命名的。戴维奖章每年颁发一次,奖金金额为1000英镑,奖金来源于个人捐助。戴维奖章是皇家学会28个奖项中的一个,代表着英国科学界的高度认可和荣誉。1877年,罗伯特·威廉·本生和古斯塔夫·基尔霍夫因在光谱分析领域有重要发现成为该奖章的首次获得者。
>
> ——马慧勤.英国科技奖励体系剖析[J].全球科技经济瞭望,2016,31(3):58-62.

2. 元素周期表

　　元素周期表有7个横行、18个纵列,每一个横行叫作一个周期,每一个纵列叫作一个族(8、9、10三个纵列共同组成第Ⅷ族)。每一个周期中元素的电子层数相同,从左到右原子序数递增,周期的序数就等于该周期元素所具有的电子层数。前三个周期称为短周期,其他周期称为长周期。每一个主族的最外层电子数相同,从上往下电子层数递增。同时还将族分为主族元素(族序数后面标A)、副族元素(族序数后面标B,除第Ⅷ族)、0族元素。

> **资料库**
>
> **元素周期表的发展**
>
> 　　18世纪,元素不断被发现,化学家开始对元素进行分类和整理,以求发现系统的元素体系。1789年,法国化学家拉瓦锡在《化学概要》一书中提出了第一个元素分类表。1829年,德国化学家德贝赖纳提出了"三素组",对于探寻元素性质的规律具有启发性。1867年,俄国化学家门捷列夫将当时已经发现的63种元素中相对原子质量相近的元素排在一起,经过不断研究,于1869年2月编制了第一张元素周期表。德国化学家迈尔在门捷列夫之后又发表了一张更完整的元素周期表。1905年,瑞士化学家维尔纳制成了现代形式的元素周期表。1913年,英国物理学家莫塞莱发现并证明了周期表中元素的原子序数等于原子核电荷数,使人们对于元素周期表的认识更趋于完善。

　　科学和艺术作为人类智力活动的两大领域,二者呈现了相互借鉴、相互促进的紧密融合关系。伟大的科学发现需要艺术的灵感和思维,不朽的艺术创造同样需要科学的严谨来支撑。著名画家齐白石画虾就是一个很好的例子。如果不是基于虾的科学生理结构,即使艺术水平再高也是徒劳;但是,仅仅了解虾的生理结构而缺乏艺术性的手法同样也画不出一幅佳作。法国19世纪著名文学家福楼拜在谈到艺术与科学的关系时说:越往前走,艺术越要科学化,科学也要艺术化,两者在山麓分手,回头又在顶峰汇集。化学作为科学的一个分支,和作为艺术分支的音乐之间的关系自然也从属于科学和艺术的关系范畴,我们可以从元素的"八音律"中认识化学和音乐的这种关系。

授 业

情境

张老师: 纽兰兹从小受母亲的影响,爱好音乐,觉得性质相似的元素就好像音乐上的八个音阶一样重复出现,于是自己把它称为"八音律",画出了"八音律"表。1866年3月当他在伦敦化学学会发表这一观点时,得到的却是嘲笑和讽刺;他的有关论文也被退稿。虽然纽兰兹的"八音律"表存在着缺点和不成熟的地方,但他发现了元素的性质在排列上有周期性这一研讨方向是完全正确的,而且在这个正确的方向上向前迈进了一大步。直到门捷列夫的元素周期表的重要性得到普遍承认后,纽兰兹的论文才在1884年得以发表,并于1887年获得英国皇家学会颁赠的勋章。

图3-2-2 纽兰兹

从元素的八音律中,我们可以看到化学和音乐(或者说是科学和艺术)似乎具有相同的本质,化学中有音乐,音乐里有化学,二者联系紧密。八音律就是纽兰兹用化学音符谱写的美妙乐章。博大精深的事物总是来之不易,发现博大精深事物的人总是历尽坎坷。音阶的规律性给予了纽兰兹灵感,学科的融合是新发明、新发现的重要起点。

课堂快闪

在讲解元素周期表的规律时,张老师通过化学与音乐的融合来创设教学情境。通过纽兰兹用化学符号来谱写"八音律"的故事——纽兰兹把当时已知的62种元素,以氢为第1号,然后按照原子量递增的顺序从第2号一直排到第56号。如果两种元素的原子量几乎相同,则把它们定为同一号数。他发现,性质相似元素之间的"号数差"总是7(或者是7的倍数),正像音阶里的八音度一样,所以把它称为"八音律",但这一观点18年后才被认可。

艺术点亮化学

有趣的情境能唤起学生对化学的热情,针对元素周期表(律)这部分概念性知识,如何设计有趣的情境是教师要思考的问题。"八音律"故事情节的融入可以对教学情境进行人文性加工,丰富教学情境的思想性、价值性、艺术性,不仅可以激发学生的学习动机,还能帮助学生了解知识使用时的不同条件和特定场合,有利于后续知识的提取和迁移,促进学习的深度进行和学科素养的发展。

元素周期表的发展与完善经历了漫长的过程。早在1864年,奥德林就发表了一张比较详细的周期表,直到现在元素周期表仍在不断地发展和完善中。因此,还可以通过学习化学史,让学生对元素部分的知识感兴趣。

课堂快闪

张老师讲授元素周期表的发现时,首先讲解门捷列夫做梦发现元素周期表的故事——某一天,他极度疲惫地小憩一会儿,梦见元素依次落入在一张表中,醒后他把这张表记录了下来,从而产生了第一张元素周期表。但在当时,这张元素周期表打破了原有的认知,引起了化学界巨大的轰动,众多科学家不认可门捷列夫的成果。随着研究的不断深入,这张周期表才慢慢地被接受和修订完善。之后再讲解元素周期表的整个发展历程,完善学生认知。

在上述案例中,教师通过讲解关于门捷列夫发现元素周期表的有趣故事和元素周期表的发展历程,重现化学知识、化学原理的典型事例或产生过程。这种间接经验能帮助学生充分了解化学的本质,更全面地了解科学与人文之间的关系,启发学生科学探究精神,学会辩证地看待事物。

对于元素的性质,若直接让学生记住,可能会让学生耗费大量的精力,这时可以让学生通过简单旋律将元素变成歌曲或者具有节奏感的顺口溜。心理学研究表明,这种带有情感内容的记忆能够被优先加工和深度加工。

课堂快闪

张老师讲解元素的性质时,通过编写以下的顺口溜方便学生记忆——"我是氢,我最轻,火箭靠我运卫星;我是氦,我无赖,得失电子我最菜;我是锂,密度低,遇水遇酸把泡起;我是铍,耍赖皮,虽是金属难电离。"

在上述案例中,教师把元素周期表中的元素编成具有节奏感的顺口溜,通过化学元素与生活熟悉的谐音字建立联系而达到熟悉元素名称的目的。一方面结合了化学与音律,实现了学科融合;另一方面也让学生对于化学的学习感到生动有趣,加深了对知识的印象。

元素周期律在许多化学家的努力之下愈发完善，逐渐变成人们今天看到的模样，使之成为化学史中最重要的里程碑之一。"八音律"的提出对于元素周期律的发现具有重要的启示意义。如果把元素周期律比作化学中的"十二平均律"的话，那么纽兰兹的"八音律"表则可以比作八度音程。借助于元素周期律和元素周期表，化学家可以用一个个化学音符谱写出美妙动听的化学乐章。

解惑

【问题讨论一】有人说门捷列夫是偶然间做梦醒后，突发灵感，制作出了第一张元素周期表，真相真的是这样吗？

【答疑】门捷列夫确实做过相关的梦，不过把门捷列夫多年的努力归结于一个梦就太简单了。其实，在门捷列夫之前就有许多科学家对元素性质的规律进行探究，如拉瓦锡、德贝莱纳、迈耶尔、纽兰兹等科学家。早在1864年，奥德林就发表了一张比较详细的周期表；1865年，纽兰兹发现"八音律"；1868年，迈耶尔编制出了一张元素周期表，这张表与门捷列夫1869年发表的元素周期表(图3-2-3)有很多相似之处，但直到1870年他才发表自己的研究成果。元素周期表模型的生成和完善历经了160余年。因此，元素周期表的发现是科学发展的必然结果，不是靠一个梦而凭空产生的。

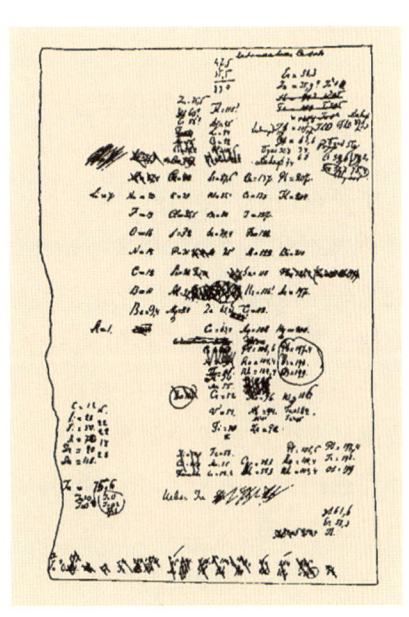

图3-2-3 门捷列夫编制的第一张元素周期表(手稿)

【问题讨论二】十二音律化学元素周期表的周期是如何制定的？

【答疑】根据音乐理论中的十二平均律，采用十二族、十二音律恰好把镧系和锕系元素都排列在元素周期表中，以一个八度即十二个半音为一个周期，给出了短式和长式的两种十二音律化学元素周期表。十二音律元素周期表中包括周期(主量子数)、音律(族)。由于音律分阴阳，所以周期表中还有阴阳的区分，十二音律中的黄钟、太簇、姑洗、蕤宾、夷则、无射属于阳律，大吕、夹钟、仲吕、林钟、南吕、应钟属于阴律。重新考虑了元素的电子层，以及电子的分布，给出了新的电子组态和排列规则。在十二音律化学元素周期表中，各周期、各族元素之间的关系等，可以通过音程关系来解释和确定。

> 艺术点亮化学

化学家的音乐情怀

本小节适用于元素周期律的教学。

自然科学家在接触文学艺术时,可在他们的思想中注入更多的感情和激情,他们会从另一个角度开阔自己的思路,我的理解就是自然科学与人文、艺术的最终结合,才是理想。

——胡亚东

传 道

知识要点

1. 具有音乐情怀的化学家

(1)胡亚东

胡亚东(1927—2018)(图 3-2-4),高分子化学家和社会活动家。1949年毕业于清华大学化学系,1951年赴苏联彼得格勒苏维埃化工学院读研究生,1955年获副博士学位。回国后到中国科学院化学研究所从事高分子化学研究,在中国首次合成了氟橡胶,参加了我国早期火箭技术中耐热高分子材料的研究工作,1965年获国家发明大奖,并为我国"两弹一星"的研制做出了卓越贡献。

图 3-2-4　胡亚东

胡亚东教授曾任中国科学院化学研究所所长,不仅在化学研究上有很高的造诣,而且艺术造诣极深,从小就开始学小提琴,曾与我国一流的音乐家同台演奏过四重奏。

胡亚东教授多年来一直致力于自然科学与社会科学、人文学、文学艺术的交叉普及。近年来,在提倡素质教育以及科学与人文融合的工作中,他大量撰写文章,在《爱乐》《中国文化报》《高保真音响》《国际音乐》《科技日报》《华夏》《钢琴艺术》《国际音乐交流》等杂志上撰写音乐艺术评论等文章,提倡科学与艺术的结合。

(2)亚历山大·波菲里耶维奇·鲍罗丁

亚历山大·波菲里耶维奇·鲍罗丁(1833—1887)(图 3-2-5),出生在圣彼得堡,是19世纪末俄国主要的民族音乐作曲家之一,同时也是俄国著名的化学家。他从小就显示出相当的音乐天赋,学生时代就开始学习演奏长笛、大提琴、钢琴和作曲。同时,他也

图 3-2-5　鲍罗丁

对化学产生了兴趣,十三四岁时就在家里做化学实验了。1850年,鲍罗丁进入圣彼得堡外科医学院,师从俄国的化学先驱——因合成苯胺而享誉世界的N N Zinin。

在19世纪50年代,鲍罗丁开始他的音乐创作活动,写了一些声乐浪漫曲、钢琴小品和室内乐等。他的代表作有体现古代俄国宏伟历史画卷、抒发爱国主义情感的歌剧《伊戈尔王子》,奠定俄国史诗性交响乐体裁的第二交响曲《勇士》,富于俄国风格和东方色彩的交响音画《在中亚细亚草原上》,声乐浪漫曲《为了遥远祖国的海岸》《睡公主》《幽暗森林之歌》《海王的公主》《海》《我的歌声中充满了恶意》等。鲍罗丁的专业是化学,因此他的作曲只能在业余时间里进行,他自称是"星期日作曲家"。

资料库

鲍罗丁的成就

鲍罗丁的化学研究成果集中在有机化学和生理化学两大领域。1862年,他利用氟氢化钾与苯甲酰氯反应,制备出第一种芳烃氟化物——苯甲酰氟。

$$C_6H_5COCl+KHF_2 \longrightarrow C_6H_5COF+HF+KCl$$

1864~1873年对醛的聚合和缩合的研究,是鲍罗丁最重要的化学研究,他先后发表了3篇论文。第1篇论文(1864年)讨论了醛和碱金属相互作用的产物。当时,化学家认为,醛和醇一样是由金属取代分子中的氢而形成的金属衍生物。但是,鲍罗丁指出:钠与戊醛反应并不仅仅生成一种金属取代氢的产物,而是一个包括多种化合物的混合体系。反应产物并不包括戊醛或戊醛的异构体、聚合物。鲍罗丁的第2篇论文(1869年),又将上述反应推广到庚醛。鲍罗丁在第3篇论文(1872年)中研究了己醛的缩合,发现了一种新化合物,即具有醛基和羟基两种官能团的3-羟基丁醛,是众所周知的乙醛以氯化氢或氯化锌作催化剂,在碱的作用下,发生自缩合形成的,具有醛基和羟基两种官能团的3-羟基丁醛。

鲍罗丁的一生,是音乐(艺术)之线和化学(科学)之线相互交织的一生,化学和音乐的紧密关系在他的身上得到了淋漓尽致的体现。音乐给了他化学上的灵感,化学给了他音乐上的厚重。

2. 元素周期律

(1) 原子半径

原子半径的大小取决于两个因素:一是电子的层数,二是核电荷数。电子层数越多,原子半径越大。核电荷数越大,对核外电子的吸引力就越大,使原子半径减小。在这两个因素的综合影响下,原子半径呈现周期性的递变。一般来说,同周期元素从左往右原子半径逐渐减小,同主族元素从上往下原子半径逐渐增大。

(2)电离能

气态基态原子失去一个电子转化为气态基态正离子所需要的最低能量叫作第一电离能。一般来说,同周期元素从左往右电离能依次增大,同主族元素从上往下电离能依次减小。

(3)电负性

电负性用来描述不同元素的原子对键合电子(原子中用于形成化学键的电子)的吸引力的大小。电负性越大,对键合电子的吸引力越大。一般来说,同周期的元素从左到右,元素的电负性逐渐增大;同主族元素从上到下,元素的电负性逐渐减小。

(4)金属性/非金属性

元素金属性强弱可以从其单质与水(或酸)反应置换出氢的难易程度,以及它们最高价氧化物的水化物的碱性强弱来判断。元素非金属性强弱可以从原子得电子的能力、氢化物的稳定性、最高价氧化物水化物的酸性强弱来判断。一般来说,同周期的元素从左到右,元素的金属性逐渐减弱,非金属性逐渐增强;同主族元素从上到下金属性逐渐增强,非金属性逐渐减弱。

授业

情境

张老师:同学们知道哪些科学家是兼通科学和艺术的吗?

小化:第一位获得诺贝尔科学奖的中国本土科学家、药学家屠呦呦教授,在为获得诺贝尔科学奖欢庆时,记者惊喜地发现屠呦呦教授也是一位音乐爱好者。85岁的科学家面对诺贝尔奖这一巨大荣誉,却没有一张像样的封面照,采访的记者只好现场为她拍。但屠奶奶没有选择站在获得的荣誉证书和奖杯前,而是优雅地坐在钢琴凳上,靠着一架古色古香的钢琴。

图3-2-6 屠呦呦

张老师:历史上有很多大科学家,其实都是兼通科学和艺术的。最著名的莫过于爱因斯坦,他精通小提琴,同时又有很深的哲学造诣。接下来就感受一下化学家的音乐情怀吧。

蔡元培曾说过:学校一切课程没有和美育无关的。科学(化学)和艺术,二者都是追求美的过程,它们有着共同的基础——人类的创造力,而且只有体会到科学和艺术的相互联系、相辅相成才能更好地发现世界的本真。目前的素质教育越来越重视学生的全面发展,然而在实际教学中,教师们往往会把化学与音乐、文学等分开。那么教师该如何去看待科学和艺术或者化学和音乐的关系?如何在中学教学中真正实现素质教育呢?

> **课堂快闪**
>
> 对于元素周期律这一节课,课堂伊始,张老师播放音乐以创设愉快的氛围,引起了学生的注意。以一首大家熟知的《青花瓷》的旋律来奏唱化学规律:"原子核内是中子和质子分明,原子序数核电数要一一对应,电子层数相等的放在一横行,七周期三短四长不能乱,外层电子数相等放在一纵列,七主七副八九十合为第八族,再加上一个零族,一共形成十六个族,ⅠA族碱金属 外层电子1,锂钠钾铷铯钫性质都相近,与氧反应的程度具有递变性,入水浮溶游响红的特性,ⅦA卤族元素外层电子7……",引导学生改记为唱。

现代研究表明,在化学课堂上播放适宜的音乐有助于增强学生的记忆能力,激发学生的化学学习兴趣,减轻学习负担,从而提高学生的学习成绩。教学既是一门科学又是一门艺术,如果能够在教学过程中有效地融入音乐、文学等艺术成分,学生的注意力将会锁定于课堂当中,进而才会全身心地参与到课堂当中来,提高学习效率。上述案例不仅可以吸引学生的注意,还能让学生将化学规律与音乐相结合,培养艺术修养。

同时,教师还可以通过创设人文性教学情境,引发学生的思考。教学情境的人文性加工具体可以通过文化故事、谜语、拟人、比喻等教学情境的艺术化加工,激发学生的学习动机,发挥学生的想象力与创造力,促进学生对化学事实的社会理解与现实反思。

> **课堂快闪**
>
> 张老师在课堂结束后,给同学们布置了一项作业,让同学们课后准备一个自己最喜欢的化学家与艺术有关的故事,挖掘化学家的艺术细胞。
>
> 小化同学准备了法国科学家拉格朗日以及德国物理学家海森堡的故事:拉格朗日在意大利都灵的圣保教堂聆听圣乐时,萌发了求积分极值的变分法念头;海森堡受音乐理论中泛音振动的频率是基音振动频率的整倍数的启发,做出了原子跃迁的基频与次频的实验。
>
> 小艺同学准备了伟大的科学家爱因斯坦精通小提琴的故事。
>
> ……

在上述案例中,教师通过让每个学生都准备一个自己最喜欢的化学家与艺术有关的故事在课堂上分享,分享的同时,教师可以"伺机"教授化学知识,学生感到有参与感,综合素质会得到提升且学习能力会慢慢增强。例如在屠呦呦教授身上能够看到科学家所具有的音乐情怀,说明科学家和音乐具有一种相辅相成的密切关系。

关于化学家和音乐、科学家和艺术的故事还有很多,教师可以指导学生开展多种形式的主题活动,如策划一期相关主题的黑板报,举行一次征文比赛和演讲比赛等。若要实现让学生从做中学,教师要将主动权更多地交到学生手上,让学生主动地去探索与学习,以更好地促进学生全面发展,以增强学生的科学素养和艺术精神。

解 惑

【问题讨论一】教学情境的人文性加工有何要求?

【答疑】教学情境的人文性加工不仅要求科学、贴切、新颖、信息量合适、艺术化水平高,还要有一定的人文教育价值。如果描述过于繁杂,含有许多虚构成分,就会起到异化概念或者误导概念的负作用,不利于学生在初步掌握概念时更好地辨析概念。

例如,讲解苯环结构发现历程这一科学史事时,大多会讲述"凯库勒的梦"这一趣事。关于这个梦的描述如下:在1864年冬的某一天,德国化学家凯库勒(1829—1896)正坐在壁炉前打瞌睡,睡梦中,原子和分子们开始在幻觉中跳起舞来,一条碳原子链像蛇一样咬住了自己的尾巴,在他眼前旋转。惊醒之后,凯库勒终于明白苯分子是一个环,由六个碳原子首尾相接,由此发现了苯

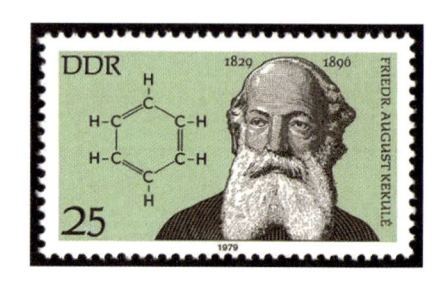

图3-2-7 邮票上的化学家——凯库勒

环的结构(图3-2-7)。可能很多老师就到此戛然而止,没有进一步挖掘背后的科学史事,虽能激发学生的学习兴趣,但缺少一定的人文教育价值,不能培养学生的正确价值取向,学生可能认为科学研究靠做梦就能达到卓越的成就,而不知道这背后的艰苦历程。早在1825年,英国科学家法拉第就发现了苯,但在此后几十年间,苯的结构一直是个谜。有部分资料显示,在1854年,法国化学家约翰·约瑟夫·洛希米特在《化学方法》一书中就已经把苯的分子结构画成六角形环状结构,由于种种原因,"梦中发现说"目前还是被普遍认可、广为流传的。因此,在进行科学史事的讲解时,要注重史事背后的科学性,引发学生思考,培养学生的社会责任。

【问题讨论二】如何实现以音乐为载体进行化学教学?

【答疑】近些年来,相关专业的研究学者在化学教学与学生的多元智能开发方面进行了一些探索,认为在课堂教学中,将乐感和节奏等音乐知识合理地运用到化学当中,能够

更好地引导学生乐于学习和善于记忆化学知识。例如,有的教师在化学课前播放改编的歌曲化学版《青花瓷》,一下子就将学生带入课堂当中,让学生感受到化学还能以音乐的方式呈现。通过歌曲的导入,进而提出化学研究的对象以及学习目的,让学生更加顺利地学习。

卤素一家亲

本小节适用于非金属及其化合物的教学。

传 道

知识要点

1. 硅及其化合物

(1)单质硅

与碳相似,单质硅也有晶体和无定形两种。晶体硅的结构与金刚石类似,它是带有金属光泽的灰黑色固体,熔点高(1410 ℃)、硬度大、有脆性,在常温下化学性质不活泼。晶体硅的导电性介于导体和绝缘体之间,是良好的半导体材料。

(2)二氧化硅

二氧化硅(SiO_2)是硅的重要化合物,其形态有结晶形和无定形两大类,统称为硅石。纯净的二氧化硅是现代光学及光纤制品的基本原料,以其为主要成分的石英、玛瑙深受人们的喜爱。二氧化硅的化学性质不活泼,氢氟酸(HF)是唯一可以与之反应的酸:

$$SiO_2 + 4HF =\!=\!= SiF_4\uparrow + 2H_2O$$

玻璃中含有二氧化硅,所以可以用氢氟酸来刻蚀玻璃。

2. 卤族元素

(1)氯气的性质

在通常情况下,氯气是一种黄绿色、有强烈刺激性气味的有毒气体,密度比空气大。在25 ℃时,1体积的水大约可溶解2体积的氯气,氯气的水溶液称为氯水。

$$Cl_2 + H_2O =\!=\!= HCl + HClO$$

将氯气通入冷的消石灰[Ca(OH)$_2$]中即可制得以次氯酸钙[Ca(ClO)$_2$]为有效成分的漂白粉：

$$2Cl_2 + 2Ca(OH)_2 = Ca(ClO)_2 + CaCl_2 + 2H_2O$$

氯气的实验室制法：$MnO_2 + 4HCl(浓) \xrightarrow{\triangle} MnCl_2 + 2H_2O + Cl_2\uparrow$

(2)次氯酸的性质

次氯酸具有强氧化性，因此，次氯酸能杀死水中的病菌，起到消毒的作用。氯水也因为含有次氯酸而具有漂白作用。次氯酸是很弱的酸，不稳定，只存在于水溶液中，在光照下易分解放出氧气。

$$2HClO \xrightarrow{光照} 2HCl + O_2\uparrow$$

3. 二氧化硫

二氧化硫是无色、有刺激性气味的有毒气体，密度比空气大，容易液化，易溶于水。二氧化硫具有漂白性，它能漂白某些有色物质。其漂白性源于它能与某些有色物质生成不稳定的无色物质，这种无色物质容易分解而使有色物质恢复原来的颜色。二氧化硫易液化，可作制冷剂。工业上还利用二氧化硫与水反应生产硫酸。二氧化硫是大气的主要污染物，在大气中溶于水可形成酸雨。

4. 二氧化氮

二氧化氮是红棕色、有刺激性气味的有毒气体，密度比空气大，易液化，易溶于水。其溶于水生成硝酸和一氧化氮，工业上利用这一原理生产硝酸。二氧化氮也是大气的主要污染物，在大气中溶于水可形成酸雨。

资料库

酸雨

酸雨，是指pH小于5.6的雨雪或其他形式的降水。酸雨主要是人为地向大气中排放的大量酸性物质如SO_2和NO_x所造成的。酸雨可导致土壤酸化，还可诱发植物病虫害，使农作物减产等。酸雨污染控制是一个复杂的控制过程，需要减少工业酸性物质的排放，开发如氢能、太阳能、潮汐能等新能源。

——张新民,柴发合,王淑兰,等.中国酸雨研究现状[J].环境科学研究,2010,23(5):527-532.

授业

> **情境**
>
> **播放视频**
>
> **小艺：**葡萄酒中含有二氧化硫，喝了过后会使我们人体中毒吗？
>
> **张老师：**这个问题问得很好。回答这个问题之前，请先思考一下：既然知道二氧化硫有毒，为什么还要作为食品添加剂添加到葡萄酒中，二氧化硫究竟起什么作用呢？
>
> 资料：葡萄酒酿造过程中经常出现以下问题：(1)葡萄中的有机酸盐难溶于水(有机酸较易溶于水)；(2)葡萄酒易沾染细菌而失去原有的风味；(3)葡萄酒稍不留神就会被空气氧化而变成"葡萄醋"。
>
> **张老师：**从以上的资料卡片可以猜测二氧化硫可能具有提高葡萄酒的酸度、杀菌效果、抗氧化等作用。接下来我们将揭开二氧化硫的真实面纱。

　　元素化合物在生活中有着重要的作用，包含有众多与科学、技术、社会、环境密切相关的内容。如制造飞机外壳的铝合金、新型贮氢合金材料、光导纤维、玻璃钢、隐性材料等都是现代科学领域中关于元素化合物研究的成果，元素化合物知识是中学化学教学内容的重要组成部分，甚至被人称为"真正意义上的化学"。挖掘元素化合物知识的教学价值，应当引导学生正确看待物质，树立正确的价值观，培养核心素养。

课堂快闪

　　张老师在讲解二氧化硫时，通过播放视频，讲解红酒的制作工艺，提出疑问："二氧化硫有毒，为什么还能添加到红酒当中去？"引发学生的思考。再讲授二氧化硫在红酒中的作用，二氧化硫就相当于一个调酒师，将自己添加进去的过程好比调酒师的手艺，让酒更具风味。二氧化硫的加入首先提高了葡萄酒的酸度，将有机酸盐转化为有机酸而改善口味；其次还能杀菌，保持二氧化硫的鲜度，具有抗氧化性，可增加葡萄酒的保存年限，年限越久的红酒味道越香。

　　在上述案例中，针对二氧化硫性质的学习，教师以创设相应的真实生活情境开启教学，符合学习认知规律的教学情境能够引起学生原有认知水平不平衡，引发学生注意、好奇、质疑等急于解决问题的心理状态,促进知识的获得。通过以上提问,引发学生的思考,培养学生正确的价值观,促进学生科学态度与社会责任素养的发展。

课堂快闪

张老师在讲解氯气的性质后,为了加强知识的巩固,课上将学生分成四组,进行有奖游戏抢答活动,回答正确得2分,回答错误扣1分。最终得分最高的小组获胜,获得礼品一份;得分最低的小组需要根据元素、化合物的性质表演舞台剧,下节课上课前进行表演。部分题目如下。

1. 氯气的实验室制法是(　　　　　　　　　　　　　　)。
2. 判断题:氯水光照时有气泡逸出,该气体是氯气。(　　)
3. 下列关于氯气的叙述中正确的是(　　)。
A. 氯气是一种黄绿色、有毒的气体
B. 氯在自然界中既可以化合态的形式存在,也可以游离态的形式存在
C. 氯气不能溶于水,所以可用排水法收集
D. 氯气、氯水、液氯是同一种物质,只是状态不同,都属于纯净物
4. 判断题:氯气的氧化性很强,能漂白织物。(　　)
……

非金属元素及其化合物知识涉及较多的陈述性知识,如化学物质的性质、化学式、化学反应、用途等。在上述案例中,教师把游戏的形式融入对学生的知识掌握评价中,在游戏的过程中考查学生的学习情况。教师为学生创设了游戏情境,学生在特定的情境中学习。让学生亲身去实践,充分地体现杜威的"做中学"的思想,调动学生的积极性和主动性,让学生在快乐中学习,享受学习的乐趣。游戏的设计,首先要注意协调化学与游戏之间的平衡点,要充分保证学生在快乐中学习,而不是单纯地学或玩。其次,还要注意对学生思想态度的引导。在学生了解以上非金属及其化合物后,教师还让学生根据这些化合物的物理、化学性质进行舞台剧等表演形式的创作,将科学与艺术相融合。

此外,还可以将化学与音乐相结合,采用歌曲等方式为教学内容注入情感,这些情感化设计有利于知识的巩固与有效记忆,优先对带有强烈情感的信息进行加工。教师在完成教学后,可以组织学生进行歌词改编的比赛,要求学生兼顾科学性与艺术性的融合,不仅要保证知识的准确性、完整度,还需要考量歌词是否恰当、易于歌唱。

课堂快闪

借鉴歌曲《青花瓷》中的旋律，可改编歌词如下：

"蓝色絮状的沉淀跃然试管底，铜离子遇氢氧根再也不分离，当溶液呈金黄色因为铁三价，浅绿色二价亚铁把人迷，电石偷偷去游泳生成乙炔气，点燃后变乙炔焰高温几千几，逸散那二氧化碳，石灰水点缀白色沉淀，苯遇高锰酸钾，变色不容易甲苯上加硝基，小心TNT……"

类似的还有化学版《菊花台》《爸爸去哪儿》《化学元素周期表歌》《同桌的你》《当你老了》《王妃》等。

上述案例通过简单熟悉的旋律，让枯燥无味的背记变为妙趣横生的歌唱，将一些杂乱的知识点串联在一起，丰富学生头脑中的知识网络结构，促进知识的学习与获得，让学生在愉快的氛围下学习化学，通过音乐寓教于乐，实现跨学科的融合，使得化学课堂更具艺术性和思想性。

解 惑

【问题讨论一】二氧化硫是一种具有刺激性且有毒的气体，同时还是大气的主要污染物。二氧化硫为什么可以用于红酒当中，人喝了就不会中毒吗？

【答疑】二氧化硫确实具有毒性，但是抛开剂量谈毒性都是不可靠的，联合国粮食及农业组织（FAO）和世界卫生组织（WHO）联合食品添加剂专家委员会（JECFA）规定的二氧化硫安全摄入限量是每天 0.7 mg/kg。这就意味着，一个 60 kg 的成人，每天最多只能摄入 42 mg 二氧化硫。如果以葡萄酒中二氧化硫含量实际平均值 100 mg/L 来计算，那么一个成人一天适宜的葡萄酒限量是 420 mL。而喝这么多红酒，危害更大的是酒精对肝脏的损伤。葡萄酒酿造工艺中，二氧化硫能够杀死葡萄皮表面的细菌或抑制它们的活性；适量使用二氧化硫，可杀死劣质酵母，发挥优质酵母的发酵作用。在葡萄酒陈酿及储藏期间，二氧化硫也能够起到抑菌及防腐保鲜的作用。另外，二氧化硫还兼有抗氧化性，加速色素、有机酸等溶解的作用。

【问题讨论三】84 消毒液能和洁厕灵混用吗？

【答疑】不能。84 消毒液的主要成分是次氯酸钠，而洁厕灵的主要成分是盐酸，二者混合会发生反应：$NaClO+2HCl = Cl_2\uparrow +NaCl+H_2O$，产生的氯气是一种黄绿色的有毒气体，曾在一战中作为化学武器使用，造成大量人员伤亡。因此，不能将二者混用，以避免造成不幸的灾难。若是少量混用，闻到刺激性气体后，马上离开现场到通风处，眼部和皮肤若有接触应立即用清水冲洗。若在通风处仍然不能缓解，或症状持续，应到医院就诊。

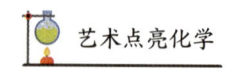

资料库

84消毒液

84消毒液是一种广泛应用于杀灭细菌和病毒,具有杀菌率高、杀菌种类多的特点。最先研发于1984年,用于杀灭甲肝病毒的暴发,起初定名为"84"肝炎洗消液,后更名为"84消毒液"。主要成分为次氯酸钠($NaClO$),为无色或淡黄色液体,有效氯含量1.0%至6.5%不等。可通过Cl_2与$NaOH$反应制得($2NaOH+Cl_2 = NaClO+NaCl+H_2O$),其消毒原理是利用$NaClO$的强氧化性杀灭细菌和病毒,不仅能迅速杀灭甲、乙、丙、丁各型肝炎,性病,艾滋病,脊髓灰质炎等病毒,还能迅速杀灭各类细菌芽孢。

——李道重. 84消毒液的安全使用[J]. 中国洗涤用品工业,2015(5):26-30.

主要参考文献

[1] 杜石然. 中国科学技术史(通史卷). 北京:科学出版社,2003.

[2] 许宝华,肖强. 在化学课上运用"音乐益智"法进行教学的初步研究[J]. 化学教育(中英文),1997(10):22-25.

第四章

戏剧中的化学

18世纪，法国著名思想家卢梭首次提出"在戏剧实践中学习"的教学理念。该理念倡导戏剧与教育相结合的教学方式，随后在欧美国家有了深远的影响，衍生出"教育戏剧"并用于指导教学实践。而在中国，教育戏剧这一教学方法还不够成熟，大多数教师对教育戏剧的把握不是很到位。此外，这一富有创新性的教学方法还没有独立的教育理论基础和实践基础，所以也并未真正普及到中小学课堂。教育戏剧（图4-0-1），是以教育为主要目的的带有戏剧与剧场性质的教学方法与教育模式，是运用戏剧与剧场的技巧从事学校课程教学的一种方式，其最终目标是培养全面发展的人。

（一）戏剧促进化学教学

戏剧艺术的形象性、多种艺术形式的综合性可以将理论性的化学课堂变得生动活泼。戏剧艺术之所以能促进化学教学，是因为戏剧的形象性、综合性可以加深学生对枯燥抽象的化学知识的理解。

例如，在江苏南京航空航天大学附属高级中学，为了帮助学生掌握看不见、摸不着但又真实存在的化学键，教师将教学内容设计成一出情景剧，设置一名旁白、三名演员（一位扮演钠原子，一位扮演氯原子，一位扮演氢原子）。通过学生诙谐的表演，用形体和语言将离子化合物中的

图4-0-1　教育戏剧

电子得失和共价化合物中共用电子对的形成的区别表达得淋漓尽致。教室里一片笑声,枯燥乏味的课堂变得生动而有趣、轻松而高效。

可见,不只是戏剧艺术促进化学教学,化学的内容也是一种独特的戏剧形式,化学和戏剧可以在内容和形式上相互融合,相互发展。

此外,将化学史改编成戏剧小品同样是一种新的教学方法,即互动历史小品。它是由美国 Wandersee 开发,把科学史融合到科学课程中的一种教学技术。这种教学技术就是把与教学主题有关的化学史改编为一系列生动活泼、精心设计、简短的(大约15分钟)戏剧小品,每周一次,每次都把课程中要学习的化学概念进行精心编制,并把注意力集中到化学本质的一个重要方面,从而达到把化学史融入现有化学课程中的目的。教师在组织教学内容的时候,应充分挖掘相关史实资料,合理选择内容编排为化学史戏剧。例如,以角色扮演的方式重现拉瓦锡破除"燃素说"的整个过程,以多幕剧的形式呈现科学家发现原子的历程等。教育戏剧让学生从表演中领会科学家探索化学发展的过程,学习原子、分子等化学知识,培养学生的交流沟通能力,在师生互动和生生互动中发展学生的综合能力。

(二)化学教学与戏剧艺术的融合

戏剧艺术与化学教学的融合具体体现在教学的各个环节,主要包括化学戏剧课的课前准备、课堂戏剧表演和课后教师评价三个方面。以课前准备为例,学生不仅要了解化学学科中的知识要点,还要简单学习戏剧的表演方式,这对学生来说,是一个收集和处理学习资料的过程。教师在课前准备中也发挥着重要作用,教师要对学生收集的资料进行加工和处理,在学生表演的过程中还要进行恰当的指导。这种戏剧教育的课堂对教师提出了高要求。教师不仅要有敏锐的观察力,能对学生选择的内容进行合理的指导,还要有准确的判断力,对学生的戏剧表演进行一定的指导,进行化学戏剧教学,寓教于乐。教师的专业发展中有一条要求,教师要有丰富的人文素养,如果一个教师对戏剧的基本形式不了解,那教育戏剧、戏剧教学法这些富有创新性的课堂教学形式也不会进入他们的课堂。

化学学科的许多知识点和探究活动都为化学戏剧教学开发提供了资源,但是,由于受化学学科专业性质的限制,戏剧与化学的融合不能完全像英语、语文学科那样灵活自如地选用戏剧教学法。所以,这对化学教师提出了更高的要求。化学教师要善于发现化学学科中能运用戏剧教学法进行教学的知识,教学中要时刻留心学生的成长。化学教师要为学生搭建一个戏剧教学的舞台,比如选择合适的主题并精心设计故事背景。化学教师要注重优化戏剧表演活动的过程,教学中开展选角动员工作和剧本设计工作,引导学生发挥想象力。如果能够充分利用戏剧的综合性、形象直接性，戏剧艺术与化学教学的融合将会成为培养学生人文素养、实施人格教育的新途径。

在当前的化学课堂中，教育戏剧是一种新颖的教育形式，涵盖了开发化学戏剧教学课堂、表演化学戏剧、评价戏剧课堂等多个环节，这些环节之间相互联系、相互影响。我们要用戏剧的各种艺术特征和方法点亮化学课堂，让化学课堂展现出艺术之美，让这种美发挥出它的教育力量，促进学生全面发展。

第一节 独幕剧——钠、天然有机物、碳酸钙

"钠"一家人

本小节适用于钠及其化合物的教学。

传 道

知识要点

钠是最常见的碱金属元素，元素名来源于拉丁文，原意是"天然碱"。1807年，英国化学家戴维首次用电解熔融氢氧化钠的方法制得钠，并为其命名。钠在地壳中的含量为2.83%，在地壳元素中居第六位，主要以钠盐的形式存在。钠在元素周期表中位于第3周期、第ⅠA族，是碱金属元素的代表。

1. 金属钠的物理性质

钠为银白色质软金属，可用小刀切割，新切面有银白色光泽，密度比水小，为0.97 g/cm³，熔点97.81 ℃，沸点882.9 ℃。

2. 金属钠的化学性质

钠的化学性质很活泼，在空气中很容易被氧化成氧化钠。钠在空气或氧气中点燃，会发出黄色火焰，生成过氧化钠；和水剧烈反应生成氢氧化钠；与醇反应生成醇钠。通常将钠保存在煤油或石蜡中。钠在高温下可以和硅酸盐反应，腐蚀玻璃和瓷器。图4-1-1所示为高压钠灯，具有发光效率高、耗电少、寿命长等优点。

3. 知识网络图

钠的知识网络图如图4-1-2所示。

艺术点亮化学

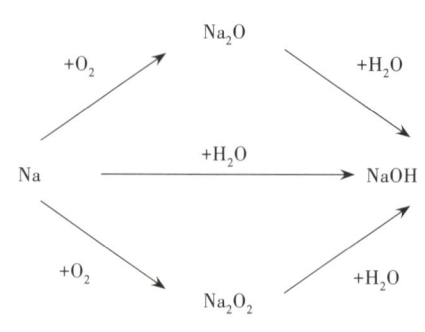

图 4-1-1　高压钠灯　　　　图 4-1-2　钠的知识网络图

授业

情境

张老师：同学们，老师要给你们讲一个有趣的故事。故事的主人公是一个名叫钠的孩子，他非常活泼，很多人都喜欢和他一起玩！有一天，钠觉得需要一个人独处，他竟然把自己浸在了煤油里。你们能想象吗？钠真是个独特的孩子！

这时，一位化学家看到了钠浸在煤油里，觉得很奇怪，于是将钠小心地从煤油中取了出来。随后，这位化学家从钠的身上切了一小块放进了盛有水的烧杯中。这时发生了神奇的变化！钠在水面游来游去，周围还发出了"嘶嘶"的声音，他完全无法控制自己，只能感受到一股气流在推着他游动。慢慢地，钠游动的速度变得越来越慢，最后开始融化了。

然而，这位化学家并没有停下来，他在烧杯中滴入了一滴无色酚酞。大家猜一猜发生了什么？溶液瞬间从无色变成了红色。这一变化让化学家非常高兴，他兴奋地说道："原来把钠投到水中会形成氢氧化钠！氢氧化钠是钠氏家族的一员。"

上述故事以一个名叫钠的孩子为主角，以钠溶于水的化学实验为情节，揭示了钠元素的活泼金属性，让读者身临其境，在虚拟情境中完成观察、想象、创造和反思的过程。戏剧艺术可以促进化学教学，元素及其化合物的知识点多且零散，因此非常适合将某一元素的单质、氧化物、氢氧化物、盐设定为不同人物，使用情境线索串联知识，帮助学生整理把握元素化合物之间的联系，加深陈述性知识的记忆和理解。

最近发展区理论提出学生的发展有两种水平：一种是现有的水平，也就是学生在活动中能够达到的解决问题的水平；另一种是学生通过学习以后，激发潜能之后到达的发展水平。结合建构主义理论，在课堂教学中引入最近发展区理论的关键是将学习的问题贯穿教学始终，帮助学生建构所学知识的意义。这可以通过以下方式实现：教师设计一些学生通过自身的努力或者合作学习可以解决的问题,在课堂环节提供图书、互联网、短片等教学媒体资源,激发学生的创造力和想象力。

> **课堂快闪**
>
> 　　在讲到钠的基本性质时,张老师以西北地区某制钠厂着火的新闻事件为引子,开始新课教学。紧接着,张老师抛出一连串问题:制钠厂选址为什么设在距盐湖近且天气干燥的西北地区?制钠厂其他车间为什么能生产氢氧化钠?正当同学们一头雾水时,老师播放钠与水反应的实验视频,提示同学思考钠的保存方式以及钠与水反应的可能产物,学生能根据所学知识提炼出问题的答案。经过一番激烈讨论,同学们尝试表演《化学家发现氢氧化钠》戏剧片段。

　　学生在初中已经初步了解钠、钠盐和氢氧化钠,但是尚未系统梳理钠的物理性质和化学性质,对氢氧化钠的制备方法也不清楚。而"钠及其化合物"这一单元教学主题具有丰富的实验素材。所以在课堂上,教师以实验素材为指引,用直观的画面和特别的声音刺激学生的多感官认知通路,能够促进先验知识的有效激活。

> **课堂快闪**
>
> 　　掌握了钠与水会发生剧烈反应以后,学生纷纷表示对于制钠厂着火的原因还有疑问,于是张老师发布"从钠燃烧发现氧化钠与过氧化钠"戏剧表演任务,学生组队分配角色与任务,学生仔细对比氧化钠、过氧化钠这两种钠的含氧化合物,找到关键差异在于与氧反应的条件不同,并设计如下剧本:主人公钠在煤油中郁闷不堪,渴望呼吸新鲜空气。当他伸出手与氧气接触时,产生了白色的氧化钠固体。兴奋之际,钠不慎从煤油瓶中摔落到炎热的地面上。再次与氧气接触且在高温作用下,他的脚尖燃烧起来。惊喜的是,燃烧区域生成了淡黄色的过氧化钠固体。
>
> 　　学生们扮演得非常投入,呈现了一出精彩大戏。表演结束以后,张老师布置课后作业,让学生用表格分类整理氧化钠和过氧化钠两种化合物的化学式、生成条件、化学性质和用途,并从安全角度思考制钠厂的灭火措施。

　　上述教学过程中,教师是重要的辅助者,指导学生进行扮演前的准备,包括剧本撰写、道具准备、资料查找等。完成了以上准备工作后,学生才能正式开展戏剧表演。教育戏剧表演能刺激学生有意识地从教学资源中提取相关的可用知识,利用旧知识和原有经验进行推导、延伸、论证,最后推导出钠与氧气在不同条件下的多种产物。

　　在戏剧表演中,学生对于所表演的化学物质的学习、领悟和扮演都有了新的体会和顿悟。教师要组织学生自主评价,同时也将课堂主线回溯到元素化合物的知识网络构建中,在练习巩固中诊断学生对关键知识点的掌握情况。教师布置的作业既能帮助学生将易于混淆的内容用表格分类整理,又突出了化学学科的社会生活价值,培养学生形成结构决定性质、性质决定用途的学科观念。

解 惑

【问题讨论一】钠的化合物的教学内容中,重点是氧化钠和过氧化钠的性质,两者在性质上有一些共性和差异性。根据性质决定用途的思想,氧化钠和过氧化钠的性质和用途有何差异?

【答疑】氧化钠与过氧化钠的组成相似,都属于金属氧化物,但物理性质和化学性质差异很大。根据碱性氧化物的定义(与碱反应生成盐和水的化合物),氧化钠属于碱性氧化物而过氧化钠不属于碱性氧化物。学习元素化合物知识可以采用信息图示法帮助学习对相似的化学知识进行归纳、分类和比较。学生绘图时可以借助思维导图和表格等工具,从物质类别、元素化合价、结构等多角度理解物质

图4-1-3 生活中的含钠产品

的性质和用途,加深对相似化学物质的理解和记忆,建立化学学科认知结构。氧化钠和过氧化钠的物理性质和化学性质比较结果如表4-1-1所示。

表4-1-1 氧化钠与过氧化钠的比较

名称	氧化钠	过氧化钠
化学式	Na_2O	Na_2O_2
氧元素价态	-2	-1
生成条件	$4Na+O_2 = 2Na_2O$	$2Na+O_2 \xrightarrow{点燃} 2Na_2O_2$
颜色状态	白色固体	淡黄色固体
类别	碱性氧化物	过氧化物
与水反应	$Na_2O+H_2O = 2NaOH$	$2Na_2O_2+2H_2O = 4NaOH+O_2\uparrow$
与CO_2反应	$Na_2O+CO_2 = Na_2CO_3$	$2Na_2O_2+2CO_2 = 2Na_2CO_3+O_2\uparrow$
与HCl反应	$Na_2O+2HCl = 2NaCl+H_2O$	$2Na_2O_2+4HCl = 4NaCl+2H_2O+O_2\uparrow$

续表

名称	氧化钠	过氧化钠
主要用途	脱氢剂、化学反应的聚合剂、缩合剂	供氧剂、强氧化剂、漂白剂

【问题讨论二】在钠及其化合物的学习中,如何培养学生形成"结构决定性质,性质决定用途"的学科观念?

【答疑】课前导入环节,教师引导学生简单复习金属钠的原子结构,通过结构决定性质推测金属钠易失电子,还原性强,形成结构决定性质的观念。课上教师将钠及钠的重要化合物拟人化,帮助学生准备剧本和道具,以主人公钠遇到水和氧气后发生的故事为主线,依次揭秘氢氧化钠、氧化钠、过氧化钠和碳酸钠(过氧化钠与二氧化碳反应生产碳酸钠)的由来,培养学生的观察、分析和推理能力。在戏剧表演结束后,学生要用文字和化学方程式解释过氧化钠作为水下潜水艇的供氧剂的缘由。通过整理反思,知识内化,学生能准确剖析过氧化钠与水和二氧化碳的反应原理,从氧化还原反应的角度出发,正确分析反应的氧化剂和还原剂,建构过氧化钠的性质模型。

图 4-1-4 呼吸面具

$$2Na_2O_2+2H_2O = 4NaOH+O_2\uparrow$$

$$2Na_2O_2+2CO_2 = 2Na_2CO_3+O_2\uparrow$$

【问题讨论三】过氧化钠与氧化钠在水中能否稳定存在呢?

【答疑】过氧化钠属于过氧化物,氧化钠属于碱性氧化物。它们都不能在水中稳定存在,但是原因有所区别。当遇到水分子时,氧化钠的氧负离子和水电离产生的氢离子结合形成了氢氧根离子,静电作用下,氧化钠电离产生的钠离子与氢氧根离子形成离子键,生成氢氧化钠,反应前后元素价态没有改变,不属于氧化还原反应。过氧化钠与水发生了氧化还原反应,过氧化钠既是氧化剂,又是还原剂,反应前后元素价态发生了改变。

$$Na_2O+H_2O = 2NaOH$$

$$2Na_2O_2+2H_2O = 4NaOH+O_2\uparrow$$

艺术点亮化学

森林之王——紫杉

本小节内容适用于天然有机物的教学。

传 道

知识要点

(1) 从金鸡纳树皮中提取的奎宁($C_{20}H_{24}N_2O_2$)对治疗疟疾有奇效。

(2) 1971年,我国科学家屠呦呦首次从植物青蒿中提取了一种倍半萜内酯类过氧化物,命名为青蒿素($C_{15}H_{22}O_5$)。

(3) 鬼臼毒素($C_{22}H_{22}O_8$)是有效抗肿瘤成分,但毒性反应严重,经过结构修饰后用于临床。

(4) 长春碱($C_{46}H_{58}N_4O_9$)可阻止癌细胞分离繁殖,1958年从马达加斯加长春花中提取,对淋巴细胞白血病有较好的疗效,作用靶点是微管。

(5) 喜树碱($C_{20}H_{16}N_2O_4$)对多种动物肿瘤有抑制作用,与常用抗肿瘤药物无交叉耐药性。羟喜树碱比喜树碱的抗肿瘤活性更大而毒性更小。

(6) 紫杉醇($C_{47}H_{51}NO_{14}$)的抗肿瘤机制是通过诱导和促使微管蛋白聚合成微管,抑制细胞分裂和增殖。

授 业

情境

张老师:今天我带领同学们一起参观这片神奇的森林。这里长满了各种草药和植物,比如这棵金鸡纳树,虽然看起来其貌不扬,但其树皮提取的主要生物碱——奎宁具有治疗间歇性发热、发冷和肝脾肿大的神奇效果,能够杀灭疟原虫。除了奎宁,青蒿素也是抗击疟疾的有效武器。它是从植物黄花蒿的组织细胞中所提取的一种代谢产物,不仅生产成本低,而且疗效好,毒性小。

张老师

小化

图4-1-5 金鸡纳树

150

大家还知道哪些从植物中获取的天然有机物具有抗癌、抗肿瘤、抗疟疾的药效呢?

小化:我知道!鬼臼的根茎是天下至宝,可以预防肿瘤!长春花含有的长春碱既有抗肿瘤作用,又能治疗淋巴细胞白血病。

张老师:小化说得很好。但是,鬼臼和长春花的毒性都很强,长期服用会对人体造成伤害。论治疗肿瘤的能力,紫杉被誉为有史以来最受欢迎的抗癌能手,因其含有的紫杉醇具有显著的抗肿瘤能力而获此殊荣。它可以治疗卵巢癌、乳腺癌和非小细胞癌等多种恶性肿瘤。那么哪种植物的能力最优秀呢?其实,每个人都有自己的优点和不足,就如同这些植物药一样,能够作为抗肿瘤的药物为人类带来福音,但也会产生一定的毒副作用。学会科学辩证地看待事物,将是我们立足于未来社会的资本。

图4-1-6 青蒿

图4-1-7 鬼臼 　　　　　　图4-1-8 长春花

大多数人对于天然有机物的了解都来源于一些中医药方,上述情境中列举的奎宁、青蒿素、鬼臼毒素、长春碱以及紫杉醇都是能从植物中分离提纯的天然有机物,部分物质具有一定毒性。

天然有机物的教学内容是开展 STSE 教育的良好素材。在紫杉醇、青蒿素等天然有机物的学习过程中,学生不仅学到了化学知识,还对科学技术带来的进步有了更深的认识。如果没有生化技术的发展,或许我们现在还生活在疟疾的阴影下。但同时,科技的发展对社会和自然资源的影响一直以来都是有两面性的。因此,教师要引导学生形成辩证思维,要理性地看待事物的两面性,形成严谨务实的科学态度。

根据知识加工理论,符合学生认知规律的情境线索会引发学生的认知冲突和学习动机。教师要按照学生的学业水平有针对性地设计教学情境,对于新手学习者要用光、声音和颜色等感官的变化刺激学习者的认知需求,呈现必要的解释性文本,设计难度适中的任务。对于熟手学习者,多余的教学辅助手段反而容易增加外部认知负荷,产生扇面效应,反而妨碍了学习,可以设计高挑战性任务,以此帮助学生活用知识,增强问题解决能力。

> **课堂快闪**
>
> 在进行研究有机化合物的一般方法教学时,张老师选定"调研青蒿素的提取历程"作为项目主题。课堂伊始,老师告诉同学们:今天我们要认识我国第一位获得诺贝尔生理学或医学奖的科学家,她叫屠呦呦。在获奖之后她说:一个科研的成功不会很轻易,要做艰苦的努力,要坚持不懈、反复实践,关键是要有信心、有决心来把这个任务完成。科学研究不是为了争名夺利,科技工作者要去掉浮躁,脚踏实地!之后,张老师播放屠呦呦在瑞典的演讲《青蒿素是传统中医献给世界的礼物》的视频。看完视频以后,同学们都被屠呦呦提取和研究青蒿素的坎坷历程所感染。善于思考的同学产生了疑惑:青蒿素的化学结构是什么呢?分离提纯有机物的常用方法是什么?然后,张老师循循善诱,引导学生充分学习、理解有机化合物分离提纯和分子结构确定的步骤与方法。

上述教学片段的授课对象是新手学习者,为了充分激发学生的学习动机,教师用绘声绘色的语言引出屠呦呦提取青蒿素的历程,用科学家的科研事迹感染学生,使学生产生强烈的情感共鸣。这一教学方式能帮助初次接触青蒿素等天然有机物的学生感受青蒿素对中医学领域发展乃至世界抗疟事业的重要意义,感受现代科技对有机化学发展所发挥的推动作用,培养学生严谨、求真和务实的科学探究精神与态度。

> **课堂快闪**
>
> 张老师介绍了青蒿素提取的项目背景之后,带领同学们探索青蒿素提取的奥秘。
>
> 首先,老师提供资料卡片:屠呦呦从《肘后备急方》"青蒿一握,以水二升渍,绞取汁,尽服之"的记载中得到启发,她决定采用什么方法提取青蒿素?失败的原因是什么?学生做出猜想:用水浸泡提取效果不佳的原因可能是浓度不够;"绞汁"和中药常用的热水煎服不同,可能是因为青蒿素在高温下被破坏。
>
> 其次,张老师介绍屠呦呦团队先后使用水、乙醇和乙醚提取青蒿素,最终在粉碎的黄花蒿中,用乙醚在 60 ℃的温度下获得青蒿提取物。老师让学生弄清楚提取青蒿素的实验操作是什么,并用生活实例解释。同学们经过激烈的小组讨论之后,总结泡药酒、浸出食用油都是将有用成分浸出到有机溶剂中。
>
> 最后,老师让学生查阅资料,分析从茶叶中提取茶多酚所用的实验方法,分组讨论实验思路并设计流程图。

上述教学片段的授课对象为熟手学习者,他们对萃取的基本原理和实验装置有了初步了解,能够更高效地完成项目式学习任务。课堂上,小组调研青蒿素的提取方法发展史,结合泡药酒等生活经验,提炼出青蒿素提取过程中所用实验方法的依据和具体的实验操作。最后,小组协作完成提取茶多酚的项目式学习任务。在解决这一项子任务时,学生需要了解青蒿素和茶多酚等有机物分离提纯的相通之处,从物质性质出发选择混合物的分离、提纯方法和实验仪器,分析、解释并论证实验方案的可行性。本项目式学习的核心在于利用问题优化头脑中的有机化学认知网络,培养学生的知识迁移能力和科学探究意识。

资料库

屠呦呦——中国第一位诺贝尔生理学或医学奖获得者

越南战争期间,越南军队在印度支那半岛(现在的中南半岛)的战场上受到了疟疾的困扰。越南军队战斗力严重受挫,于是求助于我国,1967年5月23日,解放军总后勤部商请国家科学技术委员会,并会同卫生部等部门召开了"疟疾防治药物研究工作协作会议",此后,"523"就用以指代此次疟疾防治研究项目。

屠呦呦就是中国"523"项目的代表性人物。她和同事们一同查阅历代医药记载,最终发现从青蒿中提取的青蒿素对疟疾有显著疗效。

2015年12月,屠呦呦凭借治疗疟疾的新疗法,成为我国第一位获得诺贝尔生理学或医学奖的本土科学家。她是中国的骄傲,也是中国科学界的骄傲。

——刘源隆.屠呦呦:青蒿素,送给世界的礼物[J].小康,2018(36):56,57.

解 惑

【问题讨论一】青蒿素是传统中医献给世界的礼物,在疟疾治疗中发挥了重要作用。青蒿素分子结构与其抗疟作用是否存在关联?

【答疑】青蒿素作为一种倍半萜内酯类化合物,其最独特的结构是分子内过氧桥,没有过氧桥结构的类似物会失去青蒿素类药物的主要功能,该结构是青蒿素分子功能的核心。基于目前青蒿素及其衍生物作用的理论和实验证据,分子内过氧桥能被疟原虫体内的二价铁或血红素铁激活(图4-1-9),激活后的青蒿素产生自由基,通过烷基化作用修饰其他分子,如脂类、蛋白质、DNA等,从而阻断这些分子的功能,进而导致虫体损伤。

图4-1-9 青蒿素类药物被铁激活并影响脂类和蛋白质分子

【问题讨论二】紫杉醇作为一种从红豆杉属类植物(图 4-1-10)中分离提取出的一种抗肿瘤药物,其抗癌原理是什么?

【答疑】紫杉醇是从红豆杉属植物中分离出的一种结构复杂的天然产物,其化学结构复杂,性质各异。在癌症治疗方面,紫杉醇是可以促进微管蛋白聚合和稳定已聚合微管的抗肿瘤药物。紫杉醇能够通过加强微管蛋白聚合作用抑制微管解聚,以破坏肿瘤细胞有丝分裂、抑制 DNA 结合,最终控制病情进展和肿瘤转移,延长患者的生存期。这是紫杉醇抗癌活性之所在。

图4-1-10 紫杉

炼不化的石头——SiO₂、Al₂O₃、CaO

本小节适用于碳酸钙、二氧化硅、氧化钙的教学。

传 道

石头的种类有很多，其成分也各不相同，有黏土质的石头（主要成分为二氧化硅和氧化铝）、高铝质的石头（主要成分为氧化铝，也含有一定量的二氧化硅）、石灰石（主要成分为碳酸钙）、硅酸钙类石头、菱镁矿石（主要成分为碳酸镁）等。一般常见的石头的主要成分为二氧化硅和氧化铝等。

1. 碳酸钙

碳酸钙是无味、无臭的白色粉末固体，有无定形和结晶形两种形态；相对密度为 2.71；825～896.6 ℃易分解成氧化钙和二氧化碳；难溶于水和醇，易溶于酸。在自然界中主要以石灰石和大理石形式存在，可作建筑材料。

2. 二氧化硅

二氧化硅又称硅石，有结晶形和无定形两大类。熔点 1723 ℃，沸点 2230 ℃，不溶于水。天然二氧化硅在地壳中含量丰富，约占地壳质量的 12%，不与一般的酸反应，能与氢氟酸反应。

3. 氧化铝

氧化铝为刚玉的主要成分。白色粉末，熔点为 2054 ℃，密度（25 ℃）为 3.5～3.9 g/mL，不溶于水、醇和醚，易溶于强酸、强碱。氧化铝和二氧化硅是陶瓷的主要成分。

图 4-1-11　精美的陶瓷

图 4-1-12　大理石材料

艺术点亮化学

解 惑

情境

小化： 《西游记》众人皆知,想必其中的剧情大家也都熟记于心,现在,让我们从化学的视角再看一遍《西游记》,大家知道孙悟空的化学成分是什么吗?

小化： 我知道,孙悟空是石头里蹦出来的"石猴",常见的石头的化学成分主要有硅铝酸盐、硅磷酸盐、氧化铝等。所以,石猴是 SiO_2、Al_2O_3、$CaCO_3$、$CaSiO_3$ 等稳定化合物组成的混合物。

张老师： 小化同学说得非常好!大家都知道,太上老君的"八卦炉"没能将孙悟空炼化,这里面也有化学知识。大家能否利用化学知识解释破炉炼出的悟空如何脱胎换骨,其中发生了哪些变化呢?

小艺： 我可以解释!"八卦炉"最高只能达到1200 ℃左右。SiO_2 的熔点在1723 ℃左右,Al_2O_3 的熔点是2054 ℃,都非常高。$CaCO_3$ 虽然在900 ℃左右就分解了,但它却生成了CaO(熔点2572 ℃)这样高熔点的物质,即在1200 ℃高温,得天独厚的孙悟空却炼出了火眼金睛,而且 $CaCO_3$ 发生分解会释放 CO_2 气体,导致丹炉爆炸,孙悟空便破炉而出。

张老师： 小艺说得对!如此厉害的孙悟空却能老老实实地听唐僧的命令。这节课我们就一起探秘《西游记》中的化学元素!

  作为中国文学史上的经典巨著,《西游记》描绘了一个神奇瑰丽的幻想世界,创设了一系列引人入胜的故事情节,塑造了孙悟空、唐僧等深入人心的人物形象,深受青少年的喜爱,也为戏剧改编提供了丰富的素材和创作空间,其中的很多桥段,比如孙悟空大闹天宫、孙悟空大圣金身等情节都蕴含一定的化学原理,这些元素可以在戏剧舞台上通过音乐、舞蹈和特效等形式生动呈现,激发学生学习化学知识、探索真理的热情和兴趣。

  根据情境认知理论,情境是一切认知活动的基础,对教学情境的思想性、价值性、艺术性方面进行加工处理能有效刺激学习者的认知需求。情境加工方式之一,就是通过资料拓展栏目、引导课外阅读、开设课题研究小组等方式融入课堂教学,最后由学习者创造性使用戏剧表演方式对文学作品进行艺术化呈现。化学中许多抽象概念的理解需要大量感性认识的支撑。情境正是提供感性支撑的最佳途径,注入情感的情境能有效促进学生认知发展,有利于后续知识的提取和迁移。

> **课堂快闪**
>
> 在讲解硅及其化合物时,张老师播放《西游记》中孙悟空在炼丹炉中炼成火眼金睛的影视片段,并用绘声绘色的故事性语言进行二次加工。老师提出问题:从化学角度解释孙悟空的火眼金睛的化学成分是什么?为什么能让妖怪无处遁形?学生根据二氧化硅在高温条件下与碳酸钙和碳酸钠发生的化学反应,得到结论:孙悟空的主要成分是二氧化硅,二氧化硅在炼丹炉里发生玻璃化反应,生成硅酸钙($CaSiO_3$)和硅酸钠(Na_2SiO_3)两种硅酸盐。而硅酸钙、硅酸钠和二氧化硅这几种化合物正好是玻璃的主要成分。

这里的玻璃起到了"照妖镜"的神奇效果,赋予了"齐天大圣"识辨妖魔的能力。从西游记的戏剧情节切入元素化合物的学习,可以减轻学生的畏难情绪。学生对于玻璃这种常见的硅酸盐材料有了新的感悟。观看戏剧片段既能活跃课堂气氛,又能引起学生对我国古代典籍以及化学与人类文明关系的思考,开拓学生的视野,还能提高课堂效率,一举多得。

> **课堂快闪**
>
> 在复习钙及其化合物时,张老师想要检验学生是否掌握了氧化钙、氢氧化钙以及碳酸钙相互转化的过程及其现象。于是,张老师给学生布置了"假如你是孙悟空"的表演任务。学生们课前仿照《西游记》的影视剧和小说情节,撰写"八卦炉"里火烧孙悟空的表演剧本。排练表演时,张老师指导小编剧和演员:孙悟空在破炉而出后需要表现出暴躁的角色特质,即使经历风吹雨打,孙悟空也能刀枪不入。一开始,同学们非常疑惑。但是在表演过程中,同学们逐渐理解了其中蕴含的化学知识:氧化钙有很强的吸水性,可以吸收空气中的水蒸气生成硬度高的氢氧化钙,该反应为放热反应,使得悟空全身温度升高,故而暴躁。

在上述教学片段中,教师将氧化钙、碳酸钙、硅酸钙等化学知识融入学生耳熟能详的神话故事《西游记》,让学生从物质变化和能量变化等方面挖掘孙悟空的化学本质,并能够用其解释孙悟空容易狂躁而500年后身体刀枪不入的原因。为了解决问题,学生回顾了钙和硅元素有关的元素化合物知识,用戏剧表演的形式将化学反应表现出来。在复习课使用教育戏剧可以提供知识搜索和提取的复合情境任务,有利于知识精确编码,发展学生运用多学科的知识解决实际问题的综合能力。

解 惑

【问题讨论一】孙悟空破炉而出后为什么性情十分暴躁呢？经历九九八十一难,孙悟空又如何造就刀枪不入、坚硬无比的金身呢？

【答疑】孙悟空刀枪不入的原因在于,碳酸钙在高温下会分解成氧化钙,氧化钙遇水生成氢氧化钙的反应属于放热反应。之后,"如来佛祖"将孙悟空压在五行山下近500年,孙悟空身上又发生了新的化学变化。氢氧化钙不断吸收二氧化碳转化为碳酸钙。在西天取经的路上,悟空身上的氢氧化钙仍在不断地吸收空气中的二氧化碳,经过长久的历练,到了西天之后终于变成了硬度更大的碳酸钙,俗称"大理石"。再加上孙悟空自己天生自然孕育,还有大部分 SiO_2、Al_2O_3、$CaSiO_3$ 等混合成分,这造就了其坚硬无比的金身。

图4-1-13 齐天大圣孙悟空

$$CaO+H_2O = Ca(OH)_2$$

$$Ca(OH)_2+CO_2 = CaCO_3\downarrow +H_2O$$

【问题讨论二】"齐天大圣"孙悟空是吴承恩笔下最硬、最厉害的石猴。尽管如此,在"紧箍咒"的威压下,强悍的悟空也要老老实实听唐僧的命令。尝试用文字推测其可能发生的化学变化,并用图表整理《西游记》剧情中的石头转化过程。

【答疑】孙悟空的主要化学成分中,$CaSiO_3$ 属于盐类,SiO_2 和 Al_2O_3 属于氧化物。假如紧箍咒释放的是氢氟酸,酸会同时腐蚀孙悟空的三种主要化学成分。假如释放的是盐酸,亦可破坏其中的硅酸钙和氧化铝。石头转化过程渗透的化学反应原理如图4-1-14 所示。

$$SiO_2+4HF = SiF_4\uparrow +2H_2O$$

$$Al_2O_3+6HCl = 2AlCl_3+3H_2O$$

$$CaSiO_3+2HCl = CaCl_2+H_2SiO_3$$

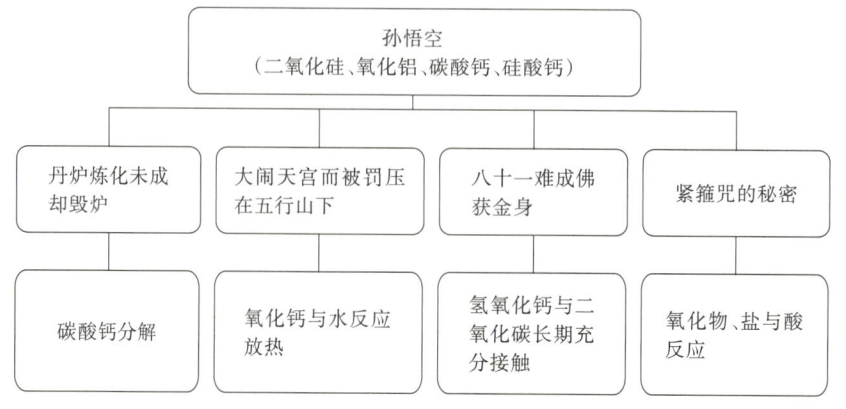

```
           孙悟空
（二氧化硅、氧化铝、碳酸钙、硅酸钙）
    │         │          │          │
丹炉炼化未成  大闹天宫而被罚压  八十一难成佛   紧箍咒的秘密
却毁炉       在五行山下       获金身
    │         │          │          │
碳酸钙分解    氧化钙与水反应    氢氧化钙与二    氧化物、盐与酸
             放热            氧化碳长期充    反应
                             分接触
```

图4-1-14 石头转化过程

第二节 多幕剧——卤素、二氧化硫

卤素一家之拯救四弟 I₂

本小节适用于卤族元素的教学。

传道

知识要点

1."卤素"一词的由来

卤素可以和很多金属形成盐类,因此卤素的英文 Halogen 来源于希腊语 halos(盐)和 generate(使形成)两个词。在中文里,卤的原意是盐碱地。

2.元素周期律

同一周期中,从左到右,随着原子序数的递增,单质的氧化性逐渐增强,还原性逐渐减弱;所对应的简单阴离子的还原性逐渐减弱,简单阳离子的氧化性逐渐增强。同一族中,从上到下,随着原子序数的递增,单质的氧化性逐渐减弱,还原性逐渐增强;所对应的简单阴离子的还原性逐渐增强,简单阳离子的氧化性逐渐减弱。对于卤族元素而言,氧化性:$F_2>Cl_2>Br_2>I_2$,还原性:$F^-<Cl^-<Br^-<I^-$。

3.卤素的性质

(1)氟单质在常温下为淡黄色的气体,有剧毒,化学性质非常活泼。
(2)氯单质在常温下为黄绿色气体,有毒,可溶于水。
(3)溴单质在常温下为深红棕色液体,可溶于水。
(4)碘单质在常温下为紫黑色固体,具有毒性,易溶于汽油、乙醇、苯等溶剂,微溶于水。
(5)砹是放射性元素。

4.知识网络图

卤素一族的知识网络图如图 4-2-1 所示。

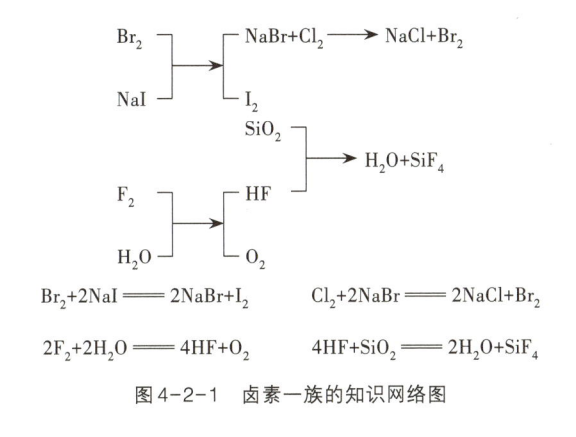

$$Br_2 + 2NaI == 2NaBr + I_2 \qquad Cl_2 + 2NaBr == 2NaCl + Br_2$$

$$2F_2 + 2H_2O == 4HF + O_2 \qquad 4HF + SiO_2 == 2H_2O + SiF_4$$

图 4-2-1 卤素一族的知识网络图

艺术点亮化学

授业

> **情境**
>
> **张老师**：在神奇的大陆上，生活着各种各样的元素，里面有一个特殊的家族——卤素家族。目前这个家族里的成员只有五个，但是"子子孙孙无穷匮也"，以后还会有其他成员加入。卤素家族在第ⅦA族，通过"元素周期表"（图4-2-2）很快就能找到。有天在卤素家族中发生了一件急迫的事件：四弟I_2被SiO_2给困住了。束手无措的二哥Cl_2和三哥Br_2去寻求大哥F_2的帮助，最后大哥F_2在和氢气作用下生成HF成功解救出四弟。从这个故事中我们可以了解到卤素具有哪些性质呢？

图4-2-2 化学元素周期表

典型非金属元素卤族元素的性质较为抽象且极易混淆。对于卤素的学习，教师可以让学生学会自主探究主族元素原子结构和元素性质之间的关系，通过引导学生了解卤素序号及系列置换反应规律，创设"卤素一家拯救被SiO_2困住的I_2"的戏剧性情境，学生能够总结出氟、氯、溴、碘在化学性质上可能表现出的相似性和递变性。这样的教学设计可以培养学生运用周期表分析问题和解决问题的能力，进一步建构"构""位""性"的关系，形成结构决定性质的观念。

脑科学研究表明，学习因挑战而增强，因威胁而抑制，适度的挑战性和放松状态有利于学习。在低警戒的课堂氛围中,学生的神经系统会更加放松,在思维、情绪、生理上感到安全。在卤素学习课堂上,学生的情绪会因教师所讲有关卤素的故事激活,课堂氛围变得轻松,放松的心理状态下,他们对所需理解记忆的材料进行全面和联想性的编码,从而加强长时记忆,在学习上有更好的表现。

> **课堂快闪**
>
> 在讲解卤素一族性质时,张老师通过"卤素一家拯救被 SiO_2 困住的 I_2"的故事为起点讲解卤素性质,吸引学生注意力。单质溴可以强行将 NaI 中的碘置换出来,但无法将 I_2 从由 SiO_2 制作的牢笼中解救出来,而氢氟酸却可以将固体 SiO_2 变成了气体和液体。通过起伏变化的故事情节激发学生对元素性质做出推断性思考:单质溴的氧化性比碘强,但远不如氟。

在本教学中通过以卤素拟人化的形式讲解知识点,将戏剧艺术与化学教学进行融合,进行化学戏剧教学,寓教于乐。为达到及时巩固的效果,教师可以在课后时间让学生尝试着扮演故事中自己感兴趣的角色,并在教师的指导下进行有效演绎。在活动中加深学生对卤素这一容易混淆的知识点的理解和记忆,让学生逐步学会将理论知识的学习与丰富有趣的艺术戏剧相结合,在学习过程中充分发挥自身想象力,成为全面发展的人。

> **课堂快闪**
>
> ### 谁是真凶——有趣的物质检验手段
>
> 在进行烃的衍生物——卤代烃的教学时,学生需要将卤素离子的检验方法与有机化学官能团的研究思路相结合,掌握卤代烃中卤素原子的检验方法。教师提出问题:溴乙烷水解反应的产物有哪些?假如你是一名化学家,你要如何验证你的猜想?学生在扮演科学家的过程中,在激烈讨论之后,选择相应的实验试剂(如硝酸银溶液)设计实验方案,验证溴原子的存在形式,最后总结归纳检验卤代烃中卤原子的实验方法,用反应方程式表征卤代烃的水解反应。

通过对卤素的学习,学生学会根据知识的不同表征形式而选择相应的学习方法。在上述情境中教师使用反应关系的图示表征方式,解释了卤素之间的性质强弱差异,促进学生对知识的记忆和理解,减轻学生的认知负荷。学生通过卤素在元素周期表中的序号和位置,得出一定规律,并用实验验证这些规律。这样的教学安排能让学生基于元素周期表中元素所在位置,判断陌生化学反应发生与否以及具体的反应产物,最终能归纳出同主族元素的周期性变化规律。

解 惑

【问题讨论一】 为什么由二氧化硅制作的牢笼消失了?

【答疑】 氢氟酸与二氧化硅反应生成了水和四氟化硅,破坏了二氧化硅的结构,因此 I_2 得以释放出来。人们用氢氟酸来雕刻玻璃,使玻璃上出现精美的图案,也正是利用了这一原理。$4HF+SiO_2 =\!=\!= 2H_2O+SiF_4$。

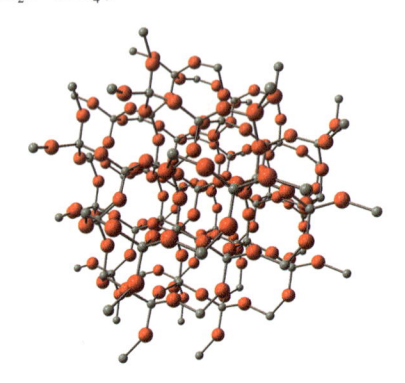

图 4-2-3 二氧化硅的空间结构

【问题讨论二】 卤族元素是按照什么规律排布的? 判断的依据是什么?

【答疑】 根据卤族元素的原子结构分析,从氟、氯、溴到碘,原子半径增大,原子得电子能力减弱,单质氧化性逐渐减弱,也就是说卤族元素按照非金属性由强到弱进行排布。而元素非金属性可根据卤素与氢气反应难易程度、生成氢化物的稳定性以及最高价氧化物的水化物的酸性强弱等进行判断。

【问题讨论三】 在实际的化学教学中,怎样才能将平平淡淡的化学知识与具体生动的情境相结合呢?

【答疑】 一位德国学者说过这样一个类比:将 15 g 盐放在你面前,无论如何你都会难以下咽,但将 15 g 盐放入一碗美味可口的汤中,你就会在享用佳肴时,不知不觉地将 15 g 盐全部吸收了。这个类比非常生动地揭示了情境的价值。情境之于知识,犹如汤之于盐。盐需要溶入汤中才能被吸收,知识也需要融入情境之中,才能显示出活力和美感,才容易被学生理解、消化、吸收。在教学过程中,通过创设一个个教学

图 4-2-4 食盐

情境,以情境为明线,以知识为暗线,让学生轻松愉快地学习相关知识。

在课堂教学中,教师通过创设情境,将知识镶嵌在真实情境中,使抽象知识具体化。学生能根据自身实际,运用已有经验,在情境中主动发现问题、做出假设、寻求证据并得到结论,实现知识的有效迁移。

二氧化硫的"悲喜人生"

本小节适用于有关二氧化硫知识的学习。

传道

知识要点

1. 二氧化硫

二氧化硫的化学式为SO_2,是无色、有刺激性气味的有毒气体,易液化(沸点是-10 ℃),易溶于水(溶解体积比1:40),密度比空气大。二氧化硫是酸性氧化物,具有还原性,能使氯水、溴水、高锰酸钾溶液褪色;具有漂白性,能使品红溶液褪色。

2. 二氧化硫使品红褪色的原理

二氧化硫溶解于水生成亚硫酸,亚硫酸与微酸性的有色有机物质品红溶液直接结合而生成不稳定的无色化合物,遇热后分解,使品红恢复成原来的颜色。

3. 本节涉及的化学方程式

$$2H_2SO_4(浓) + Cu \xrightarrow{\Delta} CuSO_4 + 2H_2O + SO_2\uparrow$$

$$SO_2 + H_2O \rightleftharpoons H_2SO_3$$

$$2H_2SO_3 + O_2 = 2H_2SO_4$$

$$CaCO_3 + H_2SO_4 = CaSO_4 + H_2O + CO_2\uparrow$$

授业

情境

张老师: 同学们,老师要给你们讲一个故事。故事的主人公是一个叫SO_2的女孩。她因为爱美,穿上了妈妈的红色裙子,结果发现漂亮的红裙子会变白。大家想一想,为什么SO_2穿上了红裙子以后裙子褪色呢?有什么方式可以进行补救?

小化: 我知道!二氧化硫具有漂白性,会生成不稳定的无色物质,但是这种漂白效果不稳定,加热后会消失,所以只需要在炉子上烘烤裙子就能让裙子恢复原来的颜色。

艺术点亮化学

张老师： 小化说得很好。正因如此，SO_2 的妈妈没有责怪她，鼓励 SO_2 和关系要好的水哥哥一起去花田玩。SO_2 和水哥哥看着漂亮的鲜花，决定摘一些带给家人。但是，当他们伸手去摘花时，却发现身边的鲜花都凋零了。而且，当 SO_2 和水哥哥只要在一起，更糟糕的情况还在发生，他们旁边的农作物都枯萎了。SO_2 看着因她的存在给花园带来的伤害，悲伤地说："我的存在难道只会带来不幸吗？"为了安慰 SO_2，大家想一想，为什么 SO_2 和水哥哥会带来这些环境破坏呢？

小化

老师以故事的形式向学生讲述了主人公"二氧化硫"的经历。她喜爱漂亮的红裙子，穿上后没一会儿，裙子由红变白，和水哥哥在一起玩，发现身边的鲜花都凋零了。种种奇怪的现象加之以人物对话的口吻展示出来，就是一种化学学科戏剧化教学的方式。这在一定程度上有利于学习者更好地接受将要学习的新知识，并有效学习二氧化硫相关物理性质和化学性质。

有效的教学过程应该使学习者的学科思维和情感始终处于主动积极状态，而积极主动的情绪离不开教师的有效启发和诱导。启发式教学的关键在于满足学生的好奇心，激发学生科学探究的认知需求。

课堂快闪

在讲到二氧化硫的基本性质时，张老师以趣味性故事导入新课而开展教学。在讲述完故事后，张老师便提出几个问题：为什么妈妈漂亮的红裙子，让二氧化硫穿上后就会发生神奇的颜色变化？和水哥哥待在一起为什么会发生鲜花凋零、农作物枯萎等奇怪现象？在同学们激烈讨论后，张老师播放有关二氧化硫故事情节中的神奇变化视频，化抽象语言表述为直观变化动图。然后引导学生一起分析总结二氧化硫的物理性质和化学性质。

情境中二氧化硫使"红裙子褪色""农作物枯萎"等情节就能很好地激发学生学习兴趣，学生在自身好奇心的驱动下，会积极主动去寻找答案。为了更加高效地学习二氧化硫的相关知识，在本节教学中，教师用戏剧化的手法设置情境，通过将二氧化硫拟人化，将其漂白性和溶于水后腐蚀性等性质以小女孩的形象展示出来，促进学生更好地理解并记忆二氧化硫的化学性质。

课堂快闪

在学习了二氧化硫的性质后,在老师的指导下,同学们决定尝试表演《小女孩"SO_2"的一天》戏剧片段。在表演结束后,张老师追问"想象一下,小女孩第二天或者以后还会遇到哪些情况呢?也就是说,根据刚刚的几种现象我们已经归纳出二氧化硫的一些性质,那你们现在能不能反推其结构中的价态特点,并基于它的物理性质和化学性质推测二氧化硫的其他用途呢?"在提问下,学生再度陷入深思中。于是张老师便有了新安排:让学生担任小编剧,续写下集故事。

二氧化硫溶于水形成的溶液呈酸性是学生需要掌握的重要知识点之一,但若仅是知其然而不知其所以然,则不利于学生辩证看待事物观念的发展,因此教师有必要带领学生学习酸雨的形成,让学生明白合理地使用二氧化硫不会危害人体和环境,反而能利用其漂白性和抗氧化性来造福人类。在教学过程中,教师要善于利用戏剧表演的形式,让学生成为学习的主体,引导学生在一定的情境中对二氧化硫的性质进行整体性学习,促使学生利用多元视角来理解二氧化硫,积极主动地进行有意义的知识建构。

解 惑

【问题讨论一】二氧化硫的漂白与活性炭的除色是否有区别?

【答疑】二氧化硫的漂白与活性炭的除色是有区别的。二氧化硫溶于水之后形成的亚硫酸与有机色素直接结合生成无色物质,但该物质不稳定,受热后会恢复至原色。二氧化硫的漂白属于非氧化还原的化学变化,是暂时性的、可逆性的褪色,而活性炭是通过吸附作用使有色溶液褪色,属于物理变化。

【问题讨论二】以剧本形式进行教学,在这个过程中学生可充当什么样的角色?

图4-2-5 活性炭

【答疑】第一,学生成为编剧人。根据物质的相关性质来编排剧本,让学生在这个过程中学习知识、跨学科交融以及形成自己的情感、态度、价值观等。所以,本节的三个情境,就是根据SO_2的一些性质编排出的剧本。

第二，学生成为演员。部分同学表演故事，其余的同学观看该情景剧并发现和解释这几个情景剧中的化学现象。在具有疑点的环节，由老师向学生们提出问题。例如，为什么 SO_2 不能穿用品红做的衣服？为什么植物会枯萎？一个情境结束以后，学生们根据刚刚所观看的戏剧表演，回答老师所提出的问题。这里要鼓励学生们自己去发现问题，因为好的学习方式和思维是让学生去发现问题，而不仅仅是去解决问题。最后，学生在小组内进行总结，把每一个情景剧可能出现的化学现象罗列出来。这里的现象可以是老师给出的疑点，也可以是学生自己找出来的。

图4-2-6　品红溶液

第三，学生成为解惑者和思考者。在情境中，教师直接抛出疑问，合理引导学生对二氧化硫的思考，让学生针对问题进行讨论，尽可能地收集 SO_2 对生产生活利与弊的种种资料，帮助学生辩证地看待化学物质以及化学合成相关的问题。因为 SO_2 是导致环境问题的因素之一，基于此设计活动不仅可以让学生意识到环境问题，也有助于解决环境问题，一举两得。

葡萄酒的骑士——SO_2

本小节适用于硫及其化合物的学习。

传道

知识要点

1. 硫

硫是一种黄色晶体，质脆，易研成粉末，不溶于水，微溶于乙醇，易溶于二硫化碳，是广泛存在于自然界的重要非金属元素。游离态的硫存在于火山喷口附近或地壳的岩层里，由于天然硫的存在，人类从远古时代起就知道并利用硫和硫的化合物了，如黑火药的发明和利用等。

2. 二氧化硫

二氧化硫是无色、有刺激性气味的有毒气体，密度比空气大，容易液化，易溶于水。化学性质不稳定，有漂白性（能使品红溶液褪色），具有酸性氧化物的通性（能和碱以及碱性氧化物反应，与水反应能使紫色石蕊试液变红），有氧化性（能与硫化氢反应产生硫单

166

质沉淀),有还原性(能使酸性高锰酸钾溶液褪色、卤素单质的水溶液褪色等)。

3. 三氧化硫

三氧化硫是酸性氧化物,易溶于水,能与碱和碱性氧化物及水反应。

4. 硫酸

纯硫酸是无色、黏稠的油状液体,不容易挥发,常用的硫酸中 H_2SO_4 的质量分数是 98%,密度为 1.84 g/cm³。浓硫酸具有三大特性:吸水性、脱水性、强氧化性。

5. 酸雨

大气中的二氧化硫和二氧化氮溶于水后形成酸性溶液,随雨水降下成为酸雨,其 pH 小于 5.6,具有破坏农作物、森林、草原,使湖泊酸化,加快建筑物腐蚀等危害。

6. 硫相关知识网络图

硫的相关知识网络如图 4-2-7 所示。

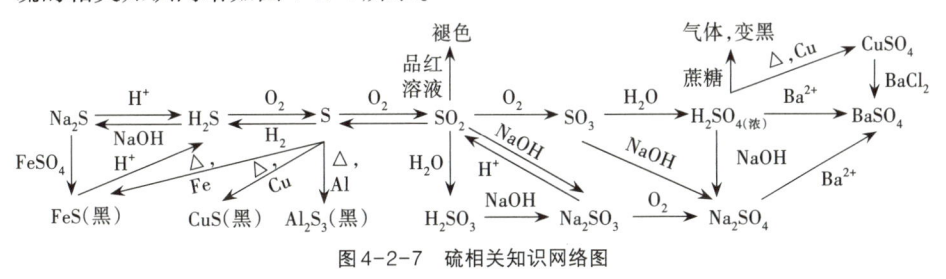

图 4-2-7 硫相关知识网络图

授 业

情境

小化的家在著名的瓜果之乡——新疆,家里是经营葡萄酒酿造生意的。一天,他跟着父亲一起到了作坊,看看葡萄酒是怎么制作的。他看到工人们正往葡萄汁里倾倒一种名叫亚硫酸钠的固体物质。

小化:爸爸,为什么要加入亚硫酸钠?

爸爸:为了产生二氧化硫啊!

小化:产生的二氧化硫不是有毒气体吗?葡萄酒中含有二氧化硫对身体不会产生危害吗?

爸爸:二氧化硫是葡萄酒酿造过程中不可或缺的物质,在葡萄酒酿造中的作用可大了,可以说是"葡萄酒的骑士"呢!只要控制好它的用量,就对人体没有危害。

父亲的解释让小化更加百思不得其解了……

艺术点亮化学

"硫及其化合物"是高中化学非金属及其化合物中非常重要的知识内容,对学生认识无机化学元素有着极大的帮助,本节知识位于元素周期律的学习之后,并为下一节"氮及其化合物"的学习做铺垫,能让学生更好地理解元素周期表及元素周期律。通过将二氧化硫戏剧性比喻为"葡萄酒的骑士",将物质性质与其用途联系起来。接着进行硫的不同化合物的学习,帮助学生更好地掌握化学知识,同时了解实际的应用场景。

在理论联系实际基础上启发学生思考有关二氧化硫的性质问题,采用了生动的表述方式增强学生对问题的兴趣。在硫及其化合物的教学过程中,可让学生联系在初中阶段就早已熟悉的二氧化碳进行对比学习,从元素价态、原子结构、物质类别等角度出发,通过对比学习可以培养学生知识迁移运用以及相似知识类比学习的能力和想象力,进而提高学习效率,减轻学习负担。

课堂快闪

在学习硫及其化合物时,张老师先讲述一对父子有关葡萄酒的对话。面对向葡萄酒中加入亚硫酸钠,小化并没有像添加其他物质时那样习以为常,而是想到亚硫酸钠在其中会产生的作用,以及可能转化的物质。于是小化向父亲提出自己的疑问:"为什么要向葡萄酒中加入亚硫酸钠?亚硫酸钠会在酒里面产生有害物质吗?"这是小化的疑问,也是向学生提出的问题,让学生联系生活实际进行猜想和假设。小组讨论之后,张老师告诉学生,故事中的父亲是这样回答的:"加入亚硫酸钠是为了产生二氧化硫,二氧化硫可起到一定的保鲜作用。"

教师在讲解二氧化硫的化学性质时,可通过小化和爸爸的对话增加课堂的趣味性,让学生产生认知困惑,极大地激发学生的好奇心和求知欲,充分发挥学生的主观能动性。因此,"葡萄酒的骑士"可用作二氧化硫这一小节内容学习的引入案例并贯穿整个课程,最后用于检验学生对知识的掌握程度。同时通过小组合作编写剧本的方式加深学生对相关知识的理解与记忆,另外可让不同小组学生分析葡萄酒酿制与储存过程中二氧化硫发生的反应及体现出的性质,检验学生对二氧化硫性质相关知识的认知程度。

课堂快闪

了解了二氧化硫在葡萄酒中的作用后,张老师便就地取材,以硫的氧化物——SO_2为起点开展教学。张老师追问:"为什么SO_2能起到保鲜的作用呢?"。在学生思考片刻后,提示学生从元素价态角度出发,要善于将物质宏观变化现象与物质的微观结构及元素价态科学有效地联系起来。也借此将具有变价的硫元素的多种价态化合物通过化学转化串联起来,形成"硫单质—硫的氧化物—硫的含氧酸"的系统性知识。

通过往葡萄汁里倾倒亚硫酸钠引发思考,将亚硫酸钠与二氧化硫两种硫的化合物联系起来,从物质的分类和转化角度,说明盐与酸性氧化物之间的转化关系。教师引导学生从化合价角度分析化学性质,处于中间价态的变价元素具有氧化性和还原性,因此二氧化硫具备还原性和氧化性。学生需要在大量练习与反馈中,判断二氧化硫在不同情境中体现了什么性质,比如在葡萄酒中加入二氧化硫是利用其还原性,让学生形成"结构决定性质,性质决定用途"的学科思维。

资料库

酸雨的降雨机制

1872年,在《空气和降雨:化学气候学的开端》一书中英国化学家史密斯首次提出"酸雨"这一术语。"酸雨"是指pH<5.6的降水,包括雨、雪、霜、雾和露等各种天气情况下的降水。

酸雨的形成是一个十分复杂的过程,在中学教材中有简单介绍:一般含有多种无机酸和有机酸,其中绝大部分是"SO_2引起的H_2SO_4"和"NO_x引起的HNO_3",少部分是灰尘。例如硫酸型酸雨的形成过程中,存在空气中的SO_2遇雨水直接生成H_2SO_3,H_2SO_3被空气中的O_2氧化形成H_2SO_4,进而腐蚀树木等。

图4-2-8 酸雨腐蚀的树木

——田海军,宋存义.酸雨的形成机制·危害及治理措施[J].农业灾害研究,2012,2(5):20-22.

解惑

【问题讨论一】二氧化硫是有毒气体,那葡萄酒中含有二氧化硫对身体会产生危害吗?

【答疑】二氧化硫是葡萄酒酿造过程中不可或缺的物质，只要控制好它的用量，对人体是没有危害的。二氧化硫在葡萄酒中具有杀菌作用，同时能增酸，使得葡萄酒的风味更佳；二氧化硫在葡萄酒中还有抗氧化的作用，保护了葡萄酒中的酚类物质不被氧化，从而使葡萄酒具有美容养颜的功效。另外，它在葡萄酒中还有杀菌、澄清、溶解等作用，使葡萄酒的风味更佳。

图4-2-9 葡萄酒

【问题讨论二】从学科素养角度来说，通过对二氧化硫的全面学习，学生有哪些收获呢？

【答疑】提起二氧化硫，大家通常都会想到酸雨、有毒、腐蚀建筑等，都是对二氧化硫较差的印象，但是它在食品工业、纺织工业和造纸工业上却起着重要作用，比如二氧化硫在葡萄酒中是无法替代的。生活中，大家常常因为食品安全问题，以及化工厂不合规排放造成环境污染（如图4-2-10）而对化学形成不好的印象。教师可以通过这个故事向学生传达要客观、辩证地看待事情，正确对待生活中的一些事情和问题，发现本质并通过本质看到对我们有利的一面，并充分利用手中的知识挖掘它的潜力以创造有利的价值。科学是把双刃剑，只有我们正确看待并合理利用化学知识，才能够解决实际生产生活中的问题。

图4-2-10 化工污染

谁是真凶——有趣的物质检验手段

本小节适用于卤素和烃及其衍生物的教学。

传道

知识要点

1. 熏染法找指纹的主要原理

汗液中98%以上的物质是水分，1.5%的物质是各种有机物或无机物，其中包括氯化钠等盐类物质以及人体油脂。碘单质在常温下是紫黑色固体状，其蒸气形式呈紫红色，有毒、易升华，使用时不可太多。碘易溶解于氯仿、四氯化碳、二硫化碳等有机溶剂中，可以利用其颜色显现一些油脂物质留下的纹路。

2. 硝酸银找指纹法的原理

$$AgNO_3 + NaCl = AgCl\downarrow + NaNO_3$$

经光照后 AgCl 分解产生银粒子，显黑色，便能映射出指纹。硝酸银法对浅色纸张和本色竹木制品上的陈旧无色汗垢指印特别有效。

3. 血迹显形

鲁米诺（又名发光氨、3-氨基-苯二甲酰肼），分子式为 $C_8H_7N_3O_2$，分子量为 177.16。它是一种浅黄色粉末，是人工合成的有机物，为一种化学发光试剂，常用于化学发光免疫分析，如金属阳离子和血液分析。鲁米诺试剂检测法可以使血迹发出荧光，灵敏度很高。

4. 有机显色法

因指纹印中含有多种氨基酸成分，因此可采用茚三酮或吲哚醌，利用它们跟氨基酸反应产生紫色物质，就能检测出指纹，茚三酮的水合物更稳定。这种方法可检出多年前的指纹。

授业

情境

某博物馆的珍藏玉佩被盗，留下一个透明空盒子和一些零碎线索，心急如焚的馆长召集当时相关工作人员小甲、小乙、小丙、小丁进行盘查，最后在员工小乙的包里发现了玉佩。但小乙拒不承认是自己偷的。为了查明真相，一位正参观文物的化学工作者和小化、小艺积极参与了破案。

小化：将一定量的紫黑色固体碘和现场留下的装玉佩的盒子一起放入一个大玻璃容器中，加热一段时间。容器内部显现出了一些指纹，经对比，馆长、小乙和小丁的指纹都出现过。

小艺：我有新发现！装玉佩的盒子边缘有血迹，有明显的处理痕迹。我们可以用鲁米诺试剂向那血迹处喷洒，再用紫外线照射，如果有荧光证明该处有血迹。

果然，荧光显现。众人中只有小丁有新生伤口，最后他垂头丧气地承认了自己的偷盗行为。

物质的检验与分析在生产生活中发挥着重要作用，可以检测食品的安全性、产品是否合格以及化工生产是否正常等。物质的检验是高中化学实验的重要部分，也是学生较难掌握和理解原理的部分,因此可在实验教学方面融入戏剧化的有效教学策略,增强趣味性的同时,对实验教学方法不断进行优化,实现化学实验探究教学效率的提升。

为了有效落实学习任务,教师在教学过程中可以通过创设有趣的情境,让学生身临其境地开展自主、合作、探究式学习。以"境"促"学",在认知情境中提升感知力,在生活情境中得到共鸣,提升理解和判断能力。在本节对物质检验的学习中,通过调查谁是盗窃者的戏剧化演绎,很好地将理论知识与实践相联系,极大地提升了学生的学习兴趣,激发学生不断思考,在高度参与的情况下完成案例教学任务并学习新的知识。

课堂快闪

> 在讲到物质的检验时,张老师将教材中"生硬"的知识点转化为一个悬疑性的故事——找出博物馆里珍藏玉佩的盗窃者。此时学生会自动扮演为小侦探,积极参与探案。在这一寻找过程中,老师也要发挥重要作用,在充分调动学生兴趣的基础上,对学生提出的想法进行及时引导。在学生进行大胆猜测时,让他们分享自己的依据,再由不赞同的同学进行有理有据的反驳,最后由老师引导到将要学习的新课内容上:利用卤素和烃及其衍生物进行物质的检验。

物质的检验是元素化合物教学的重点和难点。在具体教学中,教师可以通过以"查案"的戏剧形式将化学问题设计成探究性实验,通过实验探究式教学,培养学生"科学探究与创新意识"的学科核心素养。上述教学片段中寻找盗窃者的过程,学生能够共同设计出合理的物质检验方案,采用紫黑色单质碘检验有无指纹,采用有机发光试剂鲁米诺检验有无血迹,这样成功将知识进行活学活用。实质上,教师营造了一种高挑战性、低警戒性的课堂氛围。高挑战性体现在学生需要将严密的逻辑推理和实验验证相结合,对物质的组成和性质进行科学论证;低警戒性体现在学生仿佛置身于侦探小说或悬疑电影中,获得协作"探案"的乐趣以及成功"破案"的满足感。该教学片段用实验情境建构戏剧课堂,能开发学生的创造性思维,促使学生保持积极的学习兴趣和热情。

在上述物质检验教学过程中,教师在安排好角色扮演后,可提供试剂和试剂作用原理,让学生课后收集实验证据,并且合理分析学生需要,以化学知识理论结合有效实验论证为武器,科学合理地解决生活中存在的实际问题,体会到物质的检验过程是由简单到复杂最后再回归到简单的过程。在问题探究中,学生通过设计实验方案逐步养成系统的问题解决思路,既要考虑如何有效解决问题,还要考虑到系统内要素之间可能存在的相互作用。

解 惑

【问题讨论一】鲁米诺实验的反应原理是什么？

【答疑】血液中的血红蛋白含有铁元素，能加速过氧化氢的分解，使过氧化氢快速分解为水和单质氧，单质氧与鲁米诺反应会发光。在检验血痕时，鲁米诺与血红素（血红蛋白中负责运输氧的一种蛋白质）运输的氧发生反应，呈显出蓝紫色的荧光（如图4-2-11）。这种检测方法极为灵敏，能检测到只有百万分之一含量的血。

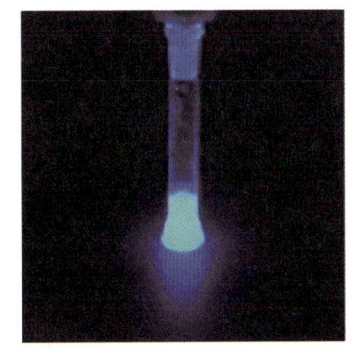

图 4-2-11 鲁米诺实验

【问题讨论二】本设计中知识点略显散乱，如何理清知识点之间的联系呢？

【答疑】本节情景剧涉及的内容就非常丰富，不仅包含了紫黑色固体碘单质（图 4-2-12）的性质，还包含了鲁米诺试剂。这样的剧本虽然不符合知识逻辑，但是符合刑侦人员的工作逻辑。对于知识逻辑的构建，体现着组织者对世界的认识。如果我们能利用不同的情境串联起知识的前后逻辑联系，这未尝不是带领学生认识学科、理解学科的一种手段，这也就是情境教学的意义所在。情境教学注重培

图 4-2-12 碘单质

养学生的思维能力，注意引导学生在动态环境中把握事物特点和事物之间的关系，引导学生学会归纳分析以及辩证地看待问题。

【问题讨论三】智慧的化学教学体现在教师运用科学的教学带领学生探索知识的全部意义。科学的教学体现在哪些方面呢？

【答疑】①满足学生的好奇心、怀疑、困惑、探究等心理，点燃学生的学习兴趣和学习热情；②引导学生对信息进行分析比较、归类、推理、演绎等思维和评价活动，鼓励学生创新、发现、设计新的问题与方法；③促进学生对化学知识的迁移与应用，善于帮助学生将化学知识与实际生活相结合，并运用化学知识解决生活中的问题，实现知识的有效迁移应用。

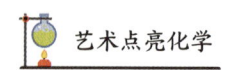

高分子材料的秘密

本小节适用于合成高分子材料的教学。

传 道

知识要点

1. 高分子化合物

高分子化合物按照来源不同可分为天然高分子化合物和合成高分子化合物。例如，淀粉、纤维素和蛋白质等属于天然高分子化合物，聚乙烯、聚氯乙烯和合成橡胶等属于有机合成高分子化合物。高分子化合物的相对分子质量一般在一万以上，有的可达上千万。高分子化合物是由小分子聚合而得，所以也称为聚合物或高聚物。

2. 塑料

塑料是以单体为原料，通过加聚或缩聚反应聚合而成的高分子化合物，由合成树脂及填料、增塑剂、稳定剂、润滑剂、色料等添加剂组成。

3. 加成聚合反应

不饱和键可以打开并与其他物质形成共价键，这一过程是加成反应。当不同的不饱和物质进行这样的过程便是加成聚合反应。如合成聚乙烯的化学方程式如下：

$$n\text{CH}_2\!=\!\text{CH}_2 \xrightarrow{\text{一定条件}} \text{—}\!\!\left[\text{CH}_2\text{—}\text{CH}_2\right]\!\!\text{—}_n$$

4. 缩合聚合反应

单体分子之间发生的一系列类似于酸和醇反应生成酯和水的反应称为缩合聚合反应，简称缩聚反应。一般来说，两种单体分子都含有两个以上能够相互反应的官能团是发生缩聚反应的必要条件。

授业

情境

一天，小化和小艺发现装了热水的饮料瓶很快就"消瘦"了（图4-2-13），那饮料瓶里的水还能喝吗？饮料瓶里面会不会有对身体有害的物质呢？于是，他们敲开了化学老师的办公室。

张老师：同学们，你们观察一下水瓶瓶底是不是有记号？其实这是塑料回收标志，不同的数字三角代表不同的塑料材料。

这时候，教师办公室1号塑料、2号塑料等不同的塑料制品突然开始出声介绍自己。

图4-2-13 由"胖"变"瘦"的饮料瓶

高分子材料是学生学习高中化学的重要知识点，并且在高考中经常出现有关高分子材料方面的问题，并且学生可以通过学习高分子材料知识去解决日常生活中的问题。但由于高分子材料本身的抽象性，学生学起来有一定的困难。教师可采用化学教学与戏剧艺术相融合的方法，对高分子材料的基本定义以及在日常生活中的运用展开分析和教学。

在课前准备阶段，教师要对学生收集的有关资料进行加工和处理，让学生基于化学学科中高分子材料的知识要点，用戏剧的表演方式展示出来。教师通过创设情境，让多名学生扮演不同材料，进行形象生动的戏剧演绎。在之后的知识获得阶段，教师要引导学生呈现经过组织的新信息，归纳新知识，建立新知识与已有认知结构之间的联系。在本案例中，学生通过生活实际发现问题，产生了解决问题的强烈愿望，于是去请教老师。在知识获得过程中，教师运用了情境化记忆策略及时指导学习者。

课堂快闪

在讲到高分子材料时，张老师先用多媒体展示学生课前录制的有关"高分子材料"角色扮演：汽车轮胎，塑料杯子，塑料袋，等等。然后提问："除了同学们刚刚在视频中展现的合成橡胶和塑料外，还包括合成纤维，它们并称为高分子材料。那么究竟什么是高分子材料呢？"此时，学生举例回忆已经学过的大分子量物质。教师再补充："高分子材料由高分子化合物构成，其相对分子质量可达到几千、几万，甚至是几十万。接下来请同学思考一下，怎样才能获得如此大的分子量呢？给同学们一个小提示：可以联想一下乐高。"

上述教学片段中，教师让学生收集资料，尝试扮演生活中应用广泛的高分子材料，是为了激发学生的学习兴趣，并让其积极参与课堂。教师让学生列举之前学习过的一些物质的相对分子质量，与即将学习的高分子化合物形成鲜明的对比，加深了学生对高分子化合物的认识，促使学生对高分子化合物的学习产生浓厚的兴趣。教师要以学生为中心，重视学生的主动性和探究性，激发学习者的好奇心和求知欲，让学生在探索中发现知识，提高学习效果，同时培养学生的创新思维和解决问题的能力。

学生在学习有机高分子材料时，容易对加成聚合反应和缩聚反应等反应理论产生迷惑。在实际教学中，教师不仅要举例说明高分子化合物中的"单体""聚合度""链节"以及"结构单元"分别指代什么，并且重点帮助学生理解两类反应的联系和差异。在这个过程中，教师可通过使用图片、表格、图示等更加直观的形式进行表征，并结合戏剧的形式营造有趣互动课堂，减少迷思概念的产生。教师通过装有热水的饮料瓶"由胖变瘦"的情境激发学生的好奇心，让学生从饮料瓶成分的原理解释，进而过渡到对高分子材料的系统分类和学习。在这个过程中，教师不仅要教会学生进行知识的深加工，还要训练学生灵活使用分析、抽象、比较、类比、归纳等几种基本的逻辑思维方法。

资料库

塑料制品分类标识

在国外，塑料制品的分类标识作用非常大。欧洲的部分国家和美国、日本等的所有塑料生产企业都是参考国际标准对塑料制品进行分类，以保障食品接触材料的质量安全，进而确保食品安全，达不到标准的塑料制品根本不允许进入市场。现在这种标示方法已经被包括我国在内的很多国家接受和采用。在我国，塑料制品标注回收标志是非强制性的，一些正规的大品牌企业为了方便塑料制品回收，近来纷纷开始标注回收标志。虽然这一标志主要是为了便于回收再利用，但消费者也可以通过这个标识知道所使用的塑料制品是由什么材质制成的，应该在什么环境下使用。

解 惑

【问题讨论一】一般塑料制品上都有三角标，分别有 1~7 类，7 个数字分别代表什么呢？

【答疑】1号塑料：聚对苯二甲酸乙二醇酯，也叫 PET。它是一种树脂，韧性、强度都非常高，在电器插座、电饭煲把手、电熨斗等生活用品中用得比较多。高于 70 ℃的温度，就会释放出对人体有毒的物质，因此，千万不要用来装热的食物！

2号塑料：高密度聚乙烯（HDPE），耐热性、耐寒性、稳定性都很好，还具有较高的刚性和韧性，常用于安全帽、折叠桌椅等，但是作为饮料瓶最好不要循环使用。

3号塑料：是世界上应用最广的塑料产品，叫聚氯乙烯（PVC），是由乙烯、氯气和催化剂经取代反应制成的。最高适宜温度为81 ℃，高温时容易产生有毒物质，千万不要用来装热的食品，会对大家的身体有伤害！

4号塑料：低密度聚乙烯，又叫LDPE。它是薄膜产品，常常被工人制成医疗器具、药品、食品包装材料、保鲜膜等。千万不要用该种塑料覆盖食物加热，很容易产生有毒物质危害身体。

5号塑料：聚丙烯，又叫PP。由于密度很小，被称为世界上最轻的塑料，所以应用也很广泛，各种家用电器、塑料制品中都会用到。而且很安全，可以放进微波炉使用。

6号塑料：聚苯乙烯（PS），耐高温。无色透明的热塑性塑料，具有高于100 ℃的玻璃转化温度，因此经常被用来制作各种需要承受开水温度的一次性容器。但是，最好不要用来装酸、碱等物质，容易产生有毒物质。

还有其他塑料，如各种PC类（水壶、太空杯、奶瓶）、PA（纤维纺织）等。当然这些都是一次性用品，注意不要在高温下使用。

【问题讨论二】如何结合社会实际情况，开展有趣的高分子化学教学？

【答疑】高分子材料的生产与使用在近年来得到了广泛关注，已成为项目式教学的重点议题。教师在进行该部分的讲解时可以组织活动，促进学生对化学与社会的理解。

图4-2-14　天然橡胶

建议教师引导学生根据所学内容，收集相关资料，就支持或反对大量生产和使用合成材料展开辩论或讨论。可以参考以下观点：

(1)生产和使用合成材料可以更加合理地开发利用自然资源。

(2)生产和使用合成材料可以使太阳能的利用变得更方便、经济和实用。

(3)用合成材料替代木材、棉花、天然橡胶（如图 4-2-14）等，有利于保护生态环境。

(4)生产和使用合成材料等自然界原本没有的物质，超出环境的自然消化能力，这不是科技的进步，而是异化和倒退。

(5)废旧合成材料的回收和利用并不容易，甚至有些材料的回收再生成本大大高于制造成本，从经济上考虑根本不划算。

（6）天然的东西是最好的,我们应该提倡"回归自然"的绿色生活方式,拒绝生产和使用合成材料。

【问题讨论三】教师在教学过程中如何引导学生正确看待合成材料的使用?

【答疑】合成材料的生产和使用与环境的协调发展是一个重要的社会问题,很多具体现实的问题摆在我们面前。在教学过程中,教师要引导学生了解科技前沿,了解材料在生活中的运用。同时,要让学生认识到化学与生产、生活和社会的紧密联系,从而激发学生学习化学的兴趣,养成科学的价值观;引导学生注重经济效益与资源的可持续利用,树立绿色的化学观。

主要参考文献

[1]徐俊.教育戏剧——基础教育的明日之星[J].基础教育,2011,8(3):68-74.

[2]邓永财,李广洲.IHV——化学史教育的新方法[J].化学教育,2006,27(12):60-62.

[3]刘闯,司雯雯,张尹,等.青蒿素类药物的广谱性及其潜在作用机制的探讨[J].中国寄生虫学与寄生虫病杂志,2022,40(1):114-120.

[4]刘伟辉,周益臣,杨倩,等.白蛋白结合型紫杉醇联合卡铂化疗对中晚期非小细胞肺癌患者免疫功能及预后的影响[J].临床合理用药,2023,16(12):69-71.

[5]袁传军.奇妙的化学发光:鲁米诺检测血迹[J].化学教育(中英文),2021,42(10):7-10.

第五章

电影中的化学

(一)化学与电影的相互关系

1. 影视中的化学

电影来源于生活，无论是紧张刺激的动作片、扣人心弦的悬疑片，还是温文尔雅的文艺片，其中都包含着丰富的化学知识。

许多电影中都出现过警方查验现场或者证物的情景，其实他们使用的是一种叫作鲁米诺试剂的化学药品，其主要成分是发光氨与双氧水。影视中运用化学知识制造悬疑和特殊场景，如王水溶金、冷火魔术利用了部分金属粉末着火点低的化学知识。一方面，化学知识的恰当应用丰富了剧情，另一方面，通过电影也传递了化学知识，所以化学和电影之间有着相辅相成的关系。

作为一名化学教育工作者，如果能留心这些细节，并把这些看似高深莫测的问题引入化学课堂，有效地将学生的化学学习和电影联系起来，将极大地激发学生探索知识的好奇心，提高学生学习化学的兴趣，为学生学习化学知识开辟一条新奇的途径。

2. 化学教学中的影视艺术

化学教学中渗透的影视艺术主要有情境线索、过渡与呼应、留白艺术和影视的蒙太奇。

电影中的情境线索主要是指导演运用镜头捕捉演员表演来表达自己思想观点所呈现的声、像结合的意境。情境教学同样可以运用在化学教学中，根据教学内容和学生成长的需要,创设与教学内容和学生生活实践息息相关的具体情境,让学生置身于特定的教学情境中,引起学生的情感体验,促进其参与情境教学当中而自主学习。

过渡与呼应使一部影片过渡自然,前后相互呼应,从而使情节的发展合乎逻辑。同样,化学课堂教学中也应该注意前后呼应、新旧知识的呼应、课堂内容与课后作业的呼应等,进行纵向联系、横向比较,使一堂课更完整、层次更清晰、知识联系更紧密。

留白艺术是导演通常留给观众想象的空间,观众通过这样一个自我思考的过程,感悟其中的韵味。同样,在课堂教学中采用留白艺术,能给学生构建一个放飞思绪、想象创新的空间,让学生能够独立地依靠自己的努力做出解释,得到问题的解决方法。

影视中的蒙太奇就是依照情节的发展和观众的注意力及关心的程度,把一个个镜头合乎逻辑地连接起来,使观众得到一个明确、生动的印象。在教学中,影视蒙太奇艺术的应用主要是指教师根据课程知识、结构的安排,找到各个教学片段之间的内在联系,把一个个教学点联系起来,并从不同的出发点和观察角度探讨事物的外在表现和本质。

(二)电影与化学教育的融合

《普通高中化学课程标准》(2017年版,2020年修订)中确立了化学课程改革的重点:"基于学科本质凝练了化学学科的核心素养,明确了学生应达成的正确价值观、必备品格和关键能力。"对中学生来说,核心素养不仅仅指学生掌握化学知识的多少,还包括在接受化学知识的过程中形成适应社会发展和人类自身完善所必备的基本品质和能力。因此,将电影与化学课堂教学相结合,不仅可使枯燥乏味的化学课生动起来,而且有助于中学生在学习过程中掌握知识与技能,形成正确的情感、态度与价值观。

(1)在教学艺术上,将影视作品的艺术运用于教学,使影视艺术更好地为教学服务。教育学影视教学是把影视作品运用到教育教学中的一种新型教学模式,旨在提升教学的互动性、生动性和有效性,从而具有激发学生兴趣、开拓学生视野、促进学生情感共鸣和职业道德培养等价值。通过对影视作品的呈现、分析和总结,可以培养学生基本的教育理论素养和分析问题、解决问题的能力。艺术运用于化学教学,使化学教学兼其科学与人文之美,让学生深刻理解化学在生活中的应用与价值,加深对化学知识的理解与巩固。

（2）在教学方法上，通过电影的辅助教学，增强学生对化学史的认识，形成良好的情感、态度与价值观。例如，英国广播公司（BBC）拍摄的化学纪录片《化学史》，可以使学生通过对化学知识的发展史，学习理解科学家严谨的科学思维与方法以及不畏艰险、勇于创新的科学精神，从而激发学生的学习动机，培养学习兴趣。相关的影视作品很丰富。例如，学习金属元素的知识时，为学生播放居里夫人发现镭的影视纪录片；学习Na_2CO_3相关知识时，为学生播放大型系列片《百年商海——中国化工业先驱范旭东和侯德榜》，介绍被毛泽东称赞为"我国人民不可忘记的四大实业家之一"的范旭东，以及发明了享誉世界的"侯氏制碱法"的侯德榜。这不仅可以使学生对枯燥乏味的化学产生一个全新的认识，还能激发学生的民族自豪感和责任心，并作为一种精神动力，激发学生的爱国主义情感，树立正确的情感、态度与价值观。

（3）在教学内容的选择上，教师通过筛选一些具有丰富化学知识的影视作品，先让学生观赏，然后让学生通过实验将这些化学反应再现出来，验证电影中涉及的化学知识是否合理，并且可以让学生就怎样让这些实验达到更好的效果提出新的想法，培养学生的探索意识、创新精神和科学素养。例如，电影《荒岛求生》中的主人公在岛上发现物质的片段可以用于"燃烧的条件"的教学，让学生知道燃烧必须具备三个条件，分别是可燃物、助燃物、一定温度；《黄金大劫案》中的黄金溶于水的片段用于王水的学习，让学生加深酸性条件下硝酸根离子是一种非常强的氧化剂这一知识点。教师还可以通过让学生观看一些关于化学污染的影视作品，并引导学生辩证地看待这一问题，强化学生的环保意识和科学观念。

（4）教师合理地将电影运用在化学教学中，对教师的教和学生的学都将产生促进作用。因此，这一教学方式也对教师提出了新的要求——主动地运用电影教学、合理地开发适合于影视教学的课堂、重视电影教学设计以及对课堂教学的评价标准等。这些都需要教师在实际的教学环节中发现问题并提出方法策略，让电影真正起到促进学生学习化学知识、培养学生的科学态度、提高学生的科学素养的作用。

第一节 科学与幻想——合金、氰化物、镁

"复仇者联盟"之钢铁侠

本小节内容适用于铁、合金等金属材料的教学。

传 道

知识要点

1. 纯金属材料

纯金属材料是指由单一金属元素组成的材料，不存在其他金属或非金属元素作为主要成分的杂质。纯金属材料一般具有强导电性、导热性和良好的热塑性等优点，但是纯金属的强度一般较低，并不能满足工程中各种结构用材的要求。另外，纯金属制取困难，造价较高，因此在实际生产生活中一般使用合金，如最常见的碳素钢、铜合金等。

2. 合金材料

合金，顾名思义，是两种或两种以上的金属与金属或金属与非金属经由一定方法（一般通过熔融合成均匀液体再进行凝固）所合成的具有金属特性的物质。合金的分类如图5-1-1所示。

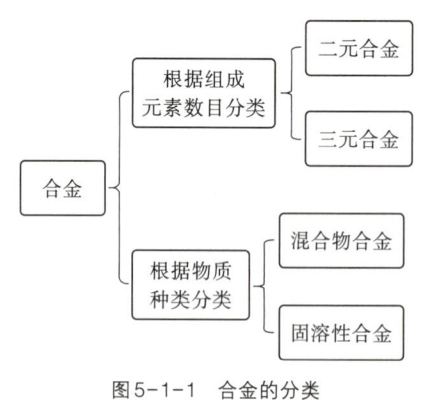

```
              ┌─ 根据组成      ┌─ 二元合金
              │  元素数目分类  └─ 三元合金
       合金 ──┤
              │  根据物质      ┌─ 混合物合金
              └─ 种类分类      └─ 固溶性合金
```

图5-1-1 合金的分类

3. 几种重要的合金材料及其应用

（1）钢铁：钢铁是Fe与C、Si、Mn、P、S以及少量的其他元素所组成的合金。其中，除Fe外，C的含量对钢铁的机械性能起着主要作用，故统称为铁碳合金。它是工程技术中最重要、用量最大的金属材料。

（2）铝合金：铝合金的突出特点是密度小、强度高。高强度铝合金广泛应用于制造飞机、舰艇和载重汽车等，可增加它们的载重量及提高运行速度，并具有抗海水侵蚀、避磁

性等特点。

(3)铜合金:有黄铜、青铜和白铜等种类,具有良好的抗腐蚀性和导热性,并具有高强度,因此广泛用于航海和用作各种仪器、耐磨耐蚀零件。

资料库

铁合金是日常生活中用量最大、用途最广且种类最多的合金材料,因此分类方法也多种多样。

(1)按铁合金中主要元素分类,主要有硅、锰、铬、钒、钛、钨、钼等系列铁合金。

(2)按铁合金中的含碳量分类,有高碳、中碳、低碳、微碳、超微碳等品种。

(3)含有两种或者两种以上合金元素的多元铁合金,主要品种有硅铝合金、硅钙合金、锰硅铝合金、硅钙铝合金、硅钡钙合金等。

铜合金:

(1)黄铜:以铜为基体,以锌作为主要合金元素,一般呈现黄色的金属色。

(2)青铜:以铜为基体,合金中的主要合金元素不是锌或镍的一类铜合金。最开始的青铜的颜色为黄色偏红,但因氧化变为青色,故称为青铜。

(3)白铜:以镍为主要添加元素的铜合金,一般具有银白色金属光泽,并且铜镍可以任意比例互溶,形成具有固定熔沸点的固溶体。

——杨丽娟.对我国加工铜及铜合金采用数字牌号分类体系的探讨[J].冶金标准化与质量,1997(C1):48-52.

授业

情境

张老师:2008年,一部由美国漫威漫画中的一段经典漫画改编而来的电影《钢铁侠》在全球上映,随后2012年漫威漫画又将由"钢铁侠"出演的《复仇者联盟》搬上大荧幕。剧中由小罗伯特·唐尼饰演的"钢铁侠"托尼·斯塔克深受观众喜爱,尤其是他那一身"钢铁侠盔甲"(图5-1-2)。

"钢铁侠盔甲"由金钛合金材料制成,金钛合金材料不仅可防止结冰状况的发生,同时也大大减轻了盔甲质量,稳定了盔甲性能。

图5-1-2 钢铁侠盔甲

艺术点亮化学

在生产生活中,金属材料几乎无处不在。同时,在化学教学过程中,金属材料的知识也非常重要。结合实际金属材料的应用,我们会发现多数合金的使用较纯金属的使用更广泛。教师可以将电影中有关金属材料的知识运用在知识加工的不同阶段,不仅能培养学生浓厚的学习兴趣,开阔学生科学视野,同时也能激发学生对科学探索的欲望。

在知识激活启动阶段,创设符合学习认知规律的教学情境能起到激发学生学习动机的作用,而学习动机是激发和维持学生进行学习活动,并朝着学习目标努力的动力。因此,教师应该创设有趣、丰富的教学情境,在导入阶段有目的地引入新课,激发学生学习动机。

课堂快闪

> 张老师在讲解"合金材料"时,在新课导入阶段播放了电影《钢铁侠》中"钢铁侠盔甲"变身片段,以及钢铁侠盔甲从"马克一号"到"马克七号"的电影情节,以吸引学生注意力。并引导学生思考:钢铁侠盔甲是由什么材料制成的?为什么钢铁侠盔甲可以抵抗各种攻击而坚不可摧呢?通过这个例子引出合金性质的介绍。

在上述案例中,教师创设了电影《钢铁侠》的相关情境,利用学生们感兴趣的电影情节作为导入材料。第一个问题"钢铁侠盔甲是由什么材料制成的?",可以引出合金材料的定义,即合金是由两种或多种金属及其他元素混合而成的。第二个问题"为什么钢铁侠盔甲可以抵抗各种攻击而坚不可摧呢?",则由浅入深引导学生思考合金材料的性质及其应用。教师在导入阶段可以选择电影中与所讲解知识相关的情节作为导入材料,既可以快速吸引学生注意力而激活学习动机,也可以利用电影中的情节引出所学知识点。

当对知识进行深度加工时,情感信息就会选择性地影响注意、学习和记忆,心理学定义为情感注入。基于脑的教育研究认为,脑在生理程序上首先注意那些具有强烈情绪内容的信息,带有情感内容的记忆能被优先加工。因此,在知识获得加工阶段,教师可以运用电影中的情节将教学内容注入情感信息,促进了知识的获得和有效记忆。在学习"金属材料的性质"这部分知识时,教师可以引导学生对电影《钢铁侠》中如何应用金属材料、电影情节如何体现金属材料的性质进行分析(图5-1-3为根据电影情节总结的钛合金的性质),作为课堂互动或课外拓展内容,使学生对金属材料的性质、应用有深刻的印象。由于学生对于电影的内容感兴趣,在观看电影时会带着积极的情感态度,教师可以引导学生对电影中出现的金属材料相关内容进行分析。采用这样的方法可以将教学内容注入情感信息,

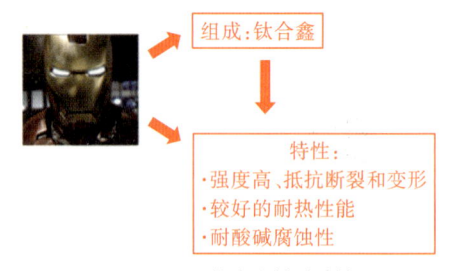

图5-1-3 钛合金性质总结

组成:钛合金

特性:
·强度高、抵抗断裂和变形
·较好的耐热性能
·耐酸碱腐蚀性

促进知识的获得和记忆。

在知识巩固迁移阶段，教师应该善于利用学生已经获得的知识，以进一步巩固、修改和完善他们已形成的认知框架，同时引导他们在具体情境中进行问题分析和解决。在这个阶段，教师可以利用电影《钢铁侠》中的相关情节，运用不同的教学策略来激发学生对学习内容的兴趣和深入思考，例如举例说明、案例分析、角色扮演、小组讨论等方式，以帮助学生将所学知识与实际情境相联系。此外，教师还可以设计与电影相关的情节，设计开放性问题和项目，鼓励学生自主探索和发现。通过在情境中进行实践和应用，学生将他们已掌握的知识与实际问题相结合，培养创造性思维和解决问题的能力。

课堂快闪

在课堂的结尾，张老师从金属合金的成分含量对其影响入手，根据学生已有知识来论证"钢铁侠盔甲"使用金钛合金是否合适。首先，张老师提醒学生利用已有的知识，即金钛合金是由金属钛和金按一定比例混合而成的合金。学生开始深入研究金钛合金在钢铁侠盔甲中的适用性。接着，他引导学生思考以下两个问题：金钛合金中钛的不同含量对钢铁侠盔甲的性能有何影响？钛具有什么特性使其成为合适的选择？学生通过分析金钛合金中钛的不同含量对钢铁侠盔甲性能的影响，分析合金的组成成分。

在上述案例中，学生已经学习了常见合金的性质，教师从合金成分含量对合金的影响入手，引导学生运用钛合金的性质去判断利用金钛合金作为"盔甲"是否合适，帮助学生在多元情境中运用已有知识解决实际问题。接着又通过分析不同含量的钛对"盔甲"的影响，帮助学生改正理解中的错误，促进知识的长久保持。通过这样的学习和讨论，学生可以更好地理解合金的组成成分对其性能的影响。在设计复杂的装备如钢铁侠盔甲时，选择合适的合金材料是非常重要的，并且必须综合考虑多个因素，如密度、强度、韧性和耐腐蚀性等。通过这种交互性学习的方式，学生将更深入地理解合金材料的特性和应用，并在解答相应问题时能够运用他们所学的知识。这将有助于他们培养批判性思维、科学探究和解决问题的能力。

解 惑

【问题讨论一】电影《钢铁侠》中"钢铁侠"那身逐渐完美的"钢铁侠盔甲"——从马克一号（Mark Ⅰ）到马克七号（Mark Ⅶ）有什么区别呢？

【答疑】马克一号(Mark Ⅰ)重约 1500 磅(约 680 kg),由防弹铁铜合金和一些皮具组成。由于制作时,托尼已被敌方抓住,关在一个山洞中,资源紧缺,技术不完善,因此盔甲功能并不齐备,并且外表看起来非常粗糙。马克二号(Mark Ⅱ)延续了马克一号的材料,并在此基础上完善了盔甲功能。由于使用马克二号盔甲飞过大气层之后会出现结冰状况,因此托尼研制出以金钛合金为材料的马克三号(Mark Ⅲ)。金钛合金材料不仅可防止结冰状况的发生,同时也大大减轻了盔甲质量,稳定了盔甲性能,并且在此之后的盔甲均用此材料。

图5-1-4 马克一号(Mark Ⅰ)盔甲

【问题讨论二】合金元素的种类及含量与合金的性质之间存在怎样的关系呢?

【答疑】以铁合金(合金钢)为例,合金钢的性能是由合金元素含量的多少而决定的。对于合金钢,不同含碳量对应的铁合金(钢)的物理性质也不尽相同。钢中的合金元素决定了钢热处理后的性能。合金元素可能会对钢的 γ 固溶体区、形成碳化物的类型等造成影响,从而影响合金的性质。

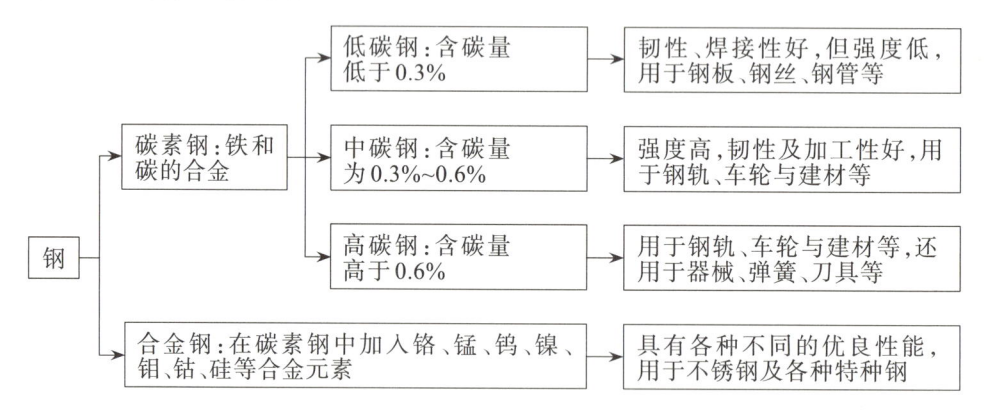

钢
- 碳素钢:铁和碳的合金
  - 低碳钢:含碳量低于0.3% → 韧性、焊接性好,但强度低,用于钢板、钢丝、钢管等
  - 中碳钢:含碳量为0.3%~0.6% → 强度高,韧性及加工性好,用于钢轨、车轮与建材等
  - 高碳钢:含碳量高于0.6% → 用于钢轨、车轮与建材等,还用于器械、弹簧、刀具等
- 合金钢:在碳素钢中加入铬、锰、钨、镍、钼、钴、硅等合金元素 → 具有各种不同的优良性能,用于不锈钢及各种特种钢

图5-1-5 钢材的分类及其性质

【问题讨论三】钢铁侠的马克三号的主要成分是99%的金和1%的钛,如果将钛的含量调整为99%,金的含量调整为1%,试根据文献资料分析:钛合金的性质与金钛合金的性质有哪些不同?它与纯钛物质又有何不同(仅从物理性质进行考虑)?

【答疑】钛合金是指钛与其他金属制成的合金金属,具有强度高、耐腐蚀性高、耐热性高等特点,主要用于航空航天发动机。金钛合金色泽接近纯金,但熔点、硬度大大提高,耐磨耐用。纯钛是最重的轻金属,在大多数介质中,特别是在中性、氧化性和海水等介质中纯钛有极高的抗腐蚀性,但氢氟酸对钛的腐蚀作用较强。

> **资料库**
>
> **金钛合金**
>
> 用99%的金和1%的钛制成的合金,色泽接近纯金,硬度较纯金大大提高,耐磨耐用,可用于镶嵌宝石,也被称为九九金,标记为"990"。这种材料也是《钢铁侠》系列片中制造钢铁盔甲的主要材料。

大破天幕之氰化物

本小节适用于氰化物的教学。

传道 / 知识要点

氰化物的结构为 —C≡N 。在常温下,氰化氢(HCN)为无色气体,带有淡淡的苦杏仁气味;氰化钠(NaCN)和氰化钾(KCN)常温下均为无色晶体。氰化物的化学性质主要有以下几个方面:

(1)由于碳氮三键的存在,氰基有相当高的稳定性,在通常的化学反应中都以一个整体存在。

(2)氰化物的无机盐在潮湿的空气中水解生成有淡淡苦杏仁气味的氰化氢。

(3)剧毒。氰化物分为有机氰化物(均属高毒类)和无机氰化物(如氢氰酸、氰化钠、氰化钾)。其中毒机理为氰化物进入人体后产生氰离子,与细胞线粒体内氧化型细胞色素氧化酶中的三价铁结合,阻止氧化酶中的三价铁还原,妨碍细胞正常呼吸,使组织细胞不能吸收利用氧,造成组织缺氧,导致机体陷入内窒息状态。桃、李、杏、枇杷等水果中含氢氰酸,其中以苦杏仁含量最高,木薯中也含有氢氰酸。

除了氰化物外,砒霜是另一种剧毒物质,但毒性则不如氰化物。砒霜中毒大约需 1 h 方才出现症状,且要等到数小时后甚至次日才

图 5-1-6 砒霜

会导致死亡，从而留下了充足的抢救时间。但是，砒霜的水溶性比氰化物差很多，掺入酒水后容易沉淀。

资料库

砒霜

三氧化二砷（As_2O_3），外观为白色霜状粉末，俗称砒霜，别称白砒、亚砷酸酐，又称信石。它是最古老的毒药之一，无臭无味。其微溶于水，溶于酸、碱，人体口服中毒量为 0.005～0.05 g，致死量为 0.1～0.3 g。慢性中毒主要是消化系统症状，肝肾损害，皮肤色素沉着、角化过度或疣状增生。砒霜对黏膜、皮肤、神经系统、肾和心脏都有损害。

电镀、冶金等工业领域排出的工业废水中含有大量的氰化物，在给环境带来污染的同时，也危及水中生物甚至人们的身体健康。因此，工业上常采用化学氧化处理技术去除污染水中的氰化物，通常用 Cl_2 和 O_3 作氧化剂，涉及的主要化学原理如下：

$$2CN^- + 6H_2O + 6Cl_2 = 12HCl + N_2 + CO_3^{2-}$$

$$2CN^- + 3O_3 + H_2O = 2CO_3^{2-} + N_2 + 2O_2 + 2H^+$$

授 业

情境

张老师： 氰化物的英文名由"cyan"（青色，蓝绿色）衍生而来。氰化氢是一种气体，故在气部下加青字，得到现在通行的"氰"字。中英文名称都将氰与青色相联系，是因为著名的蓝色染料普鲁士蓝为一种氰化物。氰化物常出现在悬疑片、谍战片等电影中，例如《大兵瑞恩》《007》《机械师》，等等。氰化物虽具有剧毒，但在化学实验中也是一种非常重要的反应原料和鉴别试剂。大家除了知道其毒性外，还应正确认识氰化物，全面了解氰化物的作用与用途。

图 5-1-7　普鲁士蓝

教师在讲解氰化物时，除了介绍其毒性外，还应引导学生正确认识氰化物，培养学生的科学态度与社会责任。并不是所有的氰化物都具有毒性，虽然有机氰化物具有剧毒，但是它在有机反应中是一种非常重要的反应原料，并且容易制得，在实际生活中较为常见。在深入了解氰化物的过程中,教师可以提供《007》等电影作为导学材料,展示氰化物的组成元素与其他元素之间的结合方式、氰化物的分类、氰化物的性质,等等。以电影中的情节作为导入材料和补充材料,使学生直观了解氰化物的特性及其对人体的危害,拓宽学生的知识视野,正确看待化学中的有毒药品。

课堂快闪

在讲解氰化物的用途时,张老师利用硫氰化钾鉴别Fe^{2+}和Fe^{3+},并开展学生实验,进而讲解其中的反应原理。用硫氰化钾鉴别Fe^{3+}的机理是硫氰根离子与Fe^{3+}结合而生成血红色络合物。硫氰化钾鉴别Fe^{2+}的操作过程:向含有Fe^{2+}的溶液中加入硫氰化钾,溶液不显血红色,加入氯水后溶液显血红色,则证明为亚铁离子。其原理实际上和硫氰化钾鉴别Fe^{3+}相同,但硫氰化钾不会和Fe^{2+}反应,因此在初次加入硫氰化钾时溶液并不显血红色,而是需要利用氯水将Fe^{2+}氧化成Fe^{3+},才能与硫氰化钾反应显色。

$$2Fe^{2+} + Cl_2 = 2Fe^{3+} + 2Cl^-$$

$$Fe^{3+} + 3SCN^- = Fe(SCN)_3$$

张老师在讲解氰化物的用途时,充分发挥化学实验优势,让学生在参与中获得兴趣。通过让学生亲自参与实验,让他们亲身体验到化学实验的乐趣,激发他们对化学的兴趣和好奇心。特别是在讲解氰化物这样一个具有一定危险性的化合物时,实验可以为学生提供一种安全的学习方式,并帮助他们更加深入地理解氰化物的用途和性质。学生在实验中亲眼见证硫氰化物作为鉴别试剂的作用。他们可以看到不同物质与硫氰化物的反应产生不同的观察结果,从而了解硫氰化物在鉴别过程中的特异性和敏感性。这样的实验体验可以帮助学生全面认识氰化物的鉴别特点,并进一步理解其在化学分析中的应用。

课堂快闪

张老师利用电影作为故事背景设计了一个情节丰富的教学活动,让学生在一个虚构的电影故事中扮演不同的角色,故事涉及一个化学实验室或是一个调查组织,学生则化身为实验室研究员、警察、侦探或其他相关角色。他们在这个虚构的情景中与氰化物及其他易燃药品打交道。最后,张老师通过组织讨论或反思环节,让学生分享他们在角色扮演中的体验和学习收获。学生可以互相交流彼此的观点和经验,讨论如何更好地处理氰化物及其他易燃药品,体现在实际生活中应用所学知识的重要性。

张老师以电影为故事背景,让学生扮演不同的角色,通过戏剧化的方式来学习氰化物及其他易燃药品的处理方法。通过将陈述性知识的教学与动作技能和大量活动结合在一起,促进对知识最佳的理解与记忆。在这个活动中,学生首先会了解氰化物在影视作品中的多种展现形式及其在实际生活中的作用。随后,他们将基于氰化物的特性,结合其他化学物质进行创作,例如创作舞台剧等表演形式。通过这种亲身参与的方式,学生会加深化学在实际生活中的正负面影响的认识,并进一步学习规范实验室操作等相关技能。通过专业化的教学设计,学生不仅可以通过角色扮演与表演的方式体验和应用氰化物及其他易燃药品的处理知识,还可以培养他们在化学领域的综合能力和实践技能。这种教学方法将会培养学生的创造性思维、解决问题的能力,并帮助他们更全面地理解和应用化学知识。此外,学生还将扩展对实验室操作规范性要求的认识,提高他们在化学实验中的安全意识。

解 惑

【问题讨论一】在动画片《名侦探柯南》中,氰化物的身影也很常见。作为"隐形杀手",氰化物致死的快速性常被自杀者和杀人嫌疑人利用。柯南如何断定死者是否是氰化物中毒致死呢?

【答疑】根据人体耐受力不同,口服氰化物使体内的量达 0.7~3.5 mg/kg,或空气中氢氰酸浓度达 0.5 mg/L 即可致死。氰化物一旦入口,生还的可能性微乎其微。一般而言,摄入较大剂量的氰化物后,如果没有采取有效的急救措施,通常都会在中毒后 15~60 min 内死亡。具体的时间长短与毒药剂量、中毒途径都有关系。如果口服大量氰化物,或以静脉注射、吸入高浓度氢氰酸气体的形式中毒,1~2 min 后就会出现意识丧失、心脏骤停并导致死亡,算得上是"闪电式死亡"了。

图 5-1-8 氰化物

【问题讨论二】急性氰化物中毒的病情发展迅速,故急性中毒的抢救应分秒必争,如何就地应用解毒剂?

【答疑】①口服中毒者,可用 1∶2000 高锰酸钾溶液洗胃,并刺激咽后壁,诱导催吐洗胃。②对症抢救。发生呼吸衰竭者可给予强心剂、升压药、呼吸兴奋剂,并进行吸氧、人工呼吸等;皮肤烧伤者,可用高锰酸钾溶液冲洗,然后用硫化铵溶液洗涤。

【问题讨论三】上述资料中反复提到了高锰酸钾溶液,那么高锰酸钾的消毒机理是什么呢?

【答疑】高锰酸钾具有强氧化性,强氧化性可以使细菌的蛋白质变性,起到杀菌的作用,从而使其失去感染性。但值得注意的是,高浓度的高锰酸钾具有刺激性和腐蚀性,不应盲目使用。

地心历险之镁的燃烧

本小节适用于镁的教学。

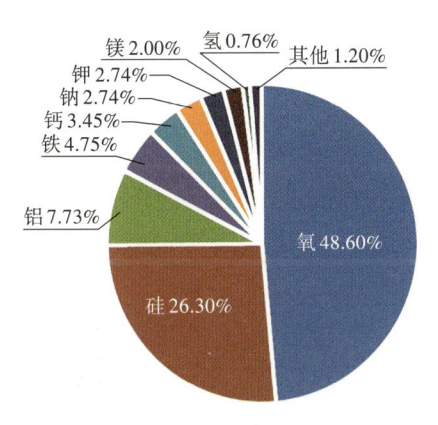

传道 知识要点

图 5-1-9 相关元素在地壳中的含量

1. 镁

镁常为具有银白色金属光泽的粉末。它在地壳中的含量约为 2%,是地壳中含量排名第八的元素,镁在自然界中常以菱镁矿($MgCO_3$)、白云石[$CaMg(CO_3)_2$]、光卤石($KCl \cdot MgCl_2 \cdot H_2O$)等化合态的形式存在。因为镁具有较强的还原性,所以能发生很多剧烈的氧化还原反应。例如,能在氧气、二氧化碳中剧烈燃烧,放出大量热量并产生眩目的白光。

2. 镁的化合物

镁的主要化合物如表 5-1-1 所示。

艺术点亮化学

表 5-1-1 镁的主要化合物

名称	化学式	性质	用途
氧化镁	MgO	白色固体	可用作食品添加剂、吸附剂、脱硫剂、高温耐热材料等
碳酸镁	$MgCO_3$	白色单斜结晶或无定形粉末	可用作耐火材料、锅炉和管道的保温材料等
碳酸镁钙	$CaMg(CO_3)_2$	无色、白色、黄色或褐色色调的块状晶体	碳酸钙可用于实验室制取二氧化碳、食品添加剂、牙膏膏体、墙内外粉刷材料等
光卤石	$KCl \cdot MgCl_2 \cdot H_2O$	无色或白色,透明至不透明颗粒状或致密块状,含杂质的呈粉红色	可用于制造钾肥和用作冶炼金属镁的矿物原料

授 业

情境

张老师:科幻电影《地心历险记1》(图 5-1-10)主要讲述了一位年轻的自然科学家特雷弗和朋友们前往地心探险的故事。在冒险途中,三位主角遭遇危险,在紧急时刻利用点燃的信号棒将岩石壁上的镁点燃,镁燃烧发出耀眼的白色亮光,产生的巨大能量将岩石炸开,三人从而获救。电影中有不少关于金属镁的性质和用途的场景。

图 5-1-10 地心历险记

教师可以利用《地心历险记1》中的情节在课堂伊始就紧紧地抓住学生的好奇心,与学生产生共鸣,注重对学生情感、态度与价值观的培养,在课堂中渗透教育的人文价值。

加涅提出过教学过程九阶段,其中第一阶段便是引起注意。课堂伊始,如何将学生的注意力紧紧锁定在课堂中,是教师需要考虑的首要问题。同时,也只有将学生的注意力紧紧锁定于课堂中,学生才会全身心地参与到课堂中来,学习效率才会大大提高。因此,教师可以利用电影情节创设情境,引起学生注意。

课堂快闪

张老师充分利用电影作为课堂导入,以《地心历险记1》为例,引入了金属的化学性质这一课题。在这个导入环节中,张老师播放了电影中镁燃烧的小片段,巧妙地引发了学生们的思考。当学生观看到镁燃烧时,他们不仅能够直观地感受到明亮而炽热的火焰,同时也能明显看到残留的白色粉末。这个过程激发了学生对镁的性质的好奇心和思考。接着,张老师与学生们共同讨论金属元素在大自然中的存在形式。学生们通过观察和探讨,开始意识到金属元素在地壳中广泛存在的形式,比如铁、铜、铝等。他们也逐渐明白金属元素的特点,如良好的导电性、热传导性和延展性。

在上述案例中,教师通过电影中镁燃烧的场景,引导学生开始思考为什么镁会发生燃烧,并产生明亮的白光和白色粉末。教师巧妙地引导学生进一步深入探究,提出问题:为什么燃烧的镁会产生火焰?燃烧的后果是什么?帮助学生自主思考和发现金属元素的一些特性和化学性质。这样的导入环节不仅使学生更加主动地参与学习过程,培养了他们的观察力和思考力,同时也为后续的金属化学性质的探究打下了良好基础。教师通过电影片段的巧妙运用,将抽象的概念与生动的形象相结合,帮助学生更好地理解和记忆金属的化学性质,同时提升他们的学习乐趣和动力。

教师在教学的时候,应该在学生已有知识基础上,通过回忆、提问、巩固等有效手段,引导学生将所要学习的知识系统地连接起来,形成一个有机的整体。学生的已有知识储备是学习新知识的基础与起点,因此教师的教学就是在学生已有知识体系基础上进行完善。例如,教师在讲解"镁的性质"时,可以联系已经学过的金属钠的性质,进行类比推理,并对钠、镁两种金属的化学性质的异同进行对比,帮助学生理解。在学习完镁的性质后,学生再对电影中的相关情节的科学性进行反思,树立正确对待电影中化学知识的意识。

资料库

名词解释

信号棒:通过将特定的还原剂和氧化剂混合制成棒状后,在水中或无氧环境下仍能燃烧。它在娱乐、军事和野外探险中发挥着重要作用。

荧光棒:荧光棒通常呈条状,外部常包裹着聚乙烯(塑料)材料,内部则含有一根夹层玻璃管,夹层内填充有磷光粉(硅酸镁、钨酸镁)和荧光素等物质。当玻璃管被弯曲、击打或揉搓时,导致其破裂,使得荧光棒内的化学物质发生反应并传递能量给荧光染料,最终由染料发出荧光。

白云母:白云母的化学组成为 $KAl_2[Si_3AlO_{10}](OH)_2$,展现出较小的硬度特性。在外观上,它带有玻璃或金属般的光泽;在性能上,白云母具备出色的绝缘性和隔热性能。

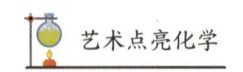

解 惑

【问题讨论一】在引入电影进行教学时,如何处理电影中与科学事实不相符合的情节呢?

【答疑】在教学过程中,教师可以引导学生对一些不太科学的电影情节提出疑问并进行探究分析,不仅充实了教学内容、帮助学生掌握相关化学知识,还能促进学生批判性精神的发展,提高学生善于观察、勤于思考、勇于质疑的能力。

例如,在电影《地心历险记1》的开头和结尾,镁剧烈燃烧发出明亮的光、放出大量的热,为三位主人公的探险之旅带去了希望。根据已有的知识和经验,在离洞口不远处的矿井口可能还有含量较少的氧气,镁与氧气发生化学反应,$2Mg+O_2 \xrightarrow{\text{点燃}} 2MgO$,所以岩石上的镁能被特雷弗意外点燃并剧烈燃烧。如果再深入到地下,当氧气会逐渐减少甚至不存在,二氧化碳的含量却逐渐升高时,镁会和CO_2发生反应。将这样的情节放在教学中,学生可能会产生疑惑:镁能在氧气中剧烈燃烧生成MgO,发出耀眼的白光并放出大量的热,难道在二氧化碳中也可以燃烧吗?在实际教学中,教师可以让学生自己判断这个电影情节的知识错误之处,并引导学生思考镁与氧气和二氧化碳反应产生的不同现象。教师一定要处理好艺术性和知识性之间的关系,在明确目标、精选内容、选择恰当的策略开展化学与电影教学的同时,促进学生批判性精神的发展。

图5-1-11 电影中的热喷泉

【问题讨论二】如果实验室发生金属镁燃烧的事故,可以用灭火器进行灭火吗?

【答疑】不能。灭火器的主要成分为泡沫、二氧化碳、水等,而镁与二氧化碳和水在点燃条件下均会发生反应:$2Mg + CO_2 \xrightarrow{\text{点燃}} 2MgO + C$,$Mg + H_2O \xrightarrow{\text{点燃}} MgO + H_2$。因此,实验室发生金属镁燃烧事故时不能用泡沫灭火器进行扑灭。若发生镁燃烧事故,应该立即隔绝空气并覆盖干沙;若是大面积燃烧,则需采用符合国家标准的D类灭火器,其主要成分为氯化钠基粉末和石墨基粉末。

第二节　主角必备化学技能——铝热剂、复分解、氯气

开锁特技之巧用铝热剂

本小节适用于铝、铁、金属材料的教学。

传 道

知识要点

1. 铝热剂

铝热剂是铝粉和难溶金属氧化物的混合物。常见铝热剂是铝粉和三氧化二铁粉末按一定比例（1∶2.95）配成的混合物。当用引燃剂点燃铝热剂时，反应猛烈进行，得到氧化铝和单质铁并放出大量的热，温度高达 3000 ℃，能使生成的铁熔化。铝热剂是铝热反应的重要成分，铝热反应在轨道焊接等高温户外作业中发挥着重要作用，可用于引发一些需要高温的反应。

2. 铝热反应

铝热反应，是一种利用铝的还原性获得高熔点金属单质的反应，由法国化学家戈尔施米特（H. Glodschmidt, 1861~1923）于 1895 年发明，可简单认为是铝与某些金属氧化物（如三氧化二铁、三氧化二铬、氧化铜、二氧化锰等）在高热条件下发生的反应。当铝粉与这些金属氧化物反应时，产生足够的热量，使被还原的金属在较高温度下呈熔融状态，与形成的熔渣分离开来，从而获得较纯的金属。在工业上常用这种方法冶炼难熔的金属，如钒、铬、锰等。

3. 铝热法炼铁

在氧化还原反应中，一些活泼金属可以作还原剂，将相对不活泼的金属从其化合物中置换出来。铝热反应过程中放出的热可以使高熔点金属熔化并流出，因此可以用铝热法炼铁。

$$3Fe_3O_4 + 8Al \xrightarrow{\text{高温}} 9Fe + 4Al_2O_3$$

艺术点亮化学

授业

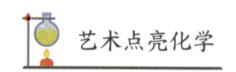

情境

张老师：2020年，网络电影《唐人街探案》引起了人们广泛的关注，剧中也涉及许多化学知识。其中，男主角林默是一名化学老师，初来乍到的他被学生整蛊，被困化学实验室。然而熟知化学知识的他采用铝热反应，运用实验室的化学试剂，做起了化学实验，将铝热剂加热到2300 ℃，烧熔锁芯，随着一声剧烈的爆炸声，他成功脱困。

图5-2-1 烧熔锁芯

其实，不仅在影片中可以看到铝热反应，在我们的日常生活中也能看到它的应用，例如铺设高速铁路的铁轨所用的无缝焊接技术就使用了铝热反应的原理。

张老师在铝热反应这一知识点的教学当中注意教学的阶段性，在不同的教学阶段有针对性地采取了相应的教学方法。而且将学生感兴趣的电影情节融入其中，不仅能够吸引学生学习的兴趣，还能够合理运用课堂时间强化学生对该部分知识的记忆。

图5-2-2 金属焊

课堂快闪

张老师在教学中将铝热反应作为重要的知识点进行补充，将一堂课分为三个阶段。在课堂开始阶段，播放影片《唐人街探案》中林默被困化学实验室，利用铝热反应成功逃脱的片段，由于发生了爆炸，学生将会产生疑问：什么化学反应能够产生这样的爆炸？是什么原理呢？从而引出对铝热反应的详细介绍。

课堂中段，张老师根据电影情节，将其分割为几个片段，分别对应铝热反应的每个步骤。在片段间隔设置实验操作选项，由学生进行选择，只要步骤正确，就可看到最终爆炸逃脱的片段，以构建的虚拟实验，让学生亲自体验铝热反应的过程。

课堂快结束时，张老师将该影片以及实验室标准的铝热反应实验操作视频作为实验案例，引导学生结合所学知识，对比分析影片中林默做的"铝热反应"实验是否正确，做该实验的注意事项是什么。

在课堂开始阶段,张老师合理利用现有的与学习内容相关的影视资源,学生对影片中发生的让林默得以成功逃脱的爆炸以及此现象产生的视觉冲击而产生疑问,从而引发思考,调动学生对化学知识学习的积极性,由此开启一堂课的教学。

在课堂中段,由于铝热反应所需温度极高,为促进学生对本堂课所学知识的记忆,教师可以构建虚拟实验,通过电脑模拟,学生选择每一步实验操作,通过动画看到实验现象,以此加深学生对实验现象的记忆以及对实验步骤的熟悉,从而加深对知识的理解与记忆。

在课堂结束时,张老师进一步巩固强化学生对知识的理解,引导学生利用所学知识,对相关实验案例进行分析,通过查阅资料、观察实验现象等得到反应注意事项以及铝热反应的应用范围,升华了本节课。

解 惑

【问题讨论一】《唐人街探案》中"铝热反应"的实验原理是什么?是否都有如影片中这么大的爆炸"动静"呢?其应用是否只有开锁呢?

【答疑】实验原理:铝单质在高温条件下进行的一种氧化还原反应,体现了铝的强还原性。由于氧化铝的生成焓(-1645 kJ/mol)极低,故反应会放出大量的热,甚至可以使生成的金属以熔融态出现。是否有如此大的"动静"呢?事实上,铝热反应的剧烈程度,是由金属离子的氧化性决定的。在实际应用中,铝热反应并不只用于开锁,其应用范围十分广泛。①冶炼金属。铝热反应可以产生足够的热量,使被

图5-2-3 工业上的铝热反应

还原的金属在较高温度下呈熔融状态,与形成的熔渣分离开来,从而获得较纯的金属,在工业上常用这种方法冶炼钒、铬、锰等金属。②焊接金属。铝热反应过程中放出的热可以使高熔点金属熔化并流出,故铝热法广泛运用于焊接抢险工程中。③军事作用。铝热反应十分剧烈,且点燃后难以熄灭,若在钢等其他金属物上点燃,还会熔穿金属物,加剧反应。铝热剂燃烧炸弹的燃烧温度可达3000 ℃,可用于烧毁建筑物和工事,以及用于熔穿装甲车等。

【问题讨论二】铝热反应的注意事项是什么?

【答疑】(1)在点燃铝热剂时,为了保证实验人员安全,可使用防风打火机、喷火枪或酒精灯。(2)铝热剂加热至逐渐有火星时,应该继续加热并准备人员撤离。铝热剂点燃

后应尽快撤离至安全区域。(3)实验者必须戴墨镜或防强光的设备观察实验现象,防止被铝热反应的强光灼伤眼睛。(4)反应时,会有900~1500 ℃高温的金属熔融物喷出,这时要隔离周围人员,不得靠近。(5)反应结束后,如需进行善后工作切不可用水浇灭,要等其自然冷却。

【问题讨论三】铝热反应的应用有哪些?

【答疑】(1)铝热反应可用于冶炼某些难熔金属。当铝粉跟这些金属氧化物反应时,产生足够的热量,使被还原的金属在较高温度下呈熔融状态,与形成的熔渣分离开来,从而获得较纯的金属,如钒(V)、铬(Cr)、锰(Mn)等。(2)可用于焊接钢轨等大截面钢材部件。(3)军事上可以制作铝热弹等武器。(4)用于制作传统的烟火剂。

复分解反应之磷酸变身

本小节适用于盐、复分解反应的教学。

传 道

知识要点

1. 复分解反应

复分解反应是化学四大基本反应类型之一(图5-2-3)。复分解反应是由两种化合物互相交换成分,生成另外两种化合物的反应。

图5-2-4 化学反应分类

2. 复分解反应的条件

(1)酸+盐→新酸+新盐

反应物中的酸必须是可溶的(盐是否可溶没有关系),且生成物中至少有一种物质是气体、沉淀或水。例如:

$$BaCl_2+H_2SO_4 == BaSO_4\downarrow +2HCl$$

(2)酸+碱→盐+水

反应物中有一种可溶就可以发生反应,当酸、碱都很弱时,不发生反应。例如:

$$H_2SO_4+Cu(OH)_2 == CuSO_4+2H_2O$$

(3) 盐+盐→新盐+新盐

反应物中的两种盐必须是可溶的,且生成物的两种盐中至少有一种是沉淀。例如:

$$Na_2SO_4+BaCl_2 == 2NaCl+BaSO_4\downarrow$$

(4) 盐+碱→新盐+新碱

两种反应物都要可溶,生成物中至少有一种是沉淀或气体(只有铵盐跟碱反应才能生成气体)。例如:

$$2NaOH+CuSO_4 == Na_2SO_4+Cu(OH)_2\downarrow$$

3. 弱酸制强酸

本节涉及的化学反应:$3CuSO_4$(过量)$+2H_3PO_4=Cu_3(PO_4)_2\downarrow+3H_2SO_4$,是用较弱的酸制备强酸,其本质依旧是复分解反应。由于反应物有沉淀生成,整个反应向离子浓度减小的方向移动,但此反应可以进行的前提为$CuSO_4$(图5-2-5)过量,以免生成的沉淀被磷酸溶解。

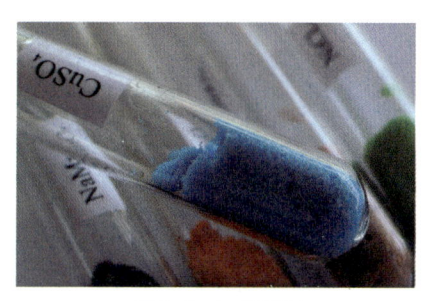

图 5-2-5 硫酸铜

授 业

情境

我最近看了一部新的电影——《越狱》。该剧讲述的是一个关于拯救的故事:男主角迈克尔的哥哥含冤入狱。为了拯救哥哥,他与哥哥关进同一监狱,打算带着哥哥逃离此地。迈克尔运用他的化学知识开启了逃跑计划,剧中迈克尔为了逃离监狱而在狱室中挖起了通道,而通道却被医务室下水管道的铁板阻碍。在熟悉了逃跑地形之后,迈克尔计划用硫酸来腐蚀医务室的下水管道铁板,然后通过医务室逃离,但是出于安全因素的考虑,监狱并不会有硫酸这样的试剂存在,于是他准备用硫酸盐与磷酸反应生成硫酸。但条件有限,并不能找到含硫酸钙的试剂引入钙离子,因此,男主角使用了除草剂,以及工业磷酸,将两者分别挤入牙膏管中,准备用来腐蚀管道中的铁板。

小艺

复分解反应是化学四大基本反应类型之一,应用十分广泛,多数化学实验的实验原理均涉及复分解反应。影片中通过硫酸铜与磷酸制备得到硫酸以及磷酸钙是可行的,这就是一个简单的复分解反应。

张老师

199

艺术点亮化学

其实在日常生活中，我们也能看到复分解反应的身影。复分解反应具有什么样的特点呢？哪些化学反应是复分解反应呢？这些是学生应该重点掌握的知识点，因此复分解反应的教学尤为重要，教师在讲解知识时，不仅要讲解其反应原理，还要重视其应用的拓展。

张老师将影片作为案例，营造使学生带着问题学习知识的学习环境，从而对该知识的印象更加深刻。张老师还注重多元化学习，多元化学习是提高学生学习参与度的有效学习方法，包括合作学习、探究学习等，通过小组合作，让学生共同探索问题，分享彼此的经验和知识，不仅有利于学生对知识的理解，也有助于培养学生的团队合作能力、沟通技巧和解决问题的能力。

课堂快闪

张老师在对复分解反应的知识点进行教学时，将电影《越狱》的片段作为导学材料，同学们观看视频时产生了诸如男主角采用了哪两种试剂、混合后发生了什么样的反应、产生了什么物质才能将铁板腐蚀等疑问。张老师以此为突破点，针对疑问进行解答——男主角采用的试剂是硫酸铜以及草酸，两者混合产生了一种具有腐蚀性的物质——硫酸，以及磷酸钙沉淀。由此引出了复分解反应的概念，并对复分解反应的特点、性质进行讲解。

然后，张老师让同学们通过小组合作，结合所学知识，分析其中的化学反应；找到产生该反应的原因，以及它所呈现的复分解反应的特征。

$$3CuSO_4(过量)+2H_3PO_4 =\!=\!= Cu_3(PO_4)_2\downarrow +3H_2SO_4$$

最后，张老师根据《越狱》的内容，向学生抛出问题：复分解反应在我们日常生活中还有哪些应用？以此结束本节课，为下一节课埋下伏笔。

在教学过程的最后，张老师适时安排学习任务，使学生能够独立思考，自主查阅资料以解决问题，既能拓宽学生的视野，又能促进学生解决问题的能力。学生根据所学知识以及网络资源，可以发现医疗中使用的钡餐、清洗水壶中的水垢都运用到复分解反应的知识，以此将化学与个人生活进行联系，从而增长课外知识。同时，也使学生明白生活处处有化学，正确利用化学知识，能够使生活更加便利。

资料库

除草剂

除草剂，作为一种农业及园艺浅剂，主要用于选择性或彻底地杀灭杂草。根据化学结构的不同，除草剂可细分为两大类：有机除草剂和无机除草剂。迈克尔所用的除草剂主要成分为硫酸铜,属于无机除草剂。

图 5-2-6　硫酸铜的结构式

解 惑

【问题讨论一】电影《越狱》中涉及的复分解反应原理是什么?由此看出复分解反应的特点是什么?

【答疑】影片中,首先设计的实验原理为:

$$2H_3PO_4+3CaSO_4\cdot 2H_2O =\!=\!= 3H_2SO_4+Ca_3(PO_4)_2+6H_2O$$

但实验条件有限,硫酸钙无法得到,因此更改实验方案,使用常见的除草剂以及工业磷酸开展实验,其实验原理为:

$$3CuSO_4+2H_3PO_4 =\!=\!= Cu_3(PO_4)_2\downarrow +3H_2SO_4$$

复分解反应的特点:在反应前后各元素化合价不变,离子种类和个数也不变。复分解反应是由两种化合物互相交换成分,生成另外两种化合物的反应,其实质是两种化合物在水溶液中交换离子的反应。从宏观角度来说,反应能发生是有特定条件的。对生成物而言,两种化合物交换成分后,生成的另外两种化合物中必有水或气体或沉淀;对反应物而言,盐和盐、盐和碱二者均可溶时反应才能发生。

【问题讨论二】学生对电影内容的喜爱可能会超越知识本身,如何引导学生关注电影中的化学知识?

【答疑】电影中主角迈克尔的渊博知识及缜密的思维让人惊叹,研究他在电影中的一系列令人茅塞顿开的行为是否具有可行性是广大影迷们的乐趣之一。但这毕竟是电影编剧构造出的人物形象,在教学过程中更应该关注知识内容的科学性。为了更好地引导学生关注电影中的化学知识,提倡学生对影片中所涉及的化学知识持以质疑的态度,鼓励学生主动利用各种渠道查阅资料,从剧情内容到科学理论来探讨反应的可行性,必要时可动手做实验来进行研究,才能使影视作品中的化学知识在化学课堂教学中的运用效果达到最佳。

在化学教学中,教师可以将电影情节与化学知识联系起来,学生面对生动的影视资料,特别是感到好奇与怀疑的知识,才会愉快、主动地进行学习,体会到化学的乐趣,积极进行思考并产生讨论相关知识的兴趣,对作品中涉及的化学知识产生深刻的印象,并巩固相关知识。如此一来,化学教学会产生事半功倍的效果。

【问题讨论三】影片中,主角将复分解反应用于腐蚀铁板。在日常生活中,哪些地方应用了复分解反应呢?

【答疑】复分解反应的应用:(1)用于工厂排污中污水的除杂,例如将其中的银离子形成氯化银沉淀除去。(2)利用食醋与碳酸钙的反应,生成可溶的醋酸钙及二氧化碳气体,以此除去水壶中的水垢。(3)医院做钡餐,选择的是不会发生化学反应的不溶物硫酸钡。

图5-2-7 食醋除水垢

氯气之探秘解毒秘方

本小节适用于氯及其化合物的教学。

传道

知识要点

1. 氯气

氯气在常温、常压下为黄绿色,是有强烈刺激性气味的有毒气体。当氯气中混有体积比例为5%以上的氢气时,遇强光就可能会爆炸。氯气能与有机物进行取代反应和加成反应并生成多种氯化物。在早期氯气作为造纸、纺织工业的漂白剂。

2. 氯气与碱反应

氯气与碱反应是氯气的化学性质之一,工业生产和实验室中常用氢氧化钠溶液吸收氯气尾气。

$$Cl_2 + 2NaOH = NaCl + NaClO + H_2O$$

$$Cl_2 + 2OH^- = Cl^- + ClO^- + H_2O$$

氯气的性质归纳如图5-2-8所示。

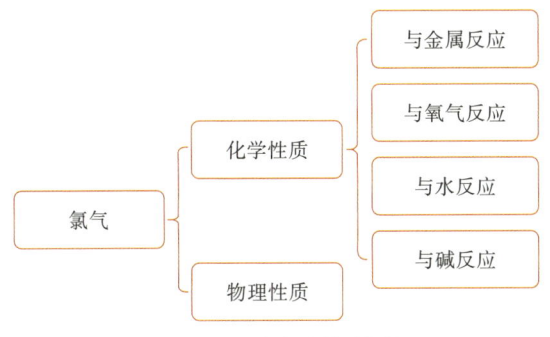

图5-2-8 氯气的性质归纳

3. 人体酸碱度

人体酸碱度是指体液的酸碱性强弱程度，一般用 pH 表示。人体体液的 pH 处于 7.35～7.45 的弱碱状态时是最健康的，但大多数人由于生活习惯及环境的影响，体液 pH 都在 7.35 以下，他们的身体处于亚健康状态，这些人就是酸性体质者。

4. 芥子气

芥子气，即 β, β′-二氯二乙硫醚，状态有蒸气、雾态和液态，通常是无色或淡黄色的液体，具有挥发性，有似大蒜、芥末的味道。芥子气是一种毒害作用巨大的化学战剂，用于制造毒气弹，它是一种液态糜烂性毒剂，侵入人体会引起全身中毒。人体的皮肤、眼、呼吸道、消化道接触芥子气会引起不同程度的损伤，较大剂量的芥子气经皮肤、呼吸道、消化道吸收后可致全身中毒。

授业

情境

张老师：《武状元苏乞儿》是陈嘉上在1992年导演的动作喜剧片，由周星驰、张敏、吴孟达、徐少强等联合主演。影片讲述了广州提督之子苏灿在考取武状元时，被人设计陷害沦为乞丐的故事。在电影中，主角都有自己的独门绝技，用来逢凶化吉。

小化：老师我看过这部电影！主角苏灿对于毒物"麒麟烟"，有独特的解毒秘方。影片中赵无极释放了"麒麟烟"，其所过之处的士兵都纷纷倒地、口吐白沫，而苏灿大喊"用尿可以解毒！"，丐帮众人把尿撒到一块布上，然后用来堵住口鼻，终于顺利渡过难关。我很好奇使用的"麒麟烟"究竟是什么？为什么人一闻到就会口吐白沫、倒地身亡呢？

张老师：其实啊，这个"麒麟烟"就是我们化学中熟悉的氯气。

艺术点亮化学

氯气是一种有毒气体,主要通过呼吸道侵入人体并溶解到黏膜所含的水分里,生成次氯酸和盐酸,对上呼吸道黏膜造成伤害。那么对于教师而言,教学氯气尤为重要,学生需要了解氯气的性质以及养成绿色化学意识。

课堂快闪

张老师在进行氯气的教学时,将影片《武状元苏乞儿》作为导学材料,并提出问题——尿液为什么可以解毒?学生能够在观看影片的同时,深入思考这个问题,此时,老师的解答使得学生豁然开朗。学生了解氯气有剧毒,尿液可以解毒,激发了学生对知识学习的积极性。

张老师在教学时巧妙地设置了驱动型问题,引导学生深入思考,使得学生的注意力高度集中,促进其对知识的吸收。

此外,本节可以顺势渗透绿色化学的意识。绿色化学是指在化学产品和工艺过程中,减少或淘汰有害有毒化学物质的使用或产生。绿色化学也被称为可持续化学。在化学制造业中,非常强调绿色化学观念。教师在教学过程中,将绿色化学观念融入课程教学非常关键,能够促进学生对树立绿色化学意识,并正确看待化学这门学科。在学习氯气时,教师应结合影片中氯气对人体产生巨大伤害的片段,讲解若将氯气作为"武器"伤害别人是不正确的做法,氯气的使用违背了"绿色化学"观念,对环境及人体都会造成不可逆转的伤害,引导学生正确认识化学物质,促进学生批判性思维的发展,由此实现学科育人的价值。

资料库

氯气

氯气可以和碱反应,因此在实验室处理氯气尾气时,采用的是氢氧化钠溶液。反应方程式为:

$$2NaOH+Cl_2 = NaCl+NaClO+H_2O$$

医学研究表明,人体内部环境的酸碱平衡对于健康至关重要,其理想的酸碱度范围应维持在7.35~7.45之间。这表明,我们的体液应当呈现为弱碱性,这种微妙的平衡是确保身体能够正常执行各项生理功能和物质代谢的关键。

解 惑

【问题讨论一】氯气频频出现在大众视野中,教师还可以给学生补充哪些有关氯气的知识?

【答疑】教师还可以补充氯气各个方面的应用。(1)化学工业用于生产次氯酸钠、三氯化铝、三氯化铁、漂白粉、溴素、三氯化磷等无机化工产品,生产有机氯化物,如氯乙酸、环氧氯丙烷、一氯代苯等,还用于生产氯丁橡胶、塑料及增塑剂。日用化学工业用于生产合成洗涤剂原料,如烷基磺酸钠和烷基苯磺酸钠等。(2)在电子工业中,高纯氯气主要用于电子工业刻蚀、光导纤维、晶体生长和热氧化。(3)氯气可用于啤酒厂的污水处理。氯气还可以除臭、除微生物,对生物耗氧量和化学耗氧量去除率也很高,可确保回收水质的稳定,因而比较适合啤酒厂污水的处理。(4)氯气价格低廉,用量少,消毒可靠,工艺成熟,是自来水公司普遍使用的消毒剂,1 L水中约通入0.002 g氯气。因为氯气与水发生反应会生成次氯酸,次氯酸的强氧化性杀灭水中的病菌。(5)氯气还可以用来制造多种农药,是一种重要的化工原料。(6)Cl_2制成的漂白物很多,一般生活中涉及NaClO和$Ca(ClO)_2$。(7)氯气可以制取消毒液。消毒液是NaClO,因为比较稳定,所以是液态,一般用氯气通入氢氧化钠中制得。(8)在医药工业中,氯气常用于制药,常参与含氯基化合物的合成。

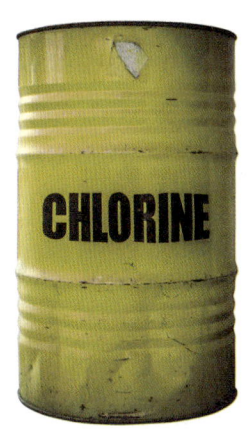

图5-2-9 万能的氯气

【问题讨论二】实验室如何对氯气进行尾气处理?

【答疑】因为氯气的强氧化性、毒性、溶于水且与水反应的特性,所以不能用点燃的方式或用水收集的方式处理其尾气。一般用氢氧化钠溶液吸收氯气尾气。

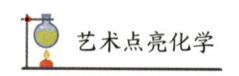

第三节 "化"论正义——重金属、酸、油脂

福尔摩斯探秘之重金属中毒

本小节适用于铜、金属及其化合物的教学。

传道

知识要点

1. 铜盐

铜有多种化合物，其中硫酸铜易溶于水，常用来配制电解液和农药。氯化铜和硝酸铜也都是可溶性的铜盐。铜盐溶液通常都有毒，这主要是由于铜离子能与蛋白质作用，使蛋白质变性而失去生理活性。由于铜的化学性质不活泼，铜离子容易被还原成单质，因此古人很早就掌握了冶铜的技术。

2. 铜单质

铜单质在自然界中含量稀少，纯净的单质铜为紫红色，质地较硬。单质铜具有良好的导电性与导热性，常与锌一起形成锌铜合金。铜单质具有良好的延展性，密度较大，熔沸点也很高。单质铜可以与非金属反应，如氧气；还可以与某些盐溶液反应，如硝酸银溶液。

$$2Cu+O_2 \xrightarrow{\Delta} 2CuO$$

$$Cu+2AgNO_3 = 2Ag+Cu(NO_3)_2$$

3. 铜盐溶液中毒原理

铜是生命必需的微量元素之一，缺乏及过量均对机体有害。正常人自肠道吸收的铜在血清中与白蛋白结合形成疏松的化合物并进入肝脏，大部分铜再转向与 α-2 球蛋白牢固地结合形成铜蓝蛋白（称为间接反应铜）。一部分铜由胆管排泄，少量铜由尿排出，仅有一小部分继续留在血液循环中（称为直接反应铜）。当摄入体内的铜（直接反应铜）超过肝脏的处理能力，就释放到血红细胞内，导致人体"铜中毒"。过量的 Cu(Ⅱ) 与 -SH 结合后在红细胞中大量积聚，引起酶系统的氧化失活，损伤红细胞，破坏其稳定性，并使细胞质和细胞器受损，变性血红蛋白增加；同时使细胞内葡萄糖 6-磷酸脱氢酶、谷胱甘肽还原酶失活，还因原型谷胱甘肽减少，从而导致血红蛋白的自动氧化加剧，变性血红蛋白大量进入血液，最终导致溶血和贫血。

资料库

铜中毒的临床表现

(1)铜铸造热:最初的症状与流感类似,具有一定潜伏期,在停止接触后的11 h左右出现胸闷乏力、头痛头晕、咳嗽等症状,之后身体会出现高热(一般为38~39 ℃),几小时后症状逐渐缓解。

(2)眼睛:若眼睛不慎接触铜盐,轻则出现结膜炎、眼睑水肿等情况,重则出现眼角膜浑浊、溃疡等。

(3)皮肤:长期接触铜烟尘,可能会引起皮肤瘙痒等症状。

(4)肠胃:若不慎服入铜盐(如硫酸铜),且血清浓度达到3 mg/L,可能出现恶心呕吐、肾功能衰竭,甚至出现中枢神经系统抑制的症状。

(5)常见慢性疾病:长期暴露于铜烟尘环境中的工人,呼吸系统往往会受到损害,可能出现咳嗽等症状。例如铜合金冶炼工人,就出现过肺组织纤维化改变的情况。此外,铜烟尘也可导致过敏性、接触性皮肤病变,比如局部皮肤出现发红、水肿,甚至溃疡。

授业

情境

张老师:相信很多悬疑爱好者都非常熟悉"福尔摩斯",他强大的办案能力和丰富的刑侦知识总是让人佩服得五体投地。在各个精彩绝伦的侦探故事中,流传着这样一个案件:在一个离奇的晚上,公爵被女仆发现死在浴缸里,警察勘测现场后发现公爵死于中风,然后便放光了洗澡水,只留下少许硫酸铜结晶。但是,仅凭这一点蛛丝马迹,牛津大学化学系高才生福尔摩斯(图5-3-1)就推理出了公爵真正的死因是重金属中毒,识破了布莱克伍德的奸计,使得凶手原形毕露。

图5-3-1 福尔摩斯

在教学中,教师可以使用上述情境引入重金属中毒原理的讲解,并丰富学生生活常识,讨论生活中如何防止重金属中毒,培养学生的安全意识。

在引入环节,创设富有悬疑性的教学情境,可以诱发学生积极的认知心理状态,激发学生的求知欲望,从而主动地参与课堂。通过生物课堂的学习,学生对重金属中毒有一定的了解,知道铜离子等重金属可以使蛋白质变性,但是学生尚不明晰重金属致人中毒的原理。

课堂快闪

张老师:大家在生物课堂上学习过,铜离子等重金属离子会使人体内的蛋白质变性,因为蛋白质会与铜离子发生化学反应生成铜盐,抑制多种酶的活性。电影中的被害人偶然大量摄入硫酸铜,使得体内细胞严重受损,进而引发死亡。由此可见,避免误服重金属离子的安全意识永远不可或缺。同学们还可以自行查阅资料,看看金属相关行业从业者应该如何加强职业安全意识。

张老师通过对电影情节的分析和阐述,带领学生揭秘公爵悬疑之死。之后教师可以通过什么是重金属中毒、如何及时采取救治措施这两个问题,引入下一环节的教学。同时,还可以由此与真实生产生活情境结合,对学生进行安全意识教育。

教师使用福尔摩斯解密重金属中毒的电影素材作为教学案例,不仅可以引导学生认识铜离子致人中毒的性质,还可以从铜的相关性质出发展开更为细致的推理和分析,从而学习不活泼金属铜与酸的反应过程。

此外,将福尔摩斯探案的电影素材作为本节课的教学情境,学生仿佛置身其中进行了一场推理活动,有助于和谐的课堂氛围的创设。在上一教学环节,教师创设了生活类的问题情境,由学生课下查询资料,在丰富的学习资源环境中,对零散的知识进行整合的深度加工,将新知识融入已有的知识结构中,促进陈述性知识进入长时记忆。在课堂上,教师组织小组讨论将每个人的观点整合形成小组的智慧结晶,从而促使知识内容的丰富和学生思维的活跃,在独立和合作的学习中发展学生解决问题的能力,培养学生的独立精神和团队精神。

解 惑

【问题讨论一】在案例中,公爵死于铜中毒。当我们发现周围的人发生铜中毒时,应该怎样展开救助措施呢?

【答疑】首先应当让中毒者立即脱离有毒环境,并提供氧气吸入。若是铜盐溅入眼内,应立即冲洗,再滴入眼药水;若是口服中毒者要立即内服清水、硫代硫酸钠或1%亚铁氰化钾溶液,使铜盐生成难溶的亚铁氰化铜;或者将0.1%亚铁氰化钾溶液600 mL加入洗胃液,以助解毒。洗胃后给予蛋清、牛乳等保护胃黏膜,无腹泻病例可给予盐类泻剂。

【问题讨论二】什么是重金属中毒?在日常生活中,我们应该采取哪些措施防止重金属中毒呢？

【答疑】在元素周期表已经发现的118种化学元素中，96种是金属元素，其中，密度在4.5 g/cm³以上的金属统称为重金属，如金、银、铜、铅、锌、镍、钴、铬、汞、镉等大约45种。可以说金属是我们生活中的一部分。通常，重金属污染指的是汞、镉、铅、铬以及类金属砷等生物毒性显著的物质的污染。重金属在人体内能和蛋白质、各种酶发生强烈的相互作用，使它们失去活性，也可能在人体某些器官中累积。如果重金属含量超过人体能够忍耐的限度，会造成人急性中毒、亚急性中毒或者慢性中毒等。

重金属能够使蛋白质的结构发生不可逆的改变，导致体内的酶不能够催化化学反应，细胞膜表面的载体无法输入营养物质、排除代谢废物，肌球蛋白和肌动蛋白无法完成肌肉收缩。因此，体内细胞就无法获得营养和排除废物，无法产生能量，导致细胞结构崩溃和功能丧失。

资料库

父亲回收旧电子产品导致孩子铅中毒

美国辛辛那提的一位儿科医生发现，两名俄亥俄州的幼儿发生了铅中毒，其中毒源可追溯至他们在电子废料回收公司上班的父亲。患儿父亲的工作涉及含铅玻璃制成的破碎阴极射线管。这些射线管都是电视机和电脑显示器的常见元件。辛辛那提儿童医院医学中心环境卫生和铅中毒门诊部的主任尼克·纽曼医生在医院的新闻稿中说，这两名儿童均为"带回家的"铅暴露的受害者。当员工经皮肤、头发、鞋子、衣服或其他物件将工作场所的有毒物质携带回家时会发生"带回家的"暴露。该父亲的工作并没有防护设备，他的头发上经常带有明显的灰尘。该系列报道称，孩子们与父亲玩耍时经常接触父亲的头发。根据美国疾病控制和预防中心在 Morbidity and Mortality Report 上发表的文章，常规筛查发现，孩子的血铅浓度均远高于铅中毒治疗的阈值5 μg/dL，这对孩子的健康是非常不利的。

——Nick Newman, Camille Jones, Elena Page, Diana Ceballos, Aalok Oza, 朱秋丽. 2012年俄亥俄州暴露于电子废料回收工厂的父母导致儿童铅中毒的调查[J]. 上海预防医学，2016, 28(11)：834-836.

【问题讨论三】在日常生活中，应该注意防止哪些重金属中毒呢？

【答疑】铅中毒中，多数是由人误吸造成的。铅中毒对人体造成的伤害很大，铅及其化合物对人体各组织均有毒性。中毒途径可由呼吸道吸入其蒸气或粉尘，然后呼吸道中的吞噬细胞将其迅速带至血液，经消化道吸收，进入血液循环而发生中毒。多数铅化物口服2~3 g可致中毒，50 g可致

图5-3-2 生活中的铅锤

死。由此可见铅对人体的伤害非常大。

汞为银白色的液态金属,常温下即可蒸发。汞中毒以慢性为多见,主要发生在生产活动中,由长期吸入汞蒸气和汞化合物粉尘所致,以精神异常、齿龈炎、震颤为主要症状。大剂量汞蒸气吸入或汞化合物摄入即发生急性汞中毒。对汞过敏者,即使局部涂抹汞油基质制剂,也可发生中毒。

当我们误食了汞时,应立即用碳酸氢钠或温水洗胃催吐,然后口服生蛋清、牛奶或豆浆,吸附毒物,再用硫酸镁导泻。吸入汞中毒者,应立即撤离现场,更换衣物,尽快赶往医院。生命诚可贵,要关注健康,警惕身边的重金属污染,同时应该了解一定的重金属中毒解毒常识,以备不时之需。

图 5-3-3　常温下的金属汞

黄金大劫案之王水溶金

本小节适用于氨、硝酸、硫酸的教学。

传道

知识要点

1. 硝酸的物理性质

纯硝酸是无色、易挥发、有刺激性气味的液体,比水重(密度为 1.5027 g/cm³),沸点为 83 ℃,与水以任意比例互溶。常用浓硝酸的质量分数约为 69%,98% 以上的硝酸称为发烟硝酸。

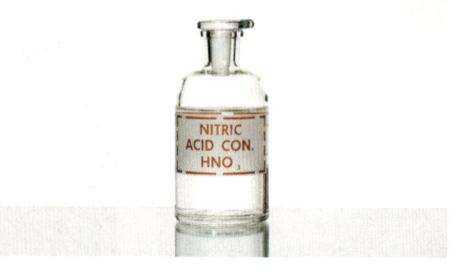

图 5-3-4　硝酸

2. 硝酸的化学性质

（1）酸的通性

1）使指示剂变色：紫色石蕊试液和甲基橙变红。

2）与碱发生中和反应：$HNO_3+NaOH =\!=\!= NaNO_3+H_2O$

3）与碱性氧化物反应：$2HNO_3+CaO =\!=\!= Ca(NO_3)_2+H_2O$

4）与某些盐反应：$2HNO_3+CaCO_3 =\!=\!= Ca(NO_3)_2+H_2O+CO_2\uparrow$

5）与金属反应，但不生成氢气。

（2）不稳定性

$$4HNO_3 \xrightarrow{光照} 2H_2O+4NO_2\uparrow+O_2\uparrow$$

由于硝酸的不稳定性，实验室一般将硝酸储存于棕色试剂瓶中，并储放于黑暗、阴凉处。久置浓硝酸呈黄色的原因是硝酸浓度越高，越容易见光或受热分解，从而产生二氧化氮，生成的二氧化氮溶于硝酸使硝酸呈黄色。

（3）强氧化性

1）硝酸能与大部分金属（Au、Pt除外）反应。

2）硝酸能与许多非金属（C、S）反应。

3）硝酸能与许多还原性化合物反应。

4）硝酸浓度越高，氧化性越强。

3. 王水

王水又称"王酸""硝基盐酸"，是一种腐蚀性非常强、冒黄色雾的液体，是浓盐酸和浓硝酸按体积比 3∶1 组成的混合物。

授 业

情境

张老师：提到王水，许多人都能想到丹麦物理学家玻尔为了躲避敌人的搜查，用王水巧藏金奖章的故事。作为酸性极强的物质之一，王水在众多编剧眼中可谓是无所不能，并在许多影视剧中充当重要角色，但是其科学性仍有待考查。

小化：我记得在《黄金大劫案》中，也有过类似的情节。主人公"小东北"为了摧毁敌军的阴谋，阻止不当的军火交易，使用王水将 8 吨黄金化为溶液

图5-3-5 电影中的王水溶金

(图 5-3-5)流入河中。

小艺：我们之前学过金的化学性质是非常不活泼的，很多强酸都无法与其反应，那么王水的成分到底是什么呢？为什么王水可以将其溶解？其中的原理又是什么呢？

张老师：那么就让我们一起开启探索"王水"这样一种神奇液体的旅途吧！

小艺

一些优秀的影视作品往往能够很好地吸引学生的注意力，因此以电影素材作为教学情境，可以创造出良好的教学氛围。但在学生为影视艺术加工下人物的英雄主义而激情澎湃的同时，教师也应当引导学生提出疑问，带着辩证思考的角度科学地对待影视剧作品中化学知识的应用。

研究表明，当学习者没有经历过认知困惑时，将不会过多思考老师所讲述的内容，缺乏对概念的进阶性认识，因此在知识的激活阶段，教师应当在充分的学情分析后，以学生的认知困惑为起点，激发学生的好奇心，引导学生跟随老师的思路进行深度的思考。

课堂快闪

张老师：金属活动性顺序表大家应该都会背吧！那根据你们所学的知识进行判断，像金、银、铜等这些金属可以与酸发生反应吗？

同学们：它们的活泼性在氢之后，是不会发生反应的。

张老师：那大家看完我们呈现的电影片段，肯定会发现，其中的"不明液体"居然把金给溶解了！

同学们：是的！这种液体到底是什么成分呢，居然有这么神奇的作用？

张老师：这就是我们要学习的"王水"，大家跟紧我的思路，一起来探索吧！

根据学生已有的知识基础，认为铜、银、金等不活泼金属不会与酸发生反应，教师可以首先呈现电影片段"小东北"载着一车"不明液体"使金溶解的情境，这与学生已有认知是不一致的，因此可以引发学生对于原有知识结构的不满足，并在冲突和困惑的解决中逐步内化和顺应新知识。

在教学中，学生的感官体验同样重要。心理学研究证明，人们学习知识时总是从感知入手，然后逐步过渡到思维和想象等认识过程，而这些认知活动往往是通过具体形象来完成的。结合化学实验性的特点，可以带领学生进行铜与浓硝酸和稀硝酸反应的微型实验，从而认识硝酸的强氧化性，为理解王水溶金打下基础。在实验中，视觉、听觉、触觉等多感官协同，可以在激发学生求知欲的同时，提高学生的动手操作能力，促进使用多感官通道对知识进行编码，形成长时记忆，并在需要时快速地进行检索。

解 惑

【问题讨论】金溶于王水,该反应的微观本质是什么呢?

【答疑】虽然王水单一的两种成分无法溶解金,但是它们联合起来却可以溶解金,酸性条件下的硝酸根离子是一种非常强的氧化剂,它可以溶解极微量的金,而盐酸提供的氯离子则可以与溶液中的金离子反应,形成四氯合金离子,使金离子在氯离子的配位作用下浓度降低,降低了金离子的电势($Au^{3+}+ 3e^- \rightleftharpoons Au$, E=1.52V;$[AuCl_4]^- +3e^- \rightleftharpoons Au+4Cl^-$, E=1.002V),反应平衡向金溶解的方向移动,这样金属金就可以进一步被溶解了。可以看出,在没有氯离子存在下,硝酸和氯气都不易氧化金。但是当金在氯离子存在时,它的电极电势降低很多。换句话讲,由于形成$[AuCl_4]^-$配合物而增强了金的还原能力。这时氯气甚至浓硝酸也能氧化 Au 成$[AuCl_4]^-$。在这之前,人们认为王水能溶解金和铂是因为王水中产生了氯气和强氧化性的氯化亚硝酰,即

$$HNO_3+3HCl \rightleftharpoons 2H_2O+Cl_2\uparrow +NOCl$$

然而,事实证明,王水能溶解金的主要原因不是王水的氧化能力增强了,而是金属的还原能力增强了。

高浓度的氯离子与金离子可形成稳定的络离子,如$[AuCl_4]^-$(理论上的化学式)等,从而使金的电极电势减小,有利于反应向金属溶解的方向进行。总反应的化学方程式可表示为

$$Au+Cl_2+NOCl \rightleftharpoons AuCl_3+NO\uparrow$$

$$Au+HNO_3+4HCl \rightleftharpoons H[AuCl_4]+NO\uparrow +2H_2O$$

$$AuCl_3+HCl \rightleftharpoons H[AuCl_4]$$

资料库

逆王水

逆王水,别名勒福特王水、反王水,是由硝酸和盐酸按3:1的比例混合而成的溶液。它具有比王水更强的氧化性,可以溶解水氧化硫和黄铁矿,Hg、Mo等金属,以及Fe、Mn、Ge的硫化物。这种混合酸呈现红色,因为其中溶解了分解的NO_2,因此也被称为红酸。具体的作用原理如下:

$$3HNO_3+HCl \rightleftharpoons H_2[(N_3O_8)Cl]+H_2O$$

在二羧三硝酸中,氯化氢溶解形成的配合物$H_2[(N_3O_8)Cl]$在水溶液中完全电离,是一种具有强氧化性的强酸。在700 kPa的压力下,$H_2[(N_3O_8)Cl]$为纯净物,呈无色油状透明液体,在常温下会分解产生氮氧化物,呈现橘红色并且产生强烈的烟雾。这种络合酸具有很强的氧化性,其阴离子具有良好的配位性,能够形成多种可溶性复盐,因此常用于溶解金属、难氧化的过渡金属氧化物和氢氧化物,通常作为实验试剂使用。

法证先锋之烧碱去污

本小节适用于氢氧化钠、油脂的教学。

传道

知识要点

1. 氢氧化钠

氢氧化钠,即NaOH,是一种有很强腐蚀性的强碱,易溶于水并形成碱性溶液,还具有潮解性。氢氧化钠在水处理中可作为碱性清洗剂,溶于乙醇和甘油,不溶于丙醇、乙醚。与氯、溴、碘等卤素发生歧化反应,与酸类发生中和作用生成盐和水。

图5-3-6 常温下的氢氧化钠

2. 油脂

自然界中的油脂是多种物质的混合物,其主要成分是一分子甘油与三分子高级脂肪酸脱水形成的酯,称为甘油三酯。油脂的结构如图5-3-7所示。

油脂结构中的R_1、R_2、R_3分别代表高级脂肪酸的烃基。组成油脂的高级脂肪酸种类较多,但多数是含偶数碳原子的直链高级脂肪酸,常见的有$C_{15}H_{31}COOH$、$C_{17}H_{35}COOH$、$C_{17}H_{31}COOH$等。

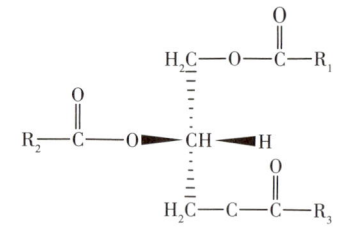

图5-3-7 油脂的结构式

3. 皂化反应

油脂在碱性溶液(多采用氢氧化钠或氢氧化钾溶液)中水解,生成甘油和高级脂肪酸钠(或钾)盐。高级脂肪酸盐通常用于生产肥皂,所以,油脂在碱性溶液中的水解反应又称为皂化反应。

工业上就是利用油脂的皂化反应制造肥皂。由高级脂肪酸钠盐制成的肥皂,称为钠肥皂,又称硬肥皂,就是生活中常用的普通肥皂。由高级脂肪酸钾盐制成的肥皂,称为钾肥皂,又称软肥皂,多用作理发店、医院和汽车洗涤用的液体皂。

$$\begin{array}{l} CH_2OCOR \\ |\\ CHOCOR + 3NaOH \longrightarrow 3RCOONa + \\ |\\ CH_2OCOR \end{array} \begin{array}{l} CH_2OH \\ |\\ CHOH \\ |\\ CH_2OH \end{array}$$

图5-3-8 皂化反应式

第五章　电影中的化学

授业

情境

张老师： 化学源于生活并服务于生活，物质的性质决定其应用，化学知识不仅为工业生产提供理论和实践指导，也为我们的生活提供了许多小妙招。例如在《法证先锋1》中，西九龙重案组的探员章记向彦博请教如何清理衣服蹭上的沥青，彦博笑着告诉他氢氧化钠就可以去除污渍。

小艺： 衣服上沾有污渍是我们生活中经常出现的情况，掌握一些化学知识能够很好地帮助我们解决这些令人头疼的问题，所以学习真的不能与生活脱节呀！

　　学习需要具有生活价值，因此教师可以创设富有生活意义的教学情境，建立起新知识与学生已有生活经验之间的桥梁，促进知识结构的构建，同时真实的问题情境有助于知识的迁移应用。

　　问题情境是为了培养学生问题解决能力而创设的，因此，问题情境的创设必须注重其真实性。基于情境素材距离学生经验的远近，可以分为实验探究情境素材、生活类情境素材、社会类情境素材、科学研究类情境素材、化学史情境素材。创设真实问题情境可以让学生在学习过程中体验到真实世界中的问题与挑战，这样能够提高学习兴趣和动力，也便于学生将所学知识应用于实际问题，以更好地应对未来挑战。

课堂快闪

张老师： 大家在学习了乙酸乙酯的水解反应后，知道乙酸乙酯在酸性和碱性条件下都可以水解，但是在碱性条件下的水解反应更加彻底，因为在这一过程中生成了醇和羧酸盐。由此我们可以联想到，生活中人们也常使用氢氧化钠去除油污，再结合我们所学，大家就能体会到化学知识在生活中的应用无处不在了吧！

　　例如，在为学生讲解乙酸乙酯在碱性条件下的水解反应时，就可以将生活中使用氢氧化钠去除油污的生活化真实情境引入课堂，可以激活学生生活经验相关的感性认识，并以此为基础学习氢氧化钠去污渍的本质原理，从而进阶为理性认识。

　　问题驱动则是指以教学内容中某一知识为线索，精心设计出环环相扣、层层递进的问题，使问题贯穿整个教学过程。

课堂快闪

张老师：同学们，我们的课堂活动"制备手工皂"马上开始了，请大家先回忆一下，肥皂为什么能去除油污呢？

同学们：肥皂中的高级脂肪酸盐拥有亲水基和疏水基，亲水基进入水中，疏水基进入油滴中，在摩擦等作用下，大油滴被分散为小油珠进入水中而形成乳浊液。

张老师：真棒！那接下来，我们需要了解肥皂的制备原理，然后同学们据此来设计手工皂的制备方案，希望大家都能有所收获！

在手工皂制备这一课堂活动开展的过程中，教师通过"肥皂为什么可以去除油污"这一问题进行导入，激活学生已有知识经验；通过"肥皂制备的原理是什么"这一问题导入，开展皂化反应的理论学习；通过"如何设计并实施试验方案"这一问题，带领学生开展制备实验。在课堂衔接处对各个问题逐步进行深入讨论，学生从浅层到深层构建了知识结构，并实现了对知识从具体到抽象再到应用的深度加工过程，有助于知识的编码并进入长时记忆。

图5-3-9 手工皂

最后，通过涉及跨学科活动，有助于突破知识壁垒。《普通高中化学课程标准》(2017年版，2020年修订)明确指出，要在化学教学中注重跨学科内容主题的选择和组织，加强化学与其他学科的联系。油脂的皂化反应与肥皂的洗涤作用是《普通高中化学课程标准》(2017年版，2020年修订)中"有机化学基础"学习活动建议中的一项内容。在进行有机化学反应的教学时，展开手工皂制作的实践活动，这一过程蕴含着皂化反应原理、定量与定性实验等化学学科知识，压力、湿度等物理知识和芳香油的作用等生物知识，渗透着学科融合的思想。学科融合可以削弱学科间边界的壁垒，实现不同学科的统整，使学生具备综合性知识。同时，化学是一门以实验为基础的学科，在手工皂的制备中，学生可以初步感知化工生产的过程，从中发展实验素养和科学探究的精神。

解 惑

【问题讨论一】为何氢氧化钠能够很好地清除沥青呢？

【答疑】沥青是由不同分子量的碳氢化合物及其非金属衍生物组成的黑褐色复杂混合物，是高黏度有机液体的一种，呈液态，表面为黑色，在碱性溶液（多采用氢

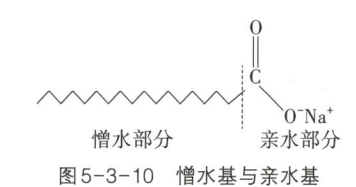

图5-3-10 憎水基与亲水基

氧化钠或氢氧化钾溶液)中水解。因此,氢氧化钠能够很好地去除沥青。其实,也可以用肥皂来洗净沥青。肥皂的主要成分是高级脂肪酸钠盐,它在水溶液中能电离出 Na^+ 和 $RCOO^-$。在 $RCOO^-$ 原子团中,极性的-COO⁻部分易溶于水,称为亲水基;而非极性的烃基-R部分易溶于油,称为憎水基,具有亲油性。当肥皂与油污相遇时,亲水基的一端溶于水中,而憎水基的一端则溶于油污中。由于肥皂既有亲水性又有亲油性,这就把原来互不相溶的水和油结合起来,使附着在织物表面的油污易被润湿,进而与织物逐步分开。同时,由于搓洗作用,油污就更易脱离织物而分散成细小的油滴进入肥皂液中,形成乳浊液。这时,肥皂液中的憎水烃基就插入搓洗下来的油滴颗粒里,而亲水的-COO⁻部分则伸向水中,由于油滴颗粒被一层亲水基团包围而不能彼此结合,因此,清水漂洗后就可达到去除油污的目的。

1.亲水基;2.憎水基;3.油污;4.纤维织品

图5-3-11　肥皂去污原理示意图

【问题讨论二】手工皂制备的大致步骤是什么呢?

【答疑】手工皂制备的大致步骤如下:

(1)用电子天平称53~56 g的氢氧化钠置于瓶中,量取180 mL蒸馏水倒入瓶里,用筷子快速搅拌,浑浊的液体会渐渐变澄清。用量筒量500 mL的橄榄油,倒在大碗里。

(2)将盛有橄榄油的大碗泡在热水盆里并升温到40 ℃,盛有碱水的瓶子泡到凉水盆里并降温到40 ℃。温度计放在大碗和瓶子中,随时观察温度。温度大约都在40 ℃时,把扎好眼的瓶盖拧紧,然后让碱水慢慢地、细细地流到橄榄油里,同时迅速搅拌溶液。搅拌中,会发现颜色渐渐变浅,搅拌40 min,使其充分均匀地混合,以保证皂化反应更迅速、更充分。完成后将搅拌用的打蛋器留在碗中,用保鲜膜封起来,隔几小时搅拌一次,让分离反应的油水一次次再融合。慢慢就会发现,溶液越来越稠,油水分离的现象越来越少。

(3)拎起打蛋器,缓慢流下的黏稠液体能在表面画画,就可以倒入模具了。如果要添加精油,可在倒入模具之前就滴入,搅拌2 min即可。把放好皂液的模具放到泡沫箱子里,盖好盖子,大约24 h后皂液就会凝固成型,此时从模具中取出再置于阴凉干燥处放置24 h。这时候肥皂的形状已经固定,但还没有变硬,正是切割凝固体的好时候。切的时候不要前后拉,一定要轻轻、慢慢地向下压。

(4)切好后,铺上厚纸巾放在纸盒盖上,在避光通风的地方放置一个月就可以用了。注意不要提前使用,没有反应完全的手工皂还是会烧皮肤的。

主要参考文献

[1] 刘豫东. 谈化学教学中的"空白"艺术[J]. 山东教育, 2004(26):44-45.

[2] 徐平. 利用电影教学提高西部地区中学生化学素养[J]. 电影评介, 2008(7):71-72.

[3] 葛春. 论影视教学在教育学教学中的运用[J]. 教育观察, 2013(28):85-88.

第六章
建筑中的化学

（一）化学与建筑

1. 化学材料的发展对建筑风格的影响

中国古建筑以风格朴素、淡雅闻名于世，其建筑材料主要有木材、砖瓦两种，将木材以木构架的方式构成房屋的框架，再以砖石、木材、竹材为辅助，最后用砖瓦覆盖于屋顶。经过长期智慧的积累，中国古建筑形成了一种独特的空间布局，具有组织规律简明、造型优美、装饰丰富多彩、与周围自然环境协调等特点。

图6-0-1是北京故宫博物院，是明清两个朝代的皇宫，当时称为紫禁城，现坐落于北京市中心，始建1406年，至今已有600多年历史。故宫是世界上现存的规模最大、保存最为完整的古代木构架建筑群，占地面积共72万平方米，建筑面积约15万平方米，其间仅殿宇数目就达9000多间。故宫黄瓦红墙，金扉朱楹，白玉雕栏，宫阙重叠，巍峨壮观，是中国古建筑的精华，仅宫内现收藏的珍贵历代文物和艺术品就达100万件。1987年12月它被列入世界文化遗产名录。

图6-0-1　北京故宫博物院

2. 建筑材料中的化学

建筑材料是指用于建筑和土木工程领域的各种材料的总称，简称建材。狭义上的建材是指用于土建工程的材料，如钢材、木材、玻璃、水泥、涂料等，通常将水泥、钢材和木材称为一般建筑工程的三大材料。广义上的建材还包括用于建筑设备的材料，如电线、水管等。

建筑材料按化学成分可分为三大类：无机材料、有机材料和复合材料。无机材料包括金属材料、非金属材料等；有机材料包括植物材料、沥青材料、合成高分子材料等；复合材料包括有机-无机材料、金属-非金属材料、金属-有机材料等。

要学会合理地选用建筑材料，就必须对不同的建筑材料从强度与破坏特性、变形性能、耐久性能等多方面进行对比分析，了解各种建筑材料的特殊之处。

纵观人类建筑史，发现人类对建筑材料的应用程度与得到材料的难易程度有关，也与人类科学技术的发展有关。远古时期人类只能选用石材、木材这种天然的建筑材料，在商周时期冶炼出铜及其合金青铜，人类进入青铜时代。随后，由于农业发展的需要，在春秋战国时期，铁代替铜成为应用最为广泛的金属材料。到19世纪中叶，人类正式进入钢铁时代。在科技发达的今天，我们有了更多的新式建材，它们更环保，更经济。

（二）化学教学与建筑

1. 材料化学与建筑的关系

建筑材料广泛运用于各类建筑，因此催生了一门新的学科——材料化学。材料化学是一门新兴的交叉学科，属于现代材料科学、化学和化工的重要分支，是发展众多高科技领域的基础和先导。材料化学有着广阔的应用前景。

下面简单介绍与材料化学相关的3D打印（图6-0-2）材料的最新研究进展。

3D打印技术目前已经步入了飞速发展的时代，以3D打印技术为代表的快速成型技术被看作是引发新一轮工业革命的关键要素。3D打印材料的单一性在某种程度上却制约了3D打印技术的发展。以金属3D打印为例，能够实现打印的材料仅为不锈钢、高温合金、钛合金、模具钢以及铝合金等几种最为常规的材料。我们仍然需要不断地开发新材料，使得3D打印材料向多元化发展，并能够建立相应的材料供应体系，这也必将极大地拓宽3D打印技术的应用场景。

图6-0-2　3D技术打印的建筑物

随着3D打印技术的不断发展与成本的降低,3D打印技术走入千家万户将成为可能。也许,在未来的某一天,你便可以在家里给自己打印一双鞋子;也许,在未来某一天,在你的车子里就放着一台3D打印机,汽车的某个零件坏了,便可以及时打印一个零件重新装上,让你的车子继续飞奔起来,而不是苦苦地等待拖车的到来……

2. 让建筑走进化学课堂

建筑中有许多化学知识,比如,建筑材料中的各种化学成分。教学中可以处处可见的建筑物等贴近生活的情境,让学生感受生活中化学的乐趣,从而学好化学,培养观察辨识、宏微结合的素养。教师也可以此为切入点,并向学生渗透化学对人类的积极贡献,从而致变学生对化学高深莫测、敬而远之的心理。

例如,在"金属的化学性质"知识点的学习中,我们可以结合钢铁建筑的腐蚀及防护进行教学。在"金属及其化合物"一章的教学中,从金属的物理性质及化学性质开始介绍,引导学生理解金属腐蚀的原因,从而形成保护金属材料而减少经济损失的意识。

在"无机非金属材料的主角——硅"一章中,认识硅元素广泛存在于人们使用的建筑材料中。例如,陶瓷、砖瓦、玻璃等的主要成分都是硅的氧化物——SiO_2。

建筑中具体应用了哪些化学材料,如何将这些知识点完美地应用于课堂上,我们将在后面的每一小节中做具体的介绍。

第一节 化学"奇材"做建筑——水泥、二氧化硅

变身大师——水泥

本小节适用于硅、水泥的教学。

传 道

知识要点

1. 水泥

水泥是一种粉状水硬性无机凝胶材料,广泛应用于土木建筑、水利、国防等工程。以黏土和石灰石(主要成分为$CaCO_3$)为主要原料,经研磨、混合后在水泥回转窑中煅烧,再加入适量石膏(主要成分为$CaSO_4 \cdot 2H_2O$),研磨成细粉就得到普通水泥,其主要成分有硅酸三钙($3CaO \cdot SiO_2$)、硅酸二钙($2CaO \cdot SiO_2$)、铝酸三钙($3CaO \cdot Al_2O_3$)、铁铝酸四钙($4CaO \cdot Al_2O_3 \cdot Fe_2O_3$)等。

将水泥、沙和水以一定比例混合而成的水泥砂浆在建筑中可以作为砖、石等之间的黏结剂,而所谓混凝土即水泥、沙子、碎石等的混合物。混凝土在硬化后强度非常高,还能耐风雨的侵蚀,与钢筋共同形成当代建筑的基体。

2. 常见物质的颜色

红色:Cu、Cu_2O、HgO、红磷、$Fe(SCN)_3$(血红色)、Br_2在CCl_4溶液中(紫红)、苯酚被空气氧化(粉红)、品红试液。

红棕色:NO_2、$Fe(OH)_3$固体、$Fe(OH)_3$胶体、浓溴水。

黄色:$K_2Cr_2O_7$(重铬酸钾)、Au、AgI、Ag_3PO_4、P_4(黄磷,正式名称为白磷)、FeS_2、Al_2S_3。

淡黄色:S、Na_2O_2、TNT、$AgBr$、PCl_5。

绿色:$CuCl_2$溶液、$Cu_2(OH)_2CO_3$、$FeSO_4 \cdot 7H_2O$(浅绿)、F_2(浅黄绿)、Cl_2(黄绿)。

蓝色:$CuSO_4 \cdot 5H_2O$、$Cu(OH)_2$、淀粉遇碘、紫色石蕊试液遇碱、含Cu^{2+}的稀溶液。

黑色:CuS、Ag_2S、Cu_2S、FeS、FeO、Fe_3O_4、MnO_2、CuO、Ag_2O、I_2(紫黑)、C。

紫色:$KMnO_4$固体(深紫色)、$KMnO_4$溶液(紫红色)、碘在CCl_4中萃取、碘蒸气。

授业

情境

听说附近有个大型建材展销会,吃完午饭,爸爸和小化打算去逛逛,刚好家里最近打算在老家建一栋房子,可以去看看有没有合适的建材。他们出门刚拐了个弯,就见前方道路被封住了,原来是旧的百货大楼要被拆除新建,马上要爆破(图6-1-1)。随着一声巨响,大楼在眼前崩塌,扬起的尘土迅速弥漫开来,俩人赶紧换条道向建材展厅出发。

图6-1-1 建筑爆破拆除

小化:爸爸,刚刚的爆破十分震撼,这些废渣最后是怎么处理的呢?是拉去垃圾场填埋了吗?

爸爸:这个问题待会儿去建材展销会,让你看样东西再回答你。

不一会儿,父子俩就抵达了展销会现场。爸爸带着小化穿过石材、陶瓷、玻璃等展区来到了新型砖瓦展区。

小化听着爸爸的介绍,不由自主地开始设想自家院子里该用什么建材了,也更加期待接下来的建材展之旅。

建筑是人们赖以生存的空间,我们的衣、食、住、行、工作、娱乐大部分是在建筑里进行的。每一种建筑原材料的形成都离不开化学变化,每一种装饰材料的挑选都与化学知识、原理息息相关。随着社会的进步,天然材料已经不能满足我们快速增长的消费需求,合成材料的种类与制造工艺在不断推陈出新,仅建材这一类每年都在不断更新出更美观、耐用、结实、环保的产品。当然,这些都得益于化学知识的运用和材料领域科技人员的辛勤工作。面对种类如此繁多的建材消费品,了解一些基本化学知识与常识既方便生活中的消费与选择,又是我们健康生活的保障。教师可以此为切入点,激发学生学习的兴趣,通过了解身边的建材都是什么化学物质制成的而进入课程的学习。

　　高中化学课程与人们的生活有着密切的关联,兴趣和爱好又是学生积极主动学习的动力之一。本节中创设的父子二人一起到建材市场中选购建材产品的情境,有趣且贴近生活,同时也很好地说明了教师在化学教学的过程中,如何创设适当的活动情境,构建化学模型,使学生在一个真实有趣的活动情境中学习化学相关概念和知识。此外,教师在创设情境时要综合考虑学生的兴趣和爱好,引导学生对日常生活多进行观察和深入思考,从而能够深入地理解化学相关知识,形成化学观念。

　　化学教学除了知识的传授,还需要注重学生科学精神与社会责任感的培养,学生不仅需要掌握化学知识,还需要对知识进行应用,具备运用所学内容去解决实际问题的能力,引导学生在今后利用自己的力量为社会发展做出贡献,增强其社会责任意识。结合本节创设的情境中如何处理建筑爆破后留下来的废渣这一问题,教师既要向学生介绍水泥等建材给现实生活带来的便利,同时又要指出建筑废渣对环境产生的不利影响。利用生活中的真实案例,让学生学会多角度思考问题,进一步感受到保护环境的必要性,从而树立良好的社会责任感。

　　高中阶段是化学学科教育的重要时期,也是培养学生核心素养的关键阶段。在化学实际教学中,教师将理论知识与生活实际相结合,巧妙地与课堂创设的教学情境相结合以培养学生的科学精神和社会责任感。学生在掌握好化学知识的同时,更加科学地认识和欣赏化学这门基础学科,从而促进自身全面发展。

课堂快闪

　　张老师在教学"水泥"的相关知识时,根据教材的内容设计了一些问题:建材产品有哪些?水泥的主要成分有哪些?生产水泥需要哪些原材料?水泥生产过程中涉及哪些化学反应?能否写出相关化学方程式?张老师让同学们在课后分小组解决这些问题,并在下次课堂上以小组为单位展示问题的答案以及解决问题的过程和方法。

艺术点亮化学

教师在教学中可以合理地运用问题引导式教学法开展高中化学教学。问题引导式教学法简单来说就是借助问题对学生进行层层递进的引导,这样可以很好地激发学生的好奇心、求知欲,使学生在探究思考的过程中掌握知识内涵和本质,实现深度学习,提高化学教学效率及质量。

化学其实就在我们身边,它可以帮助我们理解生活、了解我们赖以生存的环境。我们对周围世界还有太多的未知,通过化学能更好地认识这个世界。化学中常引用一句话:"世界是物质的,物质是变化的。"我们利用化学从微观和宏观角度来认识物质,从各种物理变化、化学反应来了解物质所发生的一系列反应,由此便认识了我们赖以生存的世界。

解 惑

【问题讨论一】旧建筑物爆破后的废渣最后是怎么处理的呢?

【答疑】混凝土废渣并非都运到垃圾场填埋去了。这些混凝土是不能够自行降解的,每年我国都会拆除许多旧楼,如果都填埋了,不仅需要占用很多空间,而且还会造成环境污染。因此,我们会将其重复利用,现在我们所看到的这种"再生混凝土空心砖"是由废弃混凝土制成的,它没有传统砖结实,一般用于非承重墙的修建。由于砌成的墙体中有空气填充,空气的导热系数比较低,能够起到一定的保温作用。

图6-1-2 空心砖

资料库

再生混凝土空心砌块

再生混凝土空心砌块是将再生骨料作为原料,依据科学的配合比和适当的结构性孔洞排列,然后添加天然砂石、硅酸盐水泥、粉煤灰、水等相关材料,再经由搅拌、压制、养护等流程而制成的一种新型节能材料。再生混凝空心砌块可依照各种建筑物、各种用户的实际需求,自由开发和自主设计。该种节能材料尤其适用于框架建筑填充墙,可切实提升建筑物的保温隔热性能,降低墙体的建筑能耗。作为一种新型节能材料,再生混凝土空心砌块表现出自重轻、施工便捷、热工性能佳、抗震抗裂等特征。

——阳利君.再生混凝土空心砌块及其应用研究[J].四川水泥,2019(9):20

【问题讨论二】 在大多数人的印象中,水泥从来都是灰色的,怎么还有彩色水泥一说呢?

【答疑】 许多小区的步道就是用的彩色水泥,其实彩色水泥就是在传统白色硅酸盐水泥的基础上加入一些颜料制成的,如加入氧化铬就会有绿色,想要黑色、褐色的效果就可以加入二氧化锰等,想要红色效果可以加入铁红,加入不同比例的铁黄和铬黄就能得到不同效果的黄色。彩色水泥的颜色首先取决于着色剂的选择,我们一般将着色剂分为无机颜料和有机颜料,根据不同用途选择适合的着色剂进行搭配。

建筑大亨——SiO_2

本小节适用于硅、二氧化硅、硅酸盐的教学。

传 道　　　知 识 要 点

1. 含二氧化硅的材料

材料	陶瓷	水泥	玻璃
主要原料 (主要成分)	黏土(SiO_2)	黏土(SiO_2) 石灰石($CaCO_3$)	石英(SiO_2) 石灰石($CaCO_3$) 纯碱(Na_2CO_3)
制成设备	陶瓷窑	回转窑	玻璃窑

2. 二氧化硅的结构

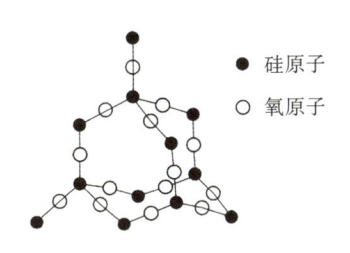

图6-1-3　二氧化硅原子晶体结构模型

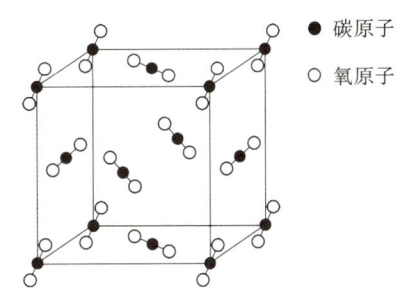

图6-1-4　二氧化碳分子晶体结构模型

3. 硅单质及其化合物之间的转化

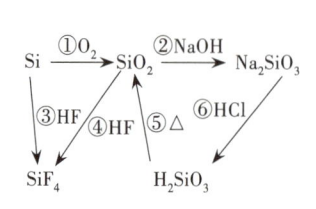

Si $\xrightarrow{①O_2}$ SiO$_2$ $\xrightarrow{②NaOH}$ Na$_2$SiO$_3$

③HF ④HF ⑤△ ⑥HCl

SiF$_4$ H$_2$SiO$_3$

① Si+O$_2$ === SiO$_2$
② SiO$_2$+2NaOH === Na$_2$SiO$_3$+H$_2$O
③ Si+4HF === SiF$_4$↑+2H$_2$↑
④ SiO$_2$+4HF === SiF$_4$↑+2H$_2$O
⑤ H$_2$SiO$_3$ $\xrightarrow{\triangle}$ H$_2$O+SiO$_2$
⑥ Na$_2$SiO$_3$+2HCl === H$_2$SiO$_3$↓+2NaCl

4. 二氧化硅的用途

硅在地壳中的含量仅次于氧。硅单质在芯片、太阳能电池等领域有广泛应用。

硅是亲氧元素，自然界中的硅总是与氧相互化合的。二氧化硅是硅最重要的化合物，沙子、石英、水晶和玛瑙的主要成分均是二氧化硅。沙子可用于建筑；石英和玛瑙可制作工艺品和饰物，如石英坩埚、玛瑙饰物；纯净的二氧化硅可用作光导纤维，如石英光导纤维。

资料库

碳和硅

碳原子和硅原子的最外层电子数均为4，这使得它们在化学性质上有一定的相似性。然而，它们的氧化物却有着明显的差异，二氧化硅是一种固体，而二氧化碳则是气体。这是为什么呢？

二氧化硅属于原子晶体，其结构非常稳定（图6-1-3）。在二氧化硅晶体中，每个硅原子周围与四个氧原子相结合，硅原子位于中心，氧原子位于四个角上，构成四面体结构，众多这样的四面体又通过顶角相互连接。在二氧化硅晶体中，并不存在二氧化硅分子，只有硅原子和氧原子，而二氧化碳则是分子晶体，分子之间存在较大的间隙（图6-1-4）。

授业

情境

张老师：今天我们一起来听一听在SiO$_2$身上究竟发生了什么有趣的故事吧。

SiO$_2$出身不凡，它的"爸爸"硅来自地壳含量第二大元素家族，主要供给芯片产业和太阳能电池产业（图6-1-5和图6-1-6），它的"妈妈"氧来自地壳含量第一大元素家族。在此必须提到的是，硅在元素周期表中位于金属元素和非金属元素的过渡位置，可作半导体材料，它的这一性质使得计算机的体积大幅缩小，因为一个小小的硅芯片便能储存大量的信息。当人们想要把太阳能转化成电能时,也是要找硅单质先生合作的。

图6-1-5 硅芯片　　　　　　　　图6-1-6 硅太阳能电池

SiO_2非常贪玩,在沙滩上、岩石里、土壤中都能看到它的身影,偶尔参加聚会的它会打扮成水晶、玛瑙。它还能客串实验室的石英坩埚。作为天之骄子,它对当今信息时代做出了巨大贡献,它还能变身成信息高速公路的骨架——石英光导纤维。

SiO_2的性格并不活泼开朗,HF是一名伟大的艺术家,也是SiO_2在酸中唯一能接受的朋友,SiO_2和HF一起合作开拓了雕刻玻璃产业。Si也喜欢这位伟大的艺术家。不管是SiO_2还是Si都喜欢和HF在一个名为SiF_4的咖啡厅里碰面。因为SiO_2属于酸性氧化物家族的成员,所以它还有两类好朋友,即像CaO一样的碱性氧化物和像NaOH一样的碱。

SiO_2还是一个热爱建筑且努力拼搏的少年。

变身为黏土的SiO_2经过陶瓷窑内的高温烧结,开创了陶瓷产业。雄伟的古建筑离不开陶瓷砖瓦。

变身为黏土的它还与石灰石在水泥回转窑中煅烧,开创了水泥产业,并在世界第一大坝——长江三峡大坝修建与维护过程中立下大功!

变身为石英的SiO_2和石灰石与纯碱在玻璃窑中奋斗,开拓了玻璃产业。现代建筑离不开玻璃的装饰和采光。

SiO_2涉足陶瓷产业、玻璃产业、水泥产业,是位名副其实的建筑大亨。

教师在讲授二氧化硅的性质时,采用故事化教学的方式将知识以故事的方式进行呈现,知识串接有联想记忆的效果,在教学时可以在幻灯片上给同学们展示相关内容。故事化教学的关键是在一个"化"字,它超越了故事教学法的局限性,汲取故事所具有的整体形式的价值,侧重于将故事作为主要的课程内容和教学探索的主要来源以及充分发挥故事脉络的可扩充性,让学生在经历故事的同时完成课程的学习。

> **课堂快闪**
>
> 张老师在给同学们看完故事后,向同学们提出了以下问题:为什么不得不提二氧化硅的父亲?二氧化硅在哪些地方历练(存在地点)?它以什么形式参加宴会(存在形式及用途)?二氧化硅只愿意和谁做朋友?二氧化硅和硅都喜欢和哪位伟大的艺术家在哪儿聚会(它们只和HF反应)?二氧化硅在什么地方和哪些伙伴分别开拓了哪些产业?二氧化硅属于哪个家族,他有哪两个好朋友?

在同学们看了故事之后,教师进一步对相应人物形象或者故事情节进行提问,学生对故事中的相关化学知识印象会更加深刻。例如,唯一能与二氧化硅反应的酸是HF,他们反应生成SiF_4,这个反应可以用于雕刻玻璃,硅也能与HF反应生成SiF_4。Si、SiO_2和HF反应都生成SiF_4,所以"HF"是一名伟大的艺术家,也是SiO_2在酸中唯一能接受的朋友,不管是SiO_2还是Si都喜欢和HF在一个名为SiF_4的咖啡厅里碰面。

在硅及其化合物的教学之前,学生已经学习了碳及其化合物,由于这两种物质的性质比较相似,在讲授SiO_2的性质时,学生受思维定式的影响,会将其与CO_2的性质进行对比,很容易出现错误的延伸。思维定式通常是指新知识与旧知识结构相似但存在差异,而学生往往会用惯性思维采用旧知识与方法解决问题。教师在教学时要采用恰当的教学方式引导学生对容易出现负迁移的知识点进行区分,从而抑制负迁移对新知识的学习与运用产生负面的影响。因此,教师可将C元素与Si元素放在一起进行比较(类比与对比)讲解,引导学生从物质形成的本质展开对比学习,强调两者的不同点。

> **课堂快闪**
>
> 张老师在课上和同学们一起回顾了"唯一能与SiO_2反应的酸是HF,它们反应生成SiF_4,这个反应可以用于雕刻玻璃",张老师结合学生已经掌握的这个知识点向学生进行变式练习:硅与HF反应生成什么,并提示学生可以从SiO_2和Si的结构上进行思考。同学们在张老师的提示下很快就得出了反应同样生成SiF_4的正确答案。

上述案例,属于典型的变式训练,教师结合知识点让学生进行变式练习,不仅能够激活学生的思维,还能够帮助学生找到正确的思路,从而促进学生对知识进行迁移,由此实现思维求异的效果。教师可为学生设计一些开放性的问题让学生思考,引导学生通过知识迁移解决问题,帮助学生在今后能更快地找到解决问题的方案,这对于学生未来的学习非常重要。

解 惑

【问题讨论一】SiO_2有哪些用途?

【答疑】SiO_2在我们的日常生活中随处可见。SiO_2可能出现在建筑楼房用的水泥里,也可能出现在装修房屋用的瓷砖里,还可能出现在吃饭用的瓷碗里。在教室上课时,SiO_2可能出现在窗户上的玻璃里,SiO_2还存在于讲台上多媒体的芯片里。SiO_2涉足陶瓷产业、玻璃产业、水泥产业。变身为黏土的SiO_2经过陶瓷窑内的高温烧结,形成了陶瓷,雄伟的古建筑离不开陶瓷砖瓦,现代的陶瓷装饰品精彩纷呈(图6-1-7)。变身为黏土的SiO_2还与石灰石在水泥回转窑中煅烧,形成了水泥。变身为石英的SiO_2与石灰石和纯碱在玻璃窑中煅烧,形成了玻璃。现代建筑离不开玻璃的装饰和采光(图6-1-8)。

图6-1-7　陶瓷装饰品　　　　　　　图6-1-8　玻璃建筑

【问题讨论二】硅藻土与SiO_2有什么关系?

【答疑】硅藻土是一种生物成因的硅质沉积岩,它主要由古代硅藻的遗骸组成。其化学成分以SiO_2为主,可用$SiO_2 \cdot nH_2O$表示,矿物成分为蛋白石及其变种。我国硅藻土储量超4.0亿吨,远景储量达20多亿吨,主要集中在华东及东北地区,其中规模较大、储量较多的有吉林、浙江、云南、山东、四川等省。硅藻土的应用范围很广,它有吸附性强、密度小、细度均匀、中性无毒、混合均匀性好、润滑性强等优点,在农药、复合肥料、建筑保温、塑料、造纸、油漆、涂料、饲料、皮革等方面都起着重要作用。

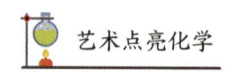

第二节　淘气化学者搞装修——毒物与点缀

装修中的"隐秘杀手"——挥发性物质

本小节适用于甲醛、苯、氨、氡等有机化合物的教学。

传道

知识要点

1. 甲醛

甲醛的化学式为HCHO，是有特殊刺激性气味的无色气体，其刺激毒性主要表现为神经及呼吸系统症状，如头痛、头昏、咽干、咳嗽等。长期接触低剂量的甲醛可引起慢性呼吸道疾病，引起新生儿染色体异常、白血病，引起青少年记忆力和智力下降。

2. 苯

苯的化学式为C_6H_6，在常温下是一种无色透明液体，并具有强烈的芳香气味。可燃，毒性较强，是一种致癌物质。由于苯的挥发性大，暴露于空气中很容易扩散。人和动物吸入或皮肤接触大量苯，会引起急性和慢性苯中毒。

$$2C_6H_6 + 15O_2 \xrightarrow{\text{点燃}} 12CO_2 + 6H_2O$$

3. 氨

氨的化学式为NH_3，是有刺激性气味的无色气体，被吸入后会对人体的上呼吸道有刺激和腐蚀作用，能减弱人体对疾病的抵抗力。短期内吸入大量的氨可出现流泪、咽痛、头晕、恶心等症状，严重者会出现肺水肿或呼吸窘迫综合征，同时引发呼吸道刺激症状。

4. 氡

氡的元素符号为Rn，其通常的单质形态是氡气，具有放射性，吸入体内后可对人的呼吸系统造成辐射损伤，引发肺癌。花岗岩、砖砂、水泥及石膏之类的建筑材料是室内氡的最主要来源。

5. TVOC

TVOC（Total Volatile Organic Compounds，总挥发性有机物）是指室温下饱和蒸气压超过133.32 Pa的有机物，在常温下以气体的形式分散于空气中，具有特殊的气味，其毒性、刺激性和致癌性会影响皮肤和黏膜，对人体产生急性损害。

授 业

情 境

2023年，某女士不幸流产，没想到堕下的胎儿竟然是黑色的。这着实吓了她一跳，她百思不得其解，胎儿为什么是黑色的。于是某女士在丈夫的陪同下来到医院进行检查，医生通过查看体检报告单，以及与夫妇二人进行交谈，猜测黑色胎儿的产生是由环境因素导致的。

医生： 根据你们的描述以及体检结果，我现在初步猜测，可能是你们房子里使用的装修材料释放的一些化学物质导致你产下黑色胎儿。装修材料中甲醛、苯、铅、氡等都可以通过母亲的血液传递给胎儿，在怀孕早期可导致胎儿发育迟缓、畸形、智力低下，甚至流产、产生黑胎。全球也出现过多起类似的案例，为了安全起见，你们回家后需要对你们室内的空气成分和含量进行检测。

第二天，他们请来了室内空气检测员对室内空气进行检测，不久就拿到了专业的检测结果。拿着检测结果，妻子再一次来到了医院，将室内空气检测结果（见表6-2-1）拿给医生看。

表6-2-1 室内空气质量检测结果

成分	甲醛	氨	苯	氡	TVOC
含量（mg/m³）	1.50	1.01	0.62	300（Bq/m³）	3
国标（mg/m³）	≤0.08	≤0.2	≤0.09	≤200（Bq/m³）	≤0.5
超出倍数	17.75	4.05	5.89	0.5	5

医生： 根据检测结果，你们的居住环境含有大量的空气污染物，且含量已经大大超出国家规定的标准，严重威胁到你们的健康，这应该就是造成不幸的原因了。

小艺： 那我们应该怎么办？

医生： 我的建议是：接下来的三个月最好别住新房了，在此期间要打开所有室内门窗，保证每天通风，一段时间之后，甲醛、氨及苯系物浓度就会达到室内空气质量标准了，到时再入住，就能免受毒物的危害。

听完医生的话，夫妻俩盯着那张空气质量检测单，想起因自身疏忽而失去的孩子，陷入沉默……

艺术点亮化学

房屋装修引发的甲醛污染对人类的生命健康造成威胁,但甲醛是一种用途广泛的有机物,只要按规定使用,它的利远大于弊。教师在课堂教学时,要使学生认识到身边处处有化学,学好化学可以提高生活质量,同时引导学生辩证地看待事物,并唤起学生的责任意识,增强社会责任感。

课堂快闪

张老师在讲解有机化合物甲醛时,设计教学环节:创设甲醛引发室内空气污染,或者服装处理中出现甲醛超标的现象等情境,将课堂与生活紧密联系;基于人们对甲醛的初步认识,再通过展示以甲醛为原料的产品的图片(图6-2-1、图6-2-2、图6-2-3)来介绍甲醛的广泛用途,引发如何减少室内空气中甲醛的思考,激发学生的学习兴趣;围绕这个问题的解决,使学生了解甲醛的物理性质、分子结构和化学性质。

图6-2-1 木材工业　　图6-2-2 纺织工业　　图6-2-3 食品防腐

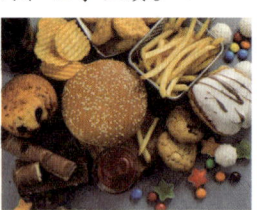

生活是学生获取化学知识的重要来源,也是学生化学知识的最大应用场所。张老师在课堂教学时,充分利用了生活中生动具体的事实或问题来呈现学习情境,将化学知识与生活相联系,激发学生的学习兴趣,达到良好的课堂导入效果,也做到了培养学生从化学视角去观察、分析、解释生活中相关问题的能力和意识,启发学生从不同角度看待事物,发展批判性思维。通过学习甲醛的广泛用途和使用甲醛不当造成的危害,学会辩证地看待事物,增强社会责任感和环保意识。在课堂上,张老师让学生就"如何减少室内空气中的甲醛"或者"如何防治甲醛对人类产生的危害"进行讨论,可以让学生树立自我保护意识,形成积极健康的生活态度,领悟到化学与生活改善、生产发展、社会进步的关系。

课堂快闪

在学习甲醛时,张老师让学生做微型实验,通过微型实验完成密闭空间甲醛含量的快速检测。学生设计甲醛的吸收方案并进行实验来检测吸收效果。

打开试剂盒,取出铝箔袋中的白色粉末,将其全部放入圆白盒内,用蒸馏水将其溶解得到溶液A,取少量溶液A滴在塑料小孔内。再取1滴37%~40%的甲醛溶液,将其滴在塑料点滴板的另一个邻近的小孔内,迅速将塑料点滴板放入自封袋中密封好,等候1 min。1 min后取出点滴板,用胶头滴管取棕色瓶中的试剂(Fe^{3+}),滴入已滴有A溶液的小孔内,再将点滴板放入密封袋中,观察并记录实验现象。

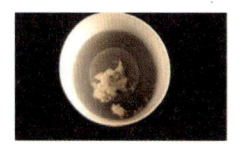

| 甲醛试剂盒 | 白色粉末溶解后的A溶液 | 甲醛检测试剂 | 甲醛变色后情况 | 空气甲醛自测盒比色色阶 |

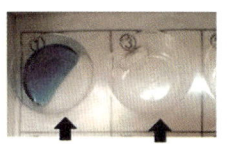

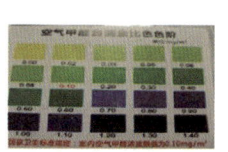

图6-2-4 甲醛检测微型实验

情境中提到"室内空气检测员对室内空气进行检测",学生可能会对甲醛、氨、苯等物质的检测方法产生好奇心,若教师仅对此进行直接讲授会导致释疑效果不佳,因此可设计实验,让学生动手探究。实验探究是化学学科教学常用的教学手段,但由于条件限制,比如常规实验仪器较大、药品用量多等,学生无法进行相关实验,因此开展具有现象明显、操作安全、造价较低、环境污染小的"微型实验",可以帮助学生从中高效学习化学知识、有效开展科学探究。在学习甲醛相关内容时,张老师设计通过微型实验完成密闭空间甲醛含量的快速检测实验的教学活动,激发学生的好奇心和求知欲,培养实验探究能力与创新意识。

解 惑

【问题讨论一】怎样有效去除新装修房屋中的甲醛呢?

【答疑】第一,通风,必须有大量的空气交换,只有长时间通风,才能低成本地去除甲醛。第二,活性炭吸附,也是生活中比较常用的一种方法,成本较低,但是要定期更换活性炭。第三,植物吸附法,在美观室内的同时,起到吸附甲醛的作用,比如利用绿萝(图6-2-5)、吊兰、常春藤等,但是效果比较差。第四,使用空气净化器。此外,还有利用生物酶、光触媒等去除甲醛的新型方法。

图6-2-5 绿萝吸附甲醛

【问题讨论二】常见的空气质量检测仪的工作原理是什么?

【答疑】空气质量检测仪在我们的日常生活中是比较常见的,它可以实时检测甲醛、PM2.5、TVOC以及温湿度等多种参数。仪器采用紧凑型设计,小巧精致,便于用户携带。它通过传感器对气体浓度起到检测作用,可以准确测量出污染气体的浓度大小,并快速计算出空气质量指数(AQI),如果当前环境中的浓度超标后会立即报警。空气质量检测

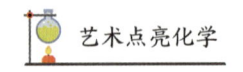

仪的工作原理是采用甲醛传感器、PM2.5传感器、TVOC传感器以及温湿度传感器等装置,将气体吸入仪器后通过运算放大器将传感器采集到的微弱信号放大,再将一些噪声干扰去除,之后通过专用技术处理后,可以将测量数据实时显示在屏幕上。

【问题讨论三】若不小心吸入了甲醛,我们应该如何进行有效的自我排毒呢?

【答疑】吸入甲醛以后,对机体的危害是很大的,如果长时间的吸入,会导致机体患白血病、特发性血小板减少性紫癜等血液病。因此,吸入甲醛后出现头晕等症状时,首先要大量地喝水,以促进体内甲醛的排除,同时应立即撤离甲醛环境,呼吸大量的新鲜空气;要找到释放甲醛的源头,可使用分解甲醛的产品将其充分地覆盖分解,以避免再次吸入甲醛。可以多吃新鲜的蔬果,如木耳和黄瓜。木耳中含有丰富的植物胶质,它的吸附能力很强,能充分吸附残留在人体内的杂质,有排毒清胃的功效;黄瓜也是非常好的排毒食物,其中所含有的黄瓜酸能够促进人体新陈代谢,使甲醛快速地排出体外。

建筑的精美点缀——合金

本小节适用于合金的教学。

传道

知识要点

1. 合金

合金是由两种或两种以上的金属(或金属与非金属)熔合而成的具有金属特性的物质。常见的合金有钢铁、生铁等铁合金,黄铜、青铜、白铜等铜合金以及铝合金等。

2. 合金的通性

物质的性质取决于结构,纯金属与合金的原子排列如图6-2-6所示。

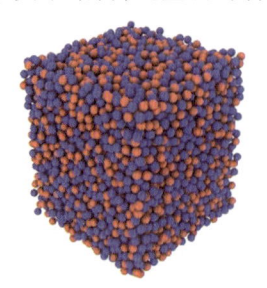

合金内原子层之间的相对　　　纯金属内原子的排列
滑动变得困难　　　　　　　　十分规整

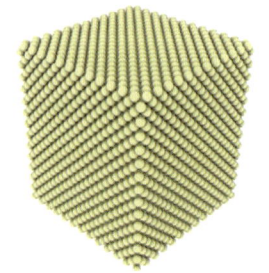

图6-2-6　合金与纯金属原子排列图

金属与合金的性质差异：
(1)多数合金的熔点低于其组分中任一种组成金属的熔点。
(2)合金硬度一般比其组分中任一金属的硬度大。

3. 合金在建筑和艺术方面的应用

合金因其特殊性能，如独特的光泽、耐腐蚀性、易成型、易加工等特点，使其在建筑及艺术方面有着广泛的应用，如建筑中的室外装修材料、结构器材、自动扶梯等，家电领域中的洗衣机、液晶电视框架、电热水器等，以及燃气灶具、暖气设备等都有合金的影子。此外，合金还可以制作出美轮美奂的艺术品，如汉代的"马踏飞燕"、战国时期的曾侯乙编钟等。它们装饰着人们的衣食住行，极大地丰富了人们的物质和精神生活。

授 业

情境

张老师： 人类在大约公元前五千年由石器时代进入铜器时代，在公元前一千二百年步入了所谓的铁器时代。随着炼铜技术逐步提升，我们的祖先已经不知不觉地发现了合金，最早的合金可能是青铜。此后更延伸出适用于不同场合的合金。一直到现在，不同功能的合金被研制出来，为我们的生产生活带来了诸多的便利。老师在课前给大家布置了材料的阅读任务，不知道同学们有没有感受到合金的艺术之美呢？

铜合金与艺术

铜是一种即传统又现代的重要金属材料，在人类使用的所有材料中，铜对人类文明具有重大意义，以至于在人类文明发展史上有两个阶段以它的合金命名：青铜时代和亚青铜时代。18世纪末，铜优异的导电性能又催生了工业革命，为现代文明奠定了基础。

在中国，四千多年前的夏禹时代就有了青铜器。距今3000~3500年的商周年代，青铜器达到了鼎盛时期。青铜器的种类、数量和制造水平远远超过世界其他地区的任何文明。至今，铜和铜合金在生活和生产中仍然被广泛应用。

在所有金属中，铝及其合金、钛及其合金、镁及其合金和钢铁材料等的色彩都比较单一，而铜及其合金却有丰富多彩的色泽。例如，纯铜为紫红色，铜锌合金(即黄铜)为黄色(图6-2-7)，铜镍合金为白色，并且随着合金元素加入量的不同，其颜色也随之变化。

图6-2-7 黄铜制品

艺术点亮化学

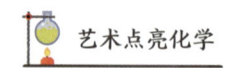

铁合金与艺术

我国早在春秋战国时期就开始使用铁器，当时的铁器主要用于制造军事武器以及农业生产器具。随着炼铁业的不断发展，铁合金被广泛用于制造机械、交通工具和建筑桥梁等。

我国鸟巢（图6-2-8）建筑的外形结构主要由门式钢架组成。门式钢架一般以H型钢（钢的一种）为主，主结构以榀为单元，单元由柱和梁组合为门形，也有无柱或连跨的，门架之间用支撑和檩条连接。鸟巢共有24根桁架柱，仅靠这24根桁架柱托起了世界上最大的屋顶结构，是世界建筑业的一大壮举，更是人类建筑文明史上的杰作。

图6-2-8 鸟巢建筑

铝合金与艺术

在一百多年前，铝是一种稀有的贵重金属，甚至比黄金还珍贵。为什么铝制品在拿破仑三世时期是如此昂贵的"稀有金属"呢？原来是因为铝化学性质活泼，在地壳中主要以化合态形式存在，一般的还原剂很难将它还原，因而铝的冶炼比较困难，故而昂贵。科学家们经过一百多年的探索，才终于找到制备纯铝的方法。

铝是地壳中含量最丰富的金属，位居金属元素的第一位，占整个地壳总质量的7.45%，是居第二位的铁含量的1.5倍。你脚下的泥土，随意抓一把，可能都含有许多铝的化合物。

资料库

马踏飞燕

马踏飞燕（图6-2-9），又名马超龙雀、铜奔马，出土于甘肃省东汉墓，是中国陕西省西安市西安博物院的一件著名文物，也是中国古代艺术的珍品之一。

这件作品是秦代制作的青铜铺首，形制独特，展现了当时工匠高超的铸造技术和艺术水平。它的名字源自铺首上马踏飞燕的雕刻造型，这个形象极具生动性和艺术感。据考证，这件作品可能是用于祭祀或装饰宫殿的一部分，反映了秦代社会的文化和审美特征。

图6-2-9 马踏飞燕

人类文明的发展和社会的进步与金属材料的发展关系十分密切,继石器时代之后出现的铜器时代、铁器时代,均以金属材料的应用作为其时代的显著标志。到了现代,种类繁多的金属材料已成为人类社会发展的重要物质基础。教师在让学生掌握合金知识的同时,也要让学生能感受到金属材料与人类文明的关系。

美国当代著名认知教育心理学家奥苏贝尔认为,学生认知结构中已有概念是决定学生能否习得新知识的重要因素,若能将新知识与已有概念建立联系,则满足有意义的学习。合金知识是金属化学知识的应用与拓展,学生在学习合金这部分内容之前已经对金属的性质进行了系统的学习,教师可引导学生将合金知识补充到金属知识的框架中,不仅能够加强学生对合金的概念、通性、应用的理解和记忆,也是对高中化学理论知识框架的完善。

教师在"金属材料"教学时,可以将金属材料的发展历史与化学知识相结合,不同学科领域的交流和合作可以打破学科之间的壁垒,从而产生新的思路和创新的想法,有助于推动学科的进步。例如,教师可用历史古物,比如佛像(图6-2-10)、编钟(图6-2-11)、利剑(图6-2-12)、汉代"马踏飞燕"等为引导材料来激发学生对合金的学习兴趣,材料图片的呈现不仅可以增强课堂趣味性,还可以使学生感知中华历史文化的源远流长,实现化学与历史学科的融合。

图6-2-10 佛像 　　　　图6-2-11 编钟 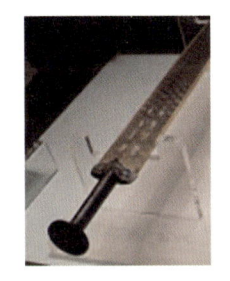　　　　图6-2-12 利剑

高中化学知识涉及多学科内容,整合好各类信息,丰富学生的学习方式能有效提高学习效率,如将历史教材、专业文献、拍摄视频、各类图片及合金、记忆合金实物等各种素材进行统筹安排和精心整合。例如:在课前布置材料阅读任务,课中交流阅读思考成果;在播放打铁铺的视频中适时对"锻打、淬火、发蓝"背后的化学原理提出问题;将记忆合金玩具进行分组实验,增强学生的体验;从合金的组成-性能角度分析不同刀具的说明书。

课堂快闪

在合金的课堂上,张老师在讲解了合金的定义、性质之后,用多媒体展示常见合金的主要成分、性能和用途。

张老师讲道:"合金材料具有极为广泛的应用,尤其是在科学技术日益发展的今天,新的金属和合金一直在不断的开发和推广应用中。例如,钛和钛合金就是近30年来引起人们普遍重视和关注的一种新型金属材料。"

艺术点亮化学

图6-2-13 钛合金的用途

本节课,张老师布置课外作业:家庭小实验——淬火与回火或了解古人是如何冶炼铁/铜/铝的。

在课堂上,张老师通过展示合金材料的图片或播放视频,吸引学生的兴趣,让学生在了解了合金的性质特点之后,进一步认识合金的应用及其发展前景,感受金属材料与人类文明的关系。金属的冶炼有着悠久的历史,张老师布置"淬火、回火等金属冶炼实验""古人是如何冶炼铁、铜、铝的"等作业能够让学生了解中国传统文化,发挥了学科的思政育人功能,引导学生树立民族文化自信,培养学生文化素养,增强民族自豪感。

化学是一门历史悠久、具有神奇魅力的自然学科,它起源于人类的生产生活实践,是我们认识、改造物质世界的一个重要工具。古代化学植根于中国传统文化和传统工艺之中,古代人民运用了众多化学变化,在冶金陶瓷、制曲酿酒、火药等方面应用颇丰,为中国乃至世界文明进步做出了重要贡献。学习我国的优秀传统文化,更是为了对未来的新文化进行探索、创造,这对于中学生民族自尊心的提高、民族凝聚力的形成,有着至关重要的作用。

解 惑

【问题讨论一】随着科技水平的不断提高,炼铁技术在不断升级,那么,古人是怎样将铁矿石变成铁的呢?

【答疑】我国炼铁始于春秋时代,那时候的炼铁方法是块炼铁,即在较低的冶炼温度下,将铁矿石固态还原获得海绵铁,再经锻打而成的铁块。块炼铁,一般采用地炉、平地筑炉和竖炉三种炉型。我国在掌握块炼铁技术不久后,就炼出了含碳2%以上的液态生铁,并用以铸造铁制工具。

战国初期,我国已掌握了脱碳、热处理技术方法,发明了韧性铸铁。战国后期,又发明了可重复使用的"铁范"(用铁制成的铸造金属器物的空腹器)。

西汉时期,出现坩埚炼铁法。同时,炼铁竖炉规模进一步扩大。1975年,在郑州附近古荥镇发掘出汉代冶铁遗址,场址面积达 $1.2×10^5$ m^2,发掘出两座并列的高炉炉基,高炉容积约 50 m^3。西汉时期还发明了"炒钢法",即利用生铁"炒"成熟铁或钢的新工艺,产品称为炒钢。同时,还兴起"百炼钢"技术。东汉光武帝时,发明了水力鼓风炉,即"水排"。

汉代以后,发明了灌钢方法,后世称为"灌钢",又称为"团钢"。这是中国古代炼钢技术的又一重大成就。

【问题讨论二】为了满足某些尖端技术发展的需要,人们设计合成了许多新型合金材料,它们有什么特点呢?

【答疑】新型合金材料有很多种,例如,形状记忆合金,其具有形状记忆效应,被广泛应用于人造卫星和宇宙飞船的天线、水暖系统、防火门和电路断电的自动控制开关,以及牙齿矫正等医疗材料。储氢合金是一类能够大量吸收 H_2,并与 H_2 结合成金属氢化物的材料。它具有储氢量大、金属氢化物易形成、稍加热即分解、室温下吸放氢的速率快的特点,如 Ti-Fe 合金和 La-Ni 合金等。此外,钛合金、耐热合金、泡沫金属等新型合金被广泛用于卫星、航空航天、生物工程和电子工业等领域。

【问题讨论三】在科学技术和社会迅猛发展的时代里,作为一名教育工作者,如何保证学生在科技发展的潮流中不掉队?

【答疑】为了保证学生在科技发展潮流中不掉队,培养学生的创新精神和实践能力,我国教育工作者可以借鉴源于美国的 STEM 教育。STEM 是科学(Science)、技术(Technology)、工程(Engineering)和数学(Mathematics)四门学科的简称,强调多学科的交叉融合。STEM 教育并不是科学、技术、工程和数学教育的简单叠加,而是要将四门学科内容组合形成有机整体。因此,在合金的教学中,教师在对合金的教学资源选取上可以从建筑、军事、国防等领域中选择,将材料、技术、工程、数学融入教学,从而提升学生的能力,开阔学生的视野,增强他们的国防意识。

第三节 跑到巴黎"画"铁塔——氧化还原、化学键与硫、氮氧化物

踩在氧化还原的塔尖

本小节适用于氧化还原反应、原电池、电解池的教学。

传道

知识要点

1. 氧化还原反应

(1) 特征:元素化合价升降。

(2) 本质:电子得失或偏移。

(3) 相关概念。

(4) 氧化还原反应与四种基本反应类型的关系如图 6-3-1 所示。

(5) 氧化还原反应的基本规律。

①守恒律;②价态律;③强弱律;

④转化律;⑤难易律。

图 6-3-1　氧化还原反应与基本反应类型的关系

2. 原电池

(1) 概念:把化学能转变成电能的装置[(图 6-3-2a)]。

(2) 本质:体系自身氧化还原造成电子定向移动产生电流和电能。

3. 电解池

(1) 概念:把电能转变成化学能的装置[(图 6-3-2b)]。

(2) 本质:电能驱动使体系发生电子转移,于是发生氧化还原反应。

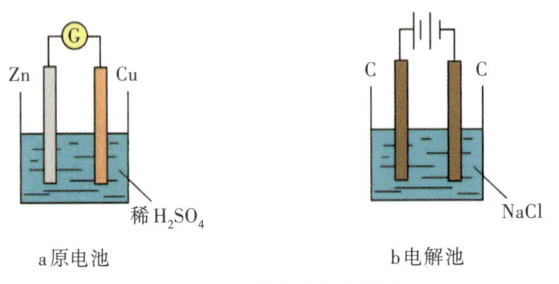

a 原电池（稀 H_2SO_4）　　b 电解池（NaCl）

图 6-3-2　原电池与电解池

授业

情境

张老师：作为法国文化象征之一的埃菲尔铁塔(图6-3-3)是世界著名的建筑之一。它矗立在法国巴黎的战神广场,也是巴黎城市地标之一,是巴黎最高建筑物。它由法国设计师古斯塔夫·埃菲尔设计。埃菲尔铁塔于1889年建成,高324 m,由18038个钢铁构件组成,法国人将它亲密地称为"铁娘子"。

埃菲尔铁塔的建成不是一蹴而就的。无论是构筑一座伟大的建筑还是建造一间平凡的小屋,都需要先打好地基,牢固的地基才是成功建造的重要保障。每个学习者都是建筑师,每个知识点都是建筑材料,而学习者的个性与逻辑思维将决定知识逻辑即知识结构,而知识结构的可能性范围正是知识的科学性,即知识结构要符合科学原理。

图6-3-3 埃菲尔铁塔

埃菲尔铁塔有着简洁、直观的结构体系:分布在底座上大部分区域的4个巨型倾斜柱墩由第一层平台连接支撑;再往上延伸,总共有4个平台。同样,学生对于氧化还原反应的认识也可以从这种塔式结构来进行学习。

情境认知理论认为,知识的实现表现在人与社会或物理情境的交互状态中,分布于个体、媒介、文化、环境、社会和时间之中。学习不仅是一个个体意义建构的心理过程,更是一个社会性的、实践性的、以差异资源为中介的参与过程。认知心理学研究发现,对信息的提取受编码情境的影响,如果学习者在对信息进行编码时使用了情境线索,在测验时这些线索会成为促进信息提取的有效线索。在对氧化还原知识的理解中,最重要的就是理解氧化还原反应的深层原理:从宏观的得氧失氧到化合价的改变,再到最后微观的电子得失的角度,教师需要带领学生由表及里,深入了解氧化还原的本质,这一过程便可利用铁塔结构来进行,让学生在学习氧化还原的知识之后,利用铁塔模型来对知识进行加工和理解。

课堂快闪

张老师在讲到氧化还原反应时,在课堂上向同学们展示了埃菲尔铁塔的照片之后,拿出了自己建立的一个铁塔模型,将氧化还原反应的关键概念以塔的形式呈现。学生们兴奋地开始合作,他们互相讨论着如何将氧化还原的概念与铁塔的结构相匹配,他们将纸板、泥土和颜料等材料用于模型的建造。老师在一旁提供指导和帮助。几个小时后,学生们完成了他们的铁塔模型。老师鼓励学生们将模型用于讲解氧化还

> 原反应的具体步骤和相关化学方程式。随着学生们依次展示自己的模型,他们解释了每个平台代表的不同化合物、电子转移的过程,以及反应的整体机制。学生们通过使用铁塔模型来加工和理解所学知识,使他们更加有条理地整合和应用所学的氧化还原反应的概念。
>
> 老师鼓励学生们在课后继续思考和探索氧化还原反应,并鼓励他们将所学的知识应用到实际生活中。他们认识到学习氧化还原反应不仅是理解宏观上得氧与失氧和化合价的改变,还包括理解电子的得失和整个反应的机制。

为了让所学知识能够储存为长时记忆,教师还可以采取适当教学策略,让学生在巩固与迁移阶段形成具体的模型,引导学生在具体的情境中运用已有知识来分析问题、解决问题。为此,可以将学生对氧化还原反应的认知视角转化为铁塔的平台结构,而平台之间的过渡则是课堂中的联系举例(图6-3-4)。建筑设计中有一个重要的概念叫作"合成",建筑合成中有一个重要的原理:建筑作品中被放在一起的元素也许是毫无关联甚至完全对立的,但是如果它们要成为建筑的话,必须按照彼此协调合作的原理,互为补充地放在一起。当我们把以上知识点梳理并形成铁塔的结构时,知识就在脑海中形成了系统,提取知识点时必然会方便很多。这也是学习能力越强的人就越能把握知识点的结构、逻辑的原因。

图6-3-4 氧化还原反应与埃菲尔铁塔

学习也像是在爬铁塔,学习能力越强的人越往上,能爬在塔尖的人自然是知识领域的胜者。正因为铁塔(知识)的结构已明确,因此他更能快速地爬上去,并能有效地提取知识点的有效信息。当然,世界上的建筑千千万万,并不是只有铁塔一种模式。建筑结构与知识结构的秘密还等待着我们去继续探索。

解 惑

【问题讨论一】本节中所运用的埃菲尔铁塔模型是一种经典的在教学中可以运用到的模型,我们还能从哪些建筑结构中学习化学呢?

【答疑】从建筑中学习化学，其实最初我们想到的应该是建筑材料、建构流程。然而换个思维，其实建筑能告诉我们的还远不如此。建筑的外形、各板块的功能都可以类比为学习中许多有趣的事物。例如，外形可以类此为知识建构的模架，建筑板块的功能可以比拟成某知识点的地位。

【问题讨论二】无论是结构还是材料，建筑中都有许多我们可以在教学中引入的案例。为了更好地将知识与建筑相联系进行教学，教师应该注意哪些问题呢？

【答疑】化学是一门很具有逻辑性的学科，许多知识点都来源于对某一知识点的全面挖掘，因此也存在着基础知识点，就像建筑物的地基一样。高中化学教材必修部分的知识点是高中化学的基础，也是学习的重点，选修部分则是基础的拓展与深究。在教学时，在必修内容的教学中应该强调必修的地位并较好地掌握必修内容，而在选修内容的教学中应突出必修与选修的联系并完成知识建构。

中轴"奇缘"——共价键与同分异构体

本小节适用于共价键、同分异构体的教学。

传 道

知识要点

1. 共价键的分类

共价键由原子轨道相互重叠形成。σ键和π键是共价键的两种基本类型，也是分子结构价键理论中的基本组成部分。高中化学教材对σ键和π键有如下定义。

（1）σ键：以形成化学键的两原子核的连线为轴旋转，共价键电子云的形状不变，如H_2(s-s σ键)（图6-3-5）、Cl_2(p-p σ键)等。

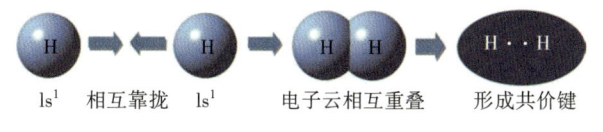

H → ← H   H H → H··H

1s¹　　相互靠拢　　1s¹　　电子云相互重叠　　形成共价键

图6-3-5　氢分子σ键

（2）π键：每个π键的电子云由两块组成，分别位于由两原子核构成平面的两侧，如果以它们之间包含原子核的平面为镜面，它们互为镜像，如乙烯(p-p π键)。

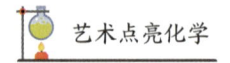

2. 手性

（1）手性异构：具有完全相同的组成和原子排列的一对分子，如同左手与右手一样互为镜像，却在三维空间里不能重叠，它们互为手性异构体，如图6-3-6所示。

（2）手性分子：有手性异构体的分子。如药物"反应停"，如图6-3-7所示。

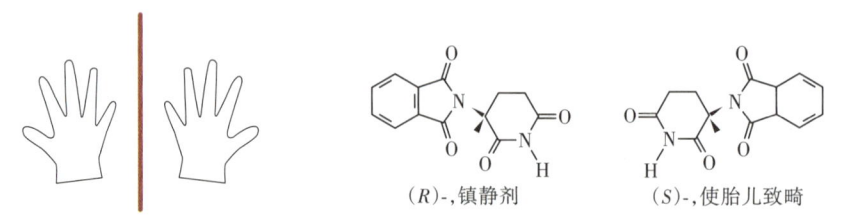

(R)-,镇静剂　　　(S)-,使胎儿致畸

图6-3-6　手性——左右手互为镜像

图6-3-7　反应停

3. 同分异构体

同分异构体的分类如下图所示。

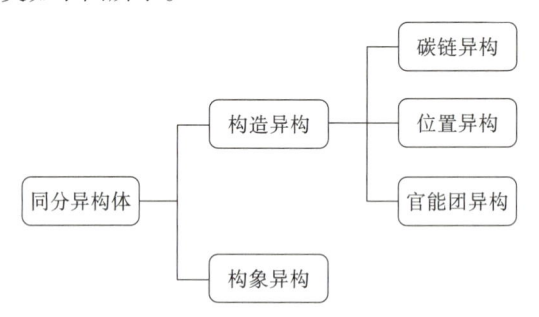

同分异构体 ── 构造异构 ── 碳链异构／位置异构／官能团异构
　　　　　 └─ 构象异构

1）构造异构

（1）碳链异构：由于碳链骨架不同产生的异构现象，如正丁烷与异丁烷（图6-3-8）。

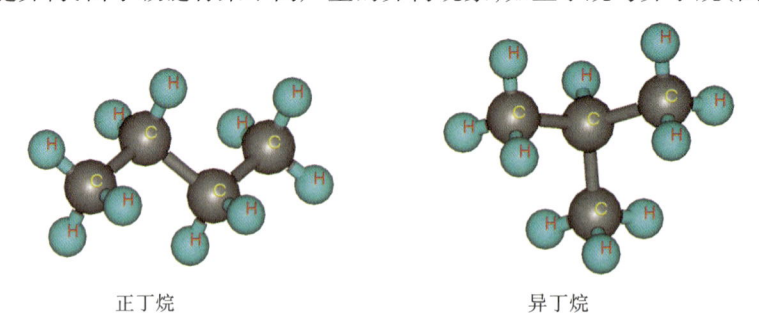

正丁烷　　　异丁烷

图6-3-8　正丁烷与异丁烷

（2）位置异构：官能团在碳链中位置不同产生的同分异构现象，如1-丁烯与2-丁烯（图6-3-9）。

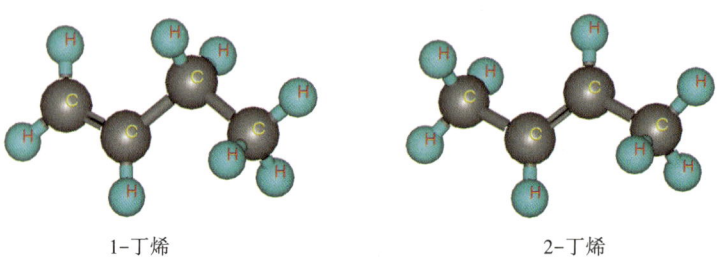

1-丁烯　　　2-丁烯

图6-3-9　1-丁烯与2-丁烯

(3)官能团异构:有机物分子式相同,但具有不同官能团的同分异构现象,如乙醇和二甲醚(图6-3-10)。

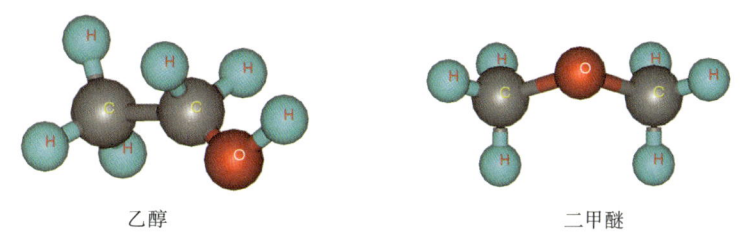

乙醇　　　　　　　二甲醚

图6-3-10　乙醇与二甲醚

2)构象异构

手性异构:具有完全相同的组成和原子排列的一对分子,如同左手与右手一样互为镜像,却在三维空间里不能重叠,互为手性异构。

授业

情境

张老师:化学与生活息息相关,这不仅体现在材料与工艺上,更体现在物质结构与建筑结构之间奇妙的"缘分"——建筑结构的对称性!你知道的对称结构的建筑有哪些?

小艺:我知道,有明显对称轴的建筑有许多,如蒙古包、佛塔、坛庙等!

皮亚杰提出,教师不应试图自己将知识塞给学生,而应该找出能引起学生兴趣、刺激学生的材料,然后让学生自己去解决问题。课堂导入起着至关重要的作用,是开启一堂课的金钥匙,能够引起学生的注意,激发学生兴趣,并且能够明确本节课的学习目标。例如,在讲解同分异构体时,教师可以将生活中常见的对称式建筑提出来,让学生思考为什么中式建筑大多为对称式,继而引入本节课的对称结构,让学生自然顺利地跟随教师的引导进入新课。

艺术点亮化学

课堂快闪

张老师在对同分异构体知识进行课堂导入时,放出了一些中国的古代建筑、寺庙、宫殿等对称的建筑,并向学生提问:"同学们,为什么我们在生活中经常看到对称式建筑?这种对称结构有什么好处或价值?为什么人们倾向于使用对称结构呢?"同学们进行了讨论,并纷纷提出自己的看法。例如,对称结构可以给建筑物带来美感和稳定性,对称性可以使人们感到舒适和平衡等。教师还可以提醒学生注意一些历史或文化因素,例如中国古代建筑往往体现了尊崇天地之间和谐统一的思想,对称结构则体现了这种和谐统一的美感。教师在听完同学们的意见后,进行了总结。

模像直观是通过对事物的模象的感知而进行的直观形式,包括实验、图片、模型、幻灯片等。化学概念是化学课程内容的重要组成部分,抽象的化学概念往往使学生望而生畏,对中学生来说其模型则更加复杂抽象,仅用文字说明难以理解,这时采用模像直观导学形式帮助学生理解概念。在上述同分异构体与共价键这一知识点中,涉及需要利用对称、翻转、平移等数学模型来理解有机物的空间结构,而借助中式建筑物而引入该知识点能够由繁入简。图6-3-11(A)为蒙古包,蒙古包沿 a 轴旋转是对称的,a 轴就是蒙古包的对称轴。图6-3-11(B)中的 b 轴可以表示一个 p-p σ 键,可以假想其为一个 F_2 分子,b 是连接两个 F 原子的轴,沿 b 轴旋转,电子云形状不变。

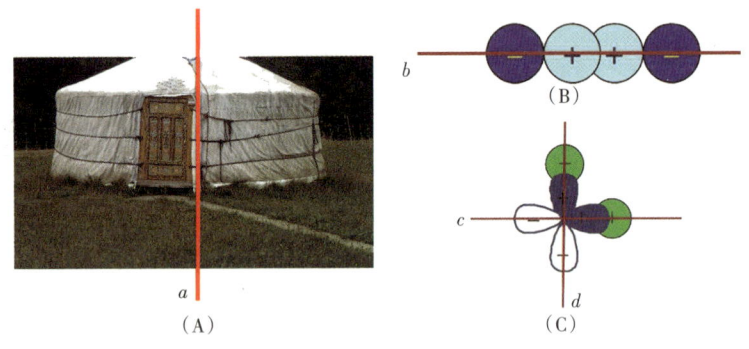

6-3-11 生活中的对称建筑

图6-3-11(C)是一个 H_2O 分子中的成键电子云。其中绿色表示两个 H 原子,黑白搭配的哑铃形是一个 O 原子的两个 sp^3 杂化轨道,O 原子通过这两个杂化轨道分别与 H 原子的 s 轨道形成最大重叠,得到两个相互垂直的 sp^3-s σ 键。由于还有孤对电子的作用,O 原子的四个杂化轨道不完全等性,因此水分子的 H—O—H 键角不是 90°,而是 104°左右。图中 c、d 分别是两个键的对称轴,沿 c 或 d 旋转,相应的共价键电子云形状并不发生变化。

知识的横向建构使不同学科之间彼此沟通、启发、渗透,以培养学生综合运用知识的能力和意识。在这样的深加工条件下,学生的理解能够更加深入,因为其反映了陈述性知识的三个重要认知活动:联结、组织和精致,其最终目的是增强知识网络之间信息传递的灵敏度,加快知识提取速度,促进知识的泛化和迁移。在学习结构化学这一知识点时,不仅涉及数学中的翻转、平移、对称等知识,更涉及课外的建筑学知识,将同一知识融合在不同学科中,能够促进学生熟练运用知识,减少知识加工负荷,起到强化记忆、理解、巩固知识的作用,提高学生的综合能力。

资料库

手性

手性是分子间的一种异构现象,互为手性异构的分子可能具有完全不同的性质。

一个经典的手性故事是关于利多卡因的合成。利多卡因是一种用于局部麻醉的药物,它是手性的。在20世纪初,药物合成化学家艾普勒斯合成了利多卡因的左旋体。左旋利多卡因是有效的麻醉剂,但它却带来了严重的副作用。

后来,药物研究人员发现右旋利多卡因却没有这些副作用,并且具有更好的麻醉效果。这引发了人们对手性的关注,他们发现在合成利多卡因时,艾普勒斯只合成了左旋体,而忽略了右旋体。

这个故事凸显了手性的重要性,因为相同分子的不同手性可能具有完全不同的生物活性和药理效果。这也引发了对手性药物合成和使用的更深入研究,以确保安全和有效性。

解惑

【问题讨论一】建筑为什么可以激发学生的学习热情呢?

【答疑】建筑形态都是富有独特意义的。我国著名的建筑学家和建筑教育家梁思成先生曾对建筑有过许多的描述。建筑可以丰富人们的生活与思想,无论是近郊的桥、山前的塔,还是村中的古墓石碑、矮墙茅屋,它们都可以成为与人们不可分离的情感内容。从建筑材料到建筑结构,中国古建筑都体现着中国人的智慧,承载着人类丰富的情感。以情感为纽带,借助中国建筑构建与学习相关的情境,能让学生在学习自然科学的同时增长人文情怀,激发学生的学习热情。

【问题讨论二】建筑哪些方面与化学知识相关联?

【答疑】建筑的外在美能够与化学的结构相关联,建筑的内在用料与化学也密不可分。从古至今,建筑材料在不断更新换代,由从前的黏土烧制砖瓦,到以水泥、钢材、混凝土为代表的复杂的人工材料,这些化学材料的不断改变,让建筑的种类也不断增加,由此可见建筑与化学密不可分的关联。

你可不是极性的

本小节适用于键、分子的极性和相似相溶原理的教学。

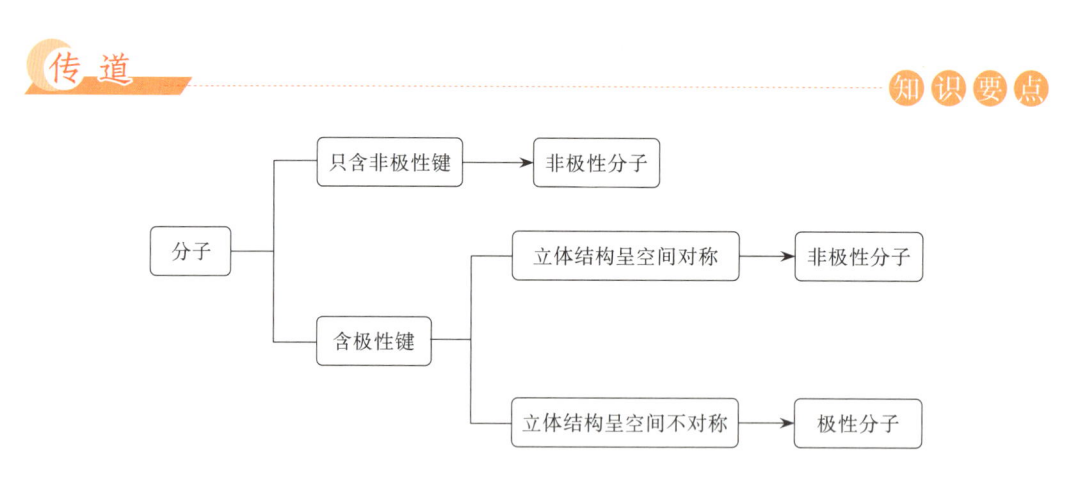

传 道

知识要点

```
                  ┌─ 只含非极性键 ──→ 非极性分子
                  │
            分子 ─┤                ┌─ 立体结构呈空间对称 ──→ 非极性分子
                  │                │
                  └─ 含极性键 ─────┤
                                   └─ 立体结构呈空间不对称 ──→ 极性分子
```

1. 键的极性

原子间通过共用电子对形成共价键，共价键有两种：极性共价键和非极性共价键。

2. 分子的极性

分子也有极性分子和非极性分子之分。在极性分子中，电子对的偏移使得整个分子的电荷分布不均匀，即正电荷中心和负电荷中心不重合，一部分呈正电性（δ^+），另一部分呈负电性（δ^-）。非极性分子的正电荷中心和负电荷中心重合。分子的极性是分子中化学键的极性的矢量和。

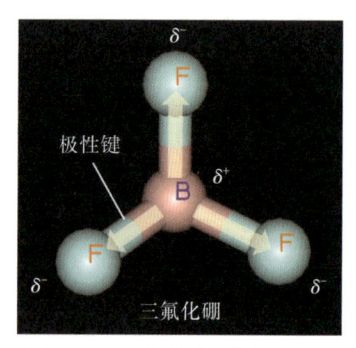

图6-3-12　极性分子结构示意图

3. 相似相溶原理

非极性溶质一般能溶于非极性溶剂，极性溶质能溶于极性溶剂。这个原理同样适用于分子结构的相似性，即结构相似者可能互溶。

授 业

> **情境**
>
> 小艺：在一场派对上，极性分子说"让我们紧紧粘在一起，分享我们的电荷差异吧！"与此同时，非极性分子却耸耸肩说："我们还是保持距离，各玩各的更自在！"你知道为什么会这样吗？
>
> 小化：因为极性分子电荷分布不均匀，倾向于形成氢键或较强的相互作用力；而非极性分子则因电荷分布均匀，相互作用较弱，所以它们在聚会上不太合得拢！

一节课想要吸引学生的注意力，就需要有一个精彩的"开场白"，可以是教师的循循诱导，也可以是由学生参与其中，来一场生动有趣的表演。创设一个良好的开端能够很大程度上提高教学效果。这则幽默风趣的笑话可以由教师讲授，也可以邀请学生进行生动表演，但无论以怎样的方式传授给学生，都可以将本节课的话题引入"极性"这一知识点中。

一则幽默的笑话能够引起学生的注意力，继而激发和维持学生的学习活动，当学生对知识技能产生迫切的学习需要时就会引发学习动机。"极性"这一节知识与前面学过的知识其实具有紧密的联系，教师在讲授这部分知识时只要能够运用合理的教学策略，就能够让学生学以致用并乐在其中。

情感与认知是不可分割的，对于记忆也是至关重要的。心理学研究表明，当对知识进行深加工时，情感信息就会选择性地影响注意、学习和记忆，心理学将此定义为情感注入。基于脑的教育研究认为，脑在生理程序上首先注意那些具有强烈情绪内容的信息，带有情感内容的记忆能够优先被加工。在"极性"这一节知识的教学中，教师可以邀请同学一同表演这则幽默风趣的故事，将教学内容顺带注入情感信息，促进知识的巩固和有效记忆。

教师在讲授时，应该在学生已有基础上，通过回忆、提问、巩固等有效手段引导学生将所要联系的知识系统地连接起来，形成一个有机整体，这也是备课最重要的一个方面。学生已有的知识储备是学习新知识的基础与起点，因此，教师的教学就是在学生已有知识体系基础上不断完善，最终达到温故而知新。希尔伯特将"清晰的课堂结构"置于十项优质课堂教学特征之首，认为课堂需要一根红线来贯穿始终。在极性与非极性的教学中，知识还比较简单易懂，此时便可以回顾分子的空间构型的知识点，使整个知识结构完善起来。

课堂快闪

在相似相溶原理的课堂教学中,张老师为大家带来了蒸馏水、墨水和药片。拿起一小瓶墨水,打开盖子,小心地将一些墨水滴入水中,学生们专注地观察着实验,看到墨水颜色逐渐在水中扩散开来。完成墨水的溶解后,张老师又将药片放进另一杯水中,学生们发现药片并没有像墨水一样在水中溶解,而是保持着固体的形态。

张老师问道:"同学们,你们观察到什么结果了吗?墨水与药片在水中的行为有什么不同?"学生们开始互相讨论和分享他们的观察结果。

化学是一门实验学科,无论是研究内容还是学科特点,都具有培养创新能力的学科优势。在教师的启发诱导下,以学生的自主学习和合作讨论为前提,以学生周围世界和生活实际为参照对象,让学生通过阅读、观察、实验、思考、讨论等途径,自行发现并掌握相应的原理和结论,这便是探究式教学的教学形式,利用这种教学方式可以培养学生的探究能力与科学精神。例如,在上述相似相溶原理的知识讲解中,教师可以先提出问题,由学生猜想,再给予学生一些生活中常见的相似相溶现象,如墨水在水中溶解的现象(图6-3-13)、药片在水中的溶解(图6-3-14)等。由学生分组讨论并收集资料,最后进行汇报总结。

图6-3-13 药片在水中溶解

6-3-14 蓝墨水溶解于水中

资料库

金属互溶

金属互溶是指两种或多种金属在一定温度范围内可以均匀地混合形成合金的过程。这一过程通常发生在固体状态下,在特定温度下,金属原子的扩散能力增强,使得它们能够相互扩散并形成均匀的合金结构。在金属互溶的过程中,原子间的间隙和原子尺寸的相似性至关重要。

一个经典的金属互溶的例子是黄铜,它是由铜和锌组成的合金。铜和锌在一定温度范围内可以形成连续的固溶体,即黄铜合金。在这个合金中,铜和锌的原子相互扩散,形成均匀的晶体结构,从而使得黄铜具有独特的物理性质和化学性质。

解 惑

【问题讨论一】 从结构化学角度来看,非极性分子与极性分子的区别是什么呢?

【答疑】 非极性分子是整个分子的电荷分布均匀、对称;极性分子是整个分子的电荷分布不均匀、不对称。非极性分子是指偶极矩 $\mu=0$ 的分子,即原子间以共价键结合,分子里电荷分布均匀、正负电荷重心重合的分子。分子中各化学键全部为非极性键时,分子是非极性的。当一个分子中各个键完全相同,且都为极性键,但分子的构型是对称的,则分子是非极性的。

【问题讨论二】 如何将相似相溶原理与实际生活相联系,帮助学生感受物质极性带来的奇妙体验?

【答疑】 相似相溶原理与我们的生活息息相关。比如平时洗衣服或者洗碗的时候,我们常常用洗洁精、洗衣粉作为洗涤剂,以帮助更好地清洗污垢。洗涤剂作为表面活性剂,是一种具有"双亲分子"结构的物质。表面活性剂结构的一端是非极性的碳氢链(烃基),与水的亲和力极小,常称为疏水基团,但是与极性很小的油类物质亲和力极大,又称为亲油基团。另一端则是极性基团(如 —OH、—COOH、—NH$_2$、—SO$_3$H 等),与水有很大的亲和力,故称为亲水基。因此,分子总称"双亲分子",即亲油亲水分子(图6-3-15)。根据相似相溶原理,分子有极性的一端,易溶于水,分子的另一端没有或几乎没有极性,易与难溶于水的污渍结合。但是,衣服上的油污与疏水基团结合后,由于亲水基团和水的极性,溶解于水中,从而达到清洁的作用。"物以类聚,人以群分",属于相同类别的物质经常汇聚在一起,具有相似品质的人通常相互吸引。而溶质愿意投身并溶解于溶剂中,溶剂愿意包容接纳溶质,两者相互依偎形成均一稳定的溶液,这是不是有一种志同道合方能携手共进的意味呢? 在化学的世界里,想要了解某种物质的一些性质,可以考虑从我们已知的结构相似的物质入手,举一反三。

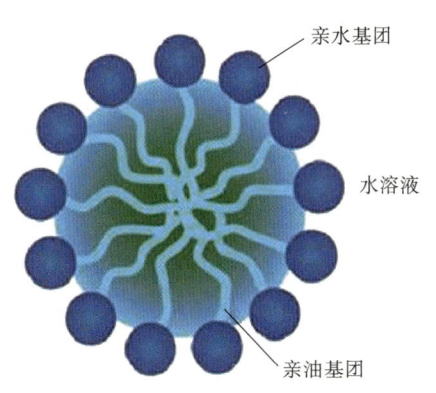

图6-3-15 "双亲分子"图示

课堂快闪

表面活性剂

表面活性剂,也称为界面活性剂或表面活性物质,它们在溶液中可以形成分子膜或胶束结构,使得不同相之间的界面变得更加稳定。我们的生活中有很多表面活性剂的应用,对我们的生活产生了非常重要的影响,例如洗洁精、洗衣液等。

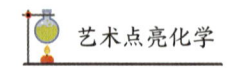

表演档——硫氮氧一台戏

本小节适用于空气的成分、硫和氮的氧化物的教学。

传道

知识要点

1. 空气的成分

通过实验测定,空气的成分按体积计算,大约是含氮气 78%、氧气 21%、稀有气体 0.94%、二氧化碳 0.03%,其他气体和杂质 0.03%。

2. 硫及其氧化物

硫(俗称硫黄)是一种黄色晶体,质脆,易研磨成粉末。硫不溶于水,微溶于乙醇,易溶于二硫化碳。硫或含硫物质在空气中燃烧时首先生成二氧化硫。

SO_2 是无色、有刺激性气味的有毒气体,密度比空气大,容易液化,易溶于水。

SO_3 是一种酸性氧化物,溶于水生成 H_2SO_4,工业上利用这一原理生产 H_2SO_4。

3. 氮及其氧化物

氮气约占空气体积的五分之四。在通常情况下,氮气与氧气不发生反应,但在放电条件下,它们却可以直接化合,生成无色的一氧化氮。

NO 不溶于水,在常温下很容易与空气中的氧气化合,生成 NO_2。

NO_2 是红棕色、有刺激性气味的有毒气体,密度比空气的大,易液化,易溶于水。在有闪电时,大气中常有少量 NO_2 产生,并随雨落下。

NO_2 溶于 H_2O 时生成 HNO_3 和 NO,工业上利用这一原理生产 HNO_3。

4. 有关反应方程式

硫及其氧化物	氮及其氧化物
$S + O_2 \xrightarrow{\text{点燃}} SO_2$	$N_2 + O_2 \xrightarrow{\text{放电或高温}} 2NO$
$2SO_2 + O_2 \xrightarrow{\text{催化剂}} 2SO_3$	$2NO + O_2 =\!=\!= 2NO_2$
$SO_3 + H_2O =\!=\!= H_2SO_4$	$3NO_2 + H_2O =\!=\!= 2HNO_3 + NO$

5. 物质转化图

$$S \xrightarrow{O_2} SO_2 \xrightarrow{O_2} SO_3 \xrightarrow{H_2O} H_2SO_4$$

$$N_2 \xrightarrow{O_2} NO \xrightarrow{O_2} NO_2 \xrightarrow{H_2O} HNO_3$$

授 业

情境

张老师：在开始今天的课堂之前，我们邀请到了 O_2 大叔和 N_2 大妈接受我们的访谈。二者互相调侃，之后又互相指责其对环境的影响。后来才发现事情的真相不是想象中的那么简单……

主持人：大家好，今天，我们请来了空气大家族中的 O_2 大叔和 N_2 大妈，大家掌声欢迎。大叔大妈，那咱们先来个简单的自我介绍吧。

N_2 大妈：我叫氮气。

O_2 大叔：我叫氧气。

N_2 大妈：我二十八（指相对分子质量）。

O_2 大叔：我三十二。

主持人：大叔大妈你们好，千百年来，你们相处得很好。但现在你们之间矛盾不断，还用不少有害气体形成了酸雨。不仅危害了人类的健康，对植物、文物和古建筑也造成了很大的伤害。

N_2 大妈：这事儿还是你大叔的杰作呢！

主持人：请大叔说来听听。

O_2 大叔：那是一场大雪之后，我赶往寒冷的乡村。

主持人：大叔去乡村干嘛呢？

N_2 大妈：越接近乡村越冷，家家都烧煤，没 O_2 也白搭，O_2 比"切糕"还贵！

主持人：我把这茬给忘了。

O_2 大叔：我本来是想帮大家取暖的，没想到煤里含着"小流氓"。

主持人：哦，我知道了，煤里含有硫元素，能跟氧结合。

N_2 大妈：人家煤烧完，变成 CO_2。这"小流氓"跟氧结合变成"二流子"。

主持人：那是 SO_2 嘛。

O_2 大叔：这"二流子"还嫌不够过瘾，又拉拢了一些空气中的 O_2，变成了"三流子"。

主持人：那是 SO_3。

N_2 大妈：这"三流子"还嫌自己的能量小，又拉拢了水蒸气，变成了"酸流氓"。

主持人：那是 H_2SO_4。

主持人：这酸雨还真是大叔的杰作。

N_2 大妈（站起来，激动）：你们 O_2 该提高素质和加强修养了。

O_2 大叔（站起来）：你以为你们氮气都是好氮吗？你也有坏氮。趁着人们烧煤的时候，你们氮气偷偷拉拢我们氧气，变成一级坏氮，还有二级坏氮呢。

主持人：那是 NO 和 NO_2。

O_2 大叔：他们又到空气里拉拢了一些水蒸气，变成了"小酸流氓"。

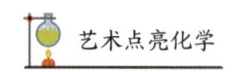

> **主持人：** 大叔大妈说得都对。因此，我们不应该内讧，应该对准我们共同的敌人——酸雨。思考一下，我们应该怎样去对付我们共同的敌人呢？

📚 资料库

酸雨

　　酸雨是指含有一定量的硫酸、硝酸等酸性物质的自然降水，包括雨、雪、雹、雾等，其pH值通常为5.6左右。酸雨主要由工业排放的二氧化硫和氮氧化物与大气中的水蒸气反应产生的硫酸和硝酸所致。酸雨会对土壤、湖泊、河流和森林等生态系统造成严重影响。

　　上述O_2和N_2两者之间的对话和矛盾引出空气污染的最终物质为酸雨，这种情境的带入十分生动有趣，同时又能将主题切入氧、氮、硫三种元素的化合物的学习之中，让原本枯燥的知识鲜活起来。

　　氮和硫的氧化物以及空气与我们的生活是密不可分的，教师在带领学生认识这部分氧化物和空气成分时，既要传授相关化学知识，也要引导学生去发现身边常见的与化学息息相关的物质，培养学生的科学态度与社会责任感。

　　教师在进行教学时，用于讲解、说明某一事物的模型、实物、图表、幻灯片等都属于教学资源。除了这些普通的教具资源，教师还应该具有自主开发能力，平时多观察和思考，优质的教学资源一般来源于生活与化学的结合或者教师头脑的创新机灵。但在开发教学资源的时候，一定要注意不要过多使用同类型的资源，否则容易造成学生的感官疲劳或记忆混淆。例如在讲解氮和硫的氧化物时，采用这种小品表演的方式固然是一种新颖的教学形式，但同时也需要开发其他教学资源，做到与时俱进，增加教学资源的多样性。

📅 课堂快闪

　　硫、氧、氮的知识讲解结束之后，张老师带领同学们到附近的工厂、污水处理厂、燃煤电厂等地参观和了解废气排放的情况。学生可以观察到这些活动对环境的影响，特别是与酸雨形成相关的氮氧化物和硫氧化物的排放。通过亲身体验，学生可以更直观地了解酸雨产生的原因和危害。参观结束后，张老师让学生观察周围遭遇酸雨腐蚀的建筑，并与其他同学分享他们的发现。通过数据分析和比较，学生可以进一步了解酸雨的危害程度。

建筑材料变脏、变黑会影响城市容貌和城市景观,导致"黑壳"效果。事实上,不论是对硫和氮的氧化物进行消极还是积极的评价,都能够将该知识点联系到工厂废气、生活燃煤以及汽车尾气中。

解 惑

【问题讨论一】酸雨主要有哪些危害?

【答疑】大气污染大体上可以分为石油型污染和煤炭型污染。石油型污染是由石油化学产品和汽车尾气所产生的。汽车尾气中除了含有氮氧化物外,还有一氧化碳、未燃烧的碳氢化合物、含铅化合物和颗粒物等,严重污染大气。煤炭型污染是由燃煤所产生的。煤中含有硫,燃烧过程中生成大量二氧化硫。此外,煤燃烧过程中的高温使空气中的氮气和氧气化合为一氧化氮,继而转化为二氧化氮,会形成酸雨。酸雨的危害是多方面的。

(1)对人类的危害。酸雨严重影响人们的身体健康。吸入含酸雨的空气会引起头疼、哮喘、干咳、喉咙过敏、慢性咽炎、支气管哮喘等,严重时会使人死亡。

(2)对植物方面的危害。酸雨能溶解土壤中的某些金属元素,造成矿物质的流失,植物因得不到充足的养分而枯萎、死亡。酸雨还会抑制土壤中某些有机物的分解和氮的固定,淋洗与土壤粒子结合的钙、镁、钾等营养元素,使土壤贫瘠化。

(3)对水中生物的危害。酸雨同样也会溶解湖泊和河流泥土里的金属矿物,使其pH下降。当pH小于5时会影响鱼类的繁殖和发育,严重时会导致水中生物的大量死亡。

(4)对建筑物和雕像的危害。如图6-3-16所示,酸雨也常常是腐蚀建筑物和雕像的罪魁祸首。建筑物和雕像中大理石的主要成分是碳酸钙,因而极易被酸雨腐蚀。

图6-3-16 酸雨对建筑的腐蚀

【问题讨论二】如何利用本节知识点培养学生科学态度与社会责任感?

【答疑】酸雨的危害众多,教师在介绍本节知识点时不仅要让学生意识到酸雨的危害,更要强化学生的核心素养,增强学生社会责任感,并培养严谨的科学态度,让学生意识到环境保护不只是言语表达,更需要落到实处。作为一名教师,既可以利用身边的教学工具,例如有关环境污染的视频、纪录片等向学生传递环境污染的危害,又可以带领学生开展一次课外活动,让学生找到酸雨的种种足迹,并学会如何从根源上预防酸雨。

资料库

预防酸雨的措施

预防酸雨的措施涉及多个领域。

(1)减少工业排放。实施严格的大气污染排放标准,采用高效的污染治理技术,包括烟气脱硫、脱硝和颗粒物净化等技术,以降低工业生产过程中二氧化硫和氮氧化物的排放量。

(2)推广清洁能源。大力发展清洁能源,如风能、太阳能和水能等,减少对化石燃料的依赖,从根本上减少二氧化硫和氮氧化物的排放。

(3)改善农业管理。优化农业生产方式,减少农业化肥的使用,尽量减少氮肥的流失和挥发,减少农田氮氧化物的排放。

主要参考文献

[1] 裘国伟.巴黎卢浮宫与北京故宫——中外世界文化遗产对比研究.武夷学院学报,2008(1):75-78,96.

[2] 李燃,林红焰,魏锐,等.高中化学"电负性"的项目式教学——甲醛的危害与去除[J].化学教育(中英文).2022,43(5):40-48.